权威·前沿·原创

皮书系列为
“十二五”“十三五”国家重点图书出版规划项目

# 中国城市流动人口社会融合评估报告 No.1

THE REPORT ON URBAN MIGRANT POPULATION'S SOCIAL INTEGRATION IN CHINA No.1

主　　编／肖子华
执行主编／徐水源
副 主 编／刘金伟

图书在版编目（CIP）数据

中国城市流动人口社会融合评估报告 . No. 1 / 肖子华主编 . -- 北京：社会科学文献出版社，2018. 12

（流动人口社会融合蓝皮书）

ISBN 978 - 7 - 5201 - 2163 - 7

Ⅰ. ①中… Ⅱ. ①肖… Ⅲ. ①城市人口 - 流动人口 - 社会管理 - 研究报告 - 中国 Ⅳ. ①D631. 42

中国版本图书馆 CIP 数据核字（2018）第 293127 号

流动人口社会融合蓝皮书

中国城市流动人口社会融合评估报告 No. 1

主　　编 / 肖子华

执行主编 / 徐水源

副 主 编 / 刘金伟

出 版 人 / 谢寿光

项目统筹 / 邓泳红　陈　颖

责任编辑 / 陈　颖

出　　版 / 社会科学文献出版社 · 皮书出版分社（010）59367127

地址：北京市北三环中路甲 29 号院华龙大厦　邮编：100029

网址：www. ssap. com. cn

发　　行 / 市场营销中心（010）59367081　59367083

印　　装 / 三河市龙林印务有限公司

规　　格 / 开　本：787mm × 1092mm　1/16

印　张：16. 5　字　数：244 千字

版　　次 / 2018 年 12 月第 1 版　2018 年 12 月第 1 次印刷

书　　号 / ISBN 978 - 7 - 5201 - 2163 - 7

定　　价 / 98. 00 元

皮书序列号 / PSN B - 2018 - 792 - 1/1

# 《中国城市流动人口社会融合评估报告》（No. 1）编委会及专家组成员

# 主编简介

**肖子华** 1963年生，湖南新田人，中央党校硕士研究生毕业，高级政工师。现任国家卫生健康委流动人口服务中心主任、党支部书记。曾任湖南省人口报副总编辑、湖南省人口计生委办公室主任、《人口与计划生育》杂志执行主编、中国人口学会副秘书长等职务。研究方向：流动人口服务与管理。主编《人口与计划生育法规》、《人口文化学》、《生殖健康咨询师国家职业资格培训教程（基础知识）》等著作，在《中国领导科学》《人口与经济》《人口与社会》等刊物发表学术论文几十篇。

**徐水源** 1967年生，江西乐平人，经济学博士，研究员。现任国家卫生健康委流动人口服务中心党支部副书记兼纪检委员、副主任，兼任中国人口学会理事。曾任国家人口计生委政策法规司流动人口处副处长、流动人口司服务维权处处长、综合协调处处长；国家卫生计生委流动人口司综合处处长。研究方向：人口与经济社会发展、流动人口社会融合。出版学术专著1部，在《人口学刊》《民生周刊》《劳动经济与劳动关系》《人口与经济》《人口与发展》等期刊发表学术论文20余篇。

**刘金伟** 1973年生，山东枣庄人，管理学博士。现任国家卫生健康委流动人口服务中心调查评估处副处长（主持工作）、研究员，兼任中国人口学会理事、中国劳动社会学专业委员会理事、中国社会建设专业委员会理事。研究方向：城市化与流动人口社会融合。出版学术专著2部，参与编写著作20多部，公开发表学术论文50多篇，主持国家、省部级等各类项目20多项。2013年入选“北京市青年拔尖人才”，研究成果获得教育部第七届高等学校科学研究优秀成果奖一等奖、第七届“钱学森城市学金奖”提名奖等。

# 摘 要

2016 年中国流动人口总量达到 2.45 亿人，占中国总人口的 18%，平均每 6 个人中就有一个流动人口。流动人口的城市融入问题，不仅关乎新型城镇化战略推进之成败，也是决定中国经济实现可持续发展的关键所在，更是全面建成小康社会、坚持以人民为中心发展思想的具体体现。

城市流动人口社会融合评估可以为国家及时掌握流动人口社会融合的基本状况、特点提供基础信息；通过评估发现不同区域和城市流动人口社会融合的规律，总结国内外流动人口社会融合先进经验，找出制约中国流动人口社会融合的关键因素，为国家制定有利于流动人口社会融合的相关政策提供科学依据。

本报告充分借鉴国内外最新研究成果，吸收了国内 200 多名专家学者和政府相关职能部门工作人员提出的意见和建议，在此基础上构建了符合中国国情的流动人口社会融合理论框架，形成了一个包括政治融合、经济融合、公共服务融合和心理文化融合四个维度，15 个一级指标和 34 个二级指标的评估指标体系。课题组利用本研究构建的 2017 年流动人口社会融合评估数据库，对全国 50 个城市流动人口的社会融合情况进行了系统分析、总结及客观评估。同时，还对国内外流动人口/移民社会融合的典型案例进行了剖析。

2017 年的评估结果显示，50 个城市流动人口社会融合总体水平不高，不同维度之间差异明显，呈现出公共服务融合 > 政治融合 > 经济融合 > 心理文化融合的特点；不同区域和类型的城市，流动人口社会融合水平表现各异。当前我国流动人口社会融合仍面临着制度性障碍、低水平就业、低社会保障以及流动人口的留城意愿与国家战略导向出现偏差等问题。建议继续推

进户籍制度改革，打破流动人口社会融合的制度性障碍；加强教育和就业培训，提升流动人口融入城市的能力；为流动人口提供基本的公共服务，减少其对土地和传统社会关系的依赖；按照人口流动的规律和意愿对城镇化战略进行调整。

# Abstract

The total number of migrant population in China reached 245 million in 2016, which accounted for 18% of the total population in China, on average, every six people had a migrant population. The problem of urban integration of migrant population is not only related to the success or failure of the new urbanization strategy, but also the key to deciding the sustainable development of China's economy. It is also a concrete manifestation of the comprehensive construction of a well-to-do society and a people-centered development.

The assessment of social integration of urban migrant population can provide basic information for the state to keep abreast of the basic conditions and characteristics of the social integration of migrant population. The evaluation can discover the law of social integration of migrant population in different regions and cities, and summarize the advanced experience of social integration of migrant population at home and abroad and find out the restricting factors that restrict the social integration of the migrant population in China, and provide scientific basis for the country to formulate relevant policies that are conducive to the social integration of the migrant population.

This report fully absorbs and draws on the latest research results at home and abroad, and draws on the opinions and suggestions putting forward by more than 200 domestic experts and scholars and the staff of relevant government functional departments. Based on this, it has constructed a theoretical framework for the social integration of migrant populations in line with China's national conditions. An evaluation index system consisting of four dimensions of political integration, economic integration, integration of public services, and integration of psychological culture, 15 first-level indicators and 34 second-level indicators was formed. The research team used the social integration assessment database of 2017 for migrant populations to systematically analyze, summarize and objectively assess the social integration of migrant population in 50 cities across the country. At the same time, it also analyzed the typical cases of social integration of migrant population/immigration at home and abroad.

The 2017 evaluation results show that the overall social integration of the migrant population in 50 cities is not high, and the differences among different dimensions are obvious. The characteristics of public service integration > political integration > economic integration > psychological culture integration are shown; The level of social integration of migrants varies in different regions and types of cities. At present, the social integration of the migrant population in China still faces problems such as institutional barriers, low-level employment, low social security, and the migrant population's willingness to stay in the city that is deviation from the country's strategic orientation. It is recommended that the reform of the household registration system be continued to break the institutional barriers to the social integration of the migrant population; education and employment training should be strengthened to improve the ability of the migrant population to integrate into the city; basic public services should be provided for the migrant population and their dependence on land and traditional social relations should be reduced. According to the laws and wishes of population mobility, the urbanization strategy will be adjusted.

# 目　录

## Ⅰ　总报告



## Ⅱ　理论专题报告



## Ⅲ　分报告

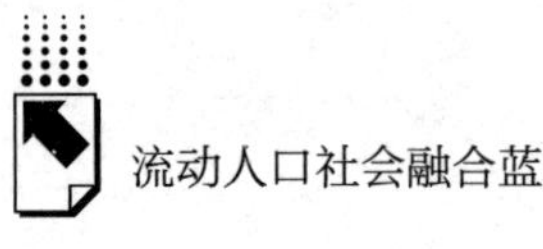




## Ⅳ　实践报告



## Ⅴ　附录



皮书数据库阅读**使用指南**

# CONTENTS

## I General Reports



## II Theoretical Special Report

## III Sub-reports



## IV Practice Reports



## V Appendix

# 总 报 告

General Reports

B.1

# 2017年度中国城市流动人口社会融合排名

本书课题组

## 一 综合排名

表1 2017年度中国城市流动人口社会融合排名

| 城 市 | 综合分数 | 排 名 | 城 市 | 综合分数 | 排 名 |
|---|---|---|---|---|---|
| 厦门市 | 59. 31 | 1 | 无锡市 | 54. 78 | 11 |
| 鄂尔多斯市 | 58. 18 | 2 | 石家庄市 | 54. 53 | 12 |
| 成都市 | 57. 71 | 3 | 长春市 | 53. 82 | 13 |
| 长沙市 | 57. 62 | 4 | 济南市 | 53. 79 | 14 |
| 合肥市 | 56. 41 | 5 | 泉州市 | 53. 69 | 15 |
| 惠州市 | 56. 39 | 6 | 咸阳市 | 53. 67 | 16 |
| 青岛市 | 55. 46 | 7 | 柳州市 | 53. 48 | 17 |
| 苏州市 | 55. 39 | 8 | 中山市 | 53. 44 | 18 |
| 江门市 | 55. 11 | 9 | 兰州市 | 53. 23 | 19 |
| 唐山市 | 54. 92 | 10 | 东莞市 | 53. 02 | 20 |

续表

| 城　市 | 综合分数 | 排　名 | 城　市 | 综合分数 | 排　名 |
|---|---|---|---|---|---|
| 乌鲁木齐市 | 52. 84 | 21 | 福州市 | 48. 76 | 36 |
| 大连市 | 52. 74 | 22 | 沈阳市 | 48. 40 | 37 |
| 常州市 | 52. 69 | 23 | 杭州市 | 48. 39 | 38 |
| 哈尔滨市 | 52. 62 | 24 | 西安市 | 48. 11 | 39 |
| 郑州市 | 52. 49 | 25 | 大庆市 | 47. 96 | 40 |
| 珠海市 | 52. 39 | 26 | 宁波市 | 47. 91 | 41 |
| 武汉市 | 52. 07 | 27 | 昆明市 | 47. 82 | 42 |
| 贵阳市 | 51. 81 | 28 | 三亚市 | 47. 82 | 43 |
| 烟台市 | 51. 61 | 29 | 海口市 | 47. 44 | 44 |
| 南宁市 | 51. 45 | 30 | 金华市 | 46. 60 | 45 |
| 南昌市 | 51. 31 | 31 | 绍兴市 | 46. 49 | 46 |
| 嘉兴市 | 51. 25 | 32 | 台州市 | 45. 18 | 47 |
| 太原市 | 50. 20 | 33 | 榆林市 | 45. 06 | 48 |
| 佛山市 | 49. 72 | 34 | 温州市 | 43. 98 | 49 |
| 南京市 | 49. 09 | 35 | 呼和浩特市 | 42. 98 | 50 |

## 二　分项排名

**表 2　2017 年度中国城市流动人口各维度融合排名**

| 城市 | 政治融合得分（15%） | 排名 | 经济融合得分（30%） | 排名 | 公共服务融合得分（40%） | 排名 | 心理文化融合得分（15%） | 排名 |
|---|---|---|---|---|---|---|---|---|
| 厦门市 | 58. 07 | 11 | 46. 86 | 22 | 70. 75 | 1 | 54. 93 | 1 |
| 鄂尔多斯市 | 60. 08 | 5 | 57. 68 | 5 | 61. 87 | 10 | 47. 47 | 13 |
| 成都市 | 64. 48 | 1 | 49. 38 | 19 | 64. 57 | 4 | 49. 29 | 9 |
| 长沙市 | 57. 49 | 13 | 56. 88 | 7 | 63. 13 | 7 | 44. 54 | 23 |
| 合肥市 | 57. 72 | 12 | 57. 18 | 6 | 60. 96 | 13 | 41. 43 | 39 |
| 惠州市 | 55. 79 | 19 | 58. 71 | 3 | 60. 05 | 15 | 42. 60 | 31 |
| 青岛市 | 51. 07 | 32 | 45. 29 | 29 | 66. 92 | 3 | 49. 59 | 8 |
| 苏州市 | 49. 95 | 34 | 52. 52 | 12 | 64. 48 | 5 | 42. 32 | 34 |
| 江门市 | 55. 25 | 22 | 61. 85 | 1 | 54. 46 | 38 | 43. 21 | 28 |
| 唐山市 | 62. 29 | 2 | 55. 26 | 10 | 55. 58 | 30 | 45. 08 | 19 |

续表

| 城市 | 政治融合得分（15%） | 排名 | 经济融合得分（30%） | 排名 | 公共服务融合得分（40%） | 排名 | 心理文化融合得分（15%） | 排名 |
|---|---|---|---|---|---|---|---|---|
| 无锡市 | 53. 48 | 26 | 45. 68 | 28 | 64. 33 | 6 | 48. 84 | 12 |
| 石家庄市 | 56. 71 | 15 | 61. 44 | 2 | 54. 75 | 35 | 37. 95 | 48 |
| 长春市 | 56. 63 | 16 | 47. 89 | 21 | 58. 99 | 20 | 49. 08 | 10 |
| 济南市 | 41. 36 | 48 | 44. 34 | 33 | 67. 37 | 2 | 48. 92 | 11 |
| 泉州市 | 60. 92 | 4 | 55. 27 | 9 | 54. 59 | 36 | 40. 88 | 42 |
| 咸阳市 | 52. 15 | 29 | 55. 73 | 8 | 58. 27 | 22 | 38. 80 | 46 |
| 柳州市 | 53. 21 | 27 | 45. 79 | 27 | 60. 45 | 14 | 50. 57 | 6 |
| 中山市 | 52. 11 | 30 | 51. 19 | 13 | 58. 80 | 21 | 44. 99 | 20 |
| 兰州市 | 59. 59 | 7 | 52. 85 | 11 | 55. 13 | 33 | 42. 53 | 32 |
| 东莞市 | 54. 53 | 24 | 45. 88 | 26 | 62. 27 | 9 | 41. 13 | 41 |
| 乌鲁木齐市 | 52. 05 | 31 | 58. 08 | 4 | 51. 60 | 46 | 46. 43 | 15 |
| 大连市 | 49. 83 | 35 | 41. 41 | 40 | 61. 86 | 11 | 54. 03 | 2 |
| 常州市 | 62. 00 | 3 | 46. 46 | 24 | 56. 04 | 28 | 46. 89 | 14 |
| 哈尔滨市 | 57. 13 | 14 | 40. 96 | 41 | 59. 18 | 19 | 53. 96 | 3 |
| 郑州市 | 47. 81 | 37 | 50. 04 | 17 | 59. 85 | 17 | 42. 47 | 33 |
| 珠海市 | 42. 80 | 45 | 46. 62 | 23 | 62. 62 | 8 | 46. 25 | 16 |
| 武汉市 | 58. 45 | 10 | 43. 72 | 34 | 56. 39 | 25 | 50. 90 | 5 |
| 贵阳市 | 55. 41 | 21 | 49. 75 | 18 | 55. 46 | 32 | 42. 61 | 30 |
| 烟台市 | 56. 13 | 18 | 39. 84 | 45 | 61. 31 | 12 | 44. 77 | 22 |
| 南宁市 | 47. 16 | 39 | 45. 04 | 31 | 59. 88 | 16 | 46. 07 | 17 |
| 南昌市 | 59. 02 | 9 | 50. 28 | 16 | 51. 90 | 45 | 44. 06 | 25 |
| 嘉兴市 | 55. 21 | 23 | 50. 52 | 14 | 54. 47 | 37 | 40. 14 | 44 |
| 太原市 | 38. 00 | 49 | 50. 29 | 15 | 54. 93 | 34 | 49. 63 | 7 |
| 佛山市 | 53. 67 | 25 | 43. 32 | 36 | 56. 20 | 26 | 41. 29 | 40 |
| 南京市 | 37. 34 | 50 | 43. 56 | 35 | 59. 24 | 18 | 44. 82 | 21 |
| 福州市 | 43. 71 | 44 | 48. 32 | 20 | 53. 65 | 40 | 41. 62 | 38 |
| 沈阳市 | 50. 52 | 33 | 42. 16 | 38 | 53. 27 | 41 | 45. 76 | 18 |
| 杭州市 | 52. 42 | 28 | 39. 51 | 46 | 56. 07 | 27 | 41. 65 | 37 |
| 西安市 | 45. 99 | 41 | 40. 85 | 42 | 55. 86 | 29 | 44. 12 | 24 |
| 大庆市 | 45. 88 | 42 | 35. 07 | 49 | 56. 53 | 24 | 53. 01 | 4 |
| 宁波市 | 55. 67 | 20 | 35. 88 | 48 | 55. 54 | 31 | 43. 87 | 26 |
| 昆明市 | 59. 47 | 8 | 46. 00 | 25 | 46. 63 | 47 | 42. 99 | 29 |
| 三亚市 | 44. 50 | 43 | 44. 54 | 32 | 53. 67 | 39 | 42. 12 | 35 |

**续表**

| 城市 | 政治融合得分（15%） | 排名 | 经济融合得分（30%） | 排名 | 公共服务融合得分（40%） | 排名 | 心理文化融合得分（15%） | 排名 |
|---|---|---|---|---|---|---|---|---|
| 海口市 | 42. 64 | 47 | 39. 94 | 44 | 57. 54 | 23 | 40. 32 | 43 |
| 金华市 | 59. 73 | 6 | 45. 07 | 30 | 46. 39 | 48 | 37. 11 | 49 |
| 绍兴市 | 47. 51 | 38 | 41. 55 | 39 | 52. 98 | 42 | 38. 01 | 47 |
| 台州市 | 56. 56 | 17 | 40. 15 | 43 | 45. 97 | 50 | 41. 76 | 36 |
| 榆林市 | 42. 72 | 46 | 38. 94 | 47 | 52. 62 | 44 | 39. 48 | 45 |
| 温州市 | 48. 15 | 36 | 43. 24 | 37 | 46. 32 | 49 | 35. 05 | 50 |
| 呼和浩特市 | 46. 92 | 40 | 27. 64 | 50 | 52. 91 | 43 | 43. 25 | 27 |

B.2

# 中国城市流动人口社会融合年度报告

肖子华　徐水源　刘金伟*

**摘　要：** 本年度报告以50个城市为对象，从政治、经济、公共服务、心理文化四个维度，对流动人口社会融合总体状况进行评估。结果表明：目前我国流动人口社会融合工作取得积极进展，但离理想状态仍然存在较大差距，社会融合不同维度之间差异显著。制度性因素是流动人口获得市民身份、平等社会权利和政治参与的主要障碍。过高的房价、低水平的消费和劳动保护不足是经济融合水平较低的主要原因。公共服务融合总体水平较高，但需要关注流动人口随迁子女教育和社会保障等重点问题。城市规模越大，流动人口心理文化融合程度越好，但流动人口在流入地缺少归属感，认同感和幸福感也比较低。目前阻碍流动人口社会融合的制度性因素仍然存在，部分城市面临人口压力过大、流动人口落户意愿较低等问题。未来应加快推进户籍制度改革，扩大基本公共服务均等化的内容和范围，提升流动人口城市落户意愿；加强对流动人口的培训，提升流动人口融入城市的能力，建立流动人口社会融合的社会服务和支持体系，为最终实现融合目标提供便利条件。

**关键词：** 流动人口　社会融合　城市评估

---

* 肖子华，国家卫生健康委流动人口服务中心主任，高级政工师，研究方向：流动人口服务管理；徐水源，国家卫生健康委流动人口服务中心副主任，经济学博士，研究员，研究方向：人口与经济社会发展、流动人口城市融入及社会融合政策；刘金伟，国家卫生健康委流动人口服务中心研究员，研究方向：流动人口社会融合。

## 一　导言：推进以融合为导向的新型城镇化战略

2016 年中国流动人口规模达到 2.45 亿人，占中国总人口的 18%，相当于每 6 个人中就有一个流动人口，如果加上其所涉及的家庭人口，与流动人口有关的人口规模大约占到中国人口总数的 1/2。当前中国流动人口具有以下几个特点：一是留居时间长。流动人口平均流居时间为 5.7 年。二是家庭化趋势明显。流动人口在流入地平均家庭规模超过 2.5 人，已婚新生代流动人口中，近 85.5% 的是夫妻双方一起流动，与配偶、子女共同流动的约占 65%。三是新生代流动人口占主体。1980 年以后出生的新生代流动人口占比达到 64.7%。四是融入意愿强烈。超过一半的流动人口有长期在流入地生活居住的打算。鉴于流动人口庞大的规模及其在中国经济社会发展中的重要地位，促进流动人口结束“流动”状态，帮助他们尽快融入当地社会，成为当前中国新型城镇化战略的重要内容。

人口流动与城市化密切相关，最先进入现代化行列的国家，无不经历了农村人口向城市大规模转移的过程。国际经验表明，没有城市化就没有现代化，当一个国家进入中等收入社会时，其城市化水平年均达到 50% 以上，发达国家的城市化率均在 70% 以上。从社会学的角度来看，城市化包括三层含义：“一是系统层面的整合，即经济系统、社会系统、文化系统及制度系统四者相互衔接。流动人口如果仅仅在经济系统上被接纳，在其他系统中却受到排斥，不能说是实现了完全的城市化；二是社会层面的整合，即农村流动人口在行动、生活方式等方面与城市居民不存在明显区隔；三是从心理上认同于城市社会，对城市有着归属感。”[①] 20 世纪 90 年代中期以来，我国进入了城镇化的加速发展阶段，城镇化率由 1978 年的 17.92% 上升到 2017 年的 58.52%，但对照以上标准，我国的城镇化是不完全的城镇化。由于计划经济时期形成的城乡“二元”体制的长期存在，大量流动人口在经济上

① 王春光：《农村流动人口的“半城市化”问题研究》，《社会学研究》2006 年第 5 期。

被接纳、在社会上被排斥、在心理上处于一种“摇摆”状态，对城市社会缺乏认同，实际上处于一种“半城镇化”的状态。

面对流动人口难以融入城市对中国城镇化进程造成的障碍，党的十八大以来，以习近平总书记为核心的新一届党中央领导集体，结合中国实际提出了新型城镇化战略，其核心是促进以人为核心的城镇化，解决流动人口不能完全融入城市而导致的“半城镇化”问题。党的十八届三中全会明确指出：“推进农业转移人口的市民化，逐步把符合条件的农业转移人口转为城镇居民。”2013 年 12 月中央城镇化工作会议更是将“推进农业转移人口市民化”作为第一大任务。2014 年 3 月，中共中央、国务院印发《国家新型城镇化规划（2014～2020 年）》，也将“有序推进农业转移人口市民化”放在第一重要的位置。2015 年 4 月习近平总书记在中共中央政治局第二十二次集体学习时提出：“要加快推进户籍制度改革，完善城乡劳动者平等就业制度，逐步让农业转移人口在城镇进得来、住得下、融得进、能就业、可创业，维护好农民工合法权益，保障城乡劳动者平等就业权利。”党的十九大报告提出，“以城市群为主体构建大中小城市和小城镇协调发展的城镇格局，加快农业转移人口市民化”。

户籍制度是城乡“二元”体制的核心，户籍限制了公民自由迁移、定居和享受社会福利的范围。户籍制度和一系列建立在户籍制度之上的制度，如教育制度、社会保障制度、医疗制度等，形成流动人口融入城市社会的主要制度性障碍。户口不仅增加了流动人口在城市生存和发展的成本，同时也因其所含的不平等因素使得流动人口融入城市社会的难度加大。现今在中国现代化和城市化的进程中，由于户籍制度等体制安排的影响，大量的流动人口，尤其是农民工日趋“漂泊化”，成为“失根”（unrooted）的群体。[①] 在一定程度上可以说户籍制度是造成中国“半城镇化”的根源。

针对户籍制度的种种弊端，2014 年 7 月，国务院印发了《关于进一步推进户籍制度改革的意见》提出，“2020 年基本建立与全面建成小康社会相

① 陈映芳：《“农民工”：制度安排与身份认同》，《社会学研究》2005 年第 3 期。

适应的新型户籍制度，有效支撑社会管理和公共服务，依法保障公民权利，以人为本、科学高效、规范有序的新型户籍制度，努力实现1亿左右农业转移人口和其他常住人口在城镇落户。”2016年10月11日国务院又印发了《推动1亿非户籍人口在城市落户方案》，要求“十三五”期间，户籍人口城镇化率年均提高1个百分点以上，年均转户1300万人以上。这说明我国城镇化的重点已经转向以人为核心的城镇化，以期彻底从制度上解决城乡“二元”体制造成的流动人口难以融入城市的问题。

未来二三十年我国仍将处于城镇化的高速发展阶段，我国能不能实现由传统农村社会向现代城市社会转型，关键在于能不能顺利解决2.45亿流动人口的社会融合问题。通过融合实现流动人口的身份转变和我国社会结构的转型。因此，未来的城镇化应该以解决流动人口的社会融合为导向，通过制度、政策和服务管理体制机制的创新，扫除流动人口融入城市的障碍，为流动人口融入城市创造良好的条件和环境，建设更加和谐、包容的城市社会，让全体人民共享社会发展的福祉。

## 二　现状与格局

### （一）流动人口社会融合工作取得积极进展，但总体融合水平不高，不同类型的城市分化明显

党的十八大以来，党中央、国务院高度重视流动人口的社会融合工作，在国家相关部委的推动下，各项工作取得积极进展。但是受我国长期以来城乡“二元”体制的影响，流动人口即使长期在城市居住和就业，融入城市也面临很多制度性障碍；另外，流动人口从乡村流入城市，生活方式和价值观念需要有一个逐渐转变的过程。从2017年中国城市流动人口社会融合评估结果来看，被评估的50个城市社会融合总体水平不高，综合平均得分仅为51.62分。如果以100分作为理想化的标准，目前的水平与理想化的状态差距甚远。

我们根据被评估城市流动人口社会融合的综合分数对50个城市进行排名，可以把城市分成三类：Ⅰ类城市（得分≥55）为流动人口社会融合状况较好的城市、Ⅱ类城市（50≤得分<55）为一般的城市、Ⅲ类城市（得分<50）为比较差的城市。结果显示，Ⅰ类城市有9个，占18%；Ⅱ类城市有24个，占48%；Ⅲ类城市有17个，占34%（见图1）。这说明流动人口在流入地城市融合度偏低是当前我国的一种普遍现象。

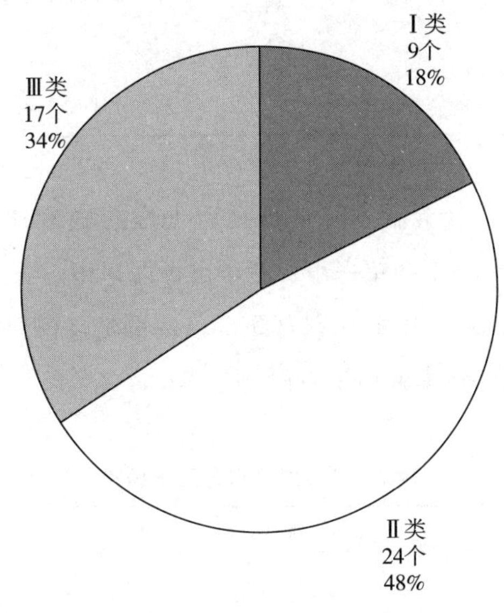


**图1　流动人口社会融合评估城市类别**

2017年流动人口社会融合评估排在前十的城市分别是厦门市、鄂尔多斯市、成都市、长沙市、合肥市、惠州市、青岛市、苏州市、江门市和唐山市。厦门市和鄂尔多斯市作为国家第一批基本公共服务均等化试点城市，在推进流动人口享有基本公共服务方面进行了长期的探索。成都市作为西部地区中心城市，2009年被国务院确定为“国家统筹城乡综合配套改革试验区”，在推进户籍制度改革、统筹城乡发展等方面实施了很多改革措施。长沙市、合肥市、青岛市、苏州市均是原国家卫生计生委（2018年3月改名为国家卫生健康委）流动人口社会融合示范试点城市。

表 1　社会融合得分前十城市

| 城　市 | 综合分数 | 排　名 |
| --- | --- | --- |
| 厦门市 | 59.31 | 1 |
| 鄂尔多斯市 | 58.18 | 2 |
| 成都市 | 57.71 | 3 |
| 长沙市 | 57.62 | 4 |
| 合肥市 | 56.41 | 5 |
| 惠州市 | 56.39 | 6 |
| 青岛市 | 55.46 | 7 |
| 苏州市 | 55.39 | 8 |
| 江门市 | 55.11 | 9 |
| 唐山市 | 54.92 | 10 |

2017 年流动人口社会融合评估排在后十位的城市分别是呼和浩特市、温州市、榆林市、台州市、绍兴市、金华市、海口市、三亚市、昆明市、宁波市。在排名后十的城市中浙江省有 5 个，西部地区的资源型城市有 2 个，具有稀缺气候资源的旅游城市有 3 个。

表 2　社会融合得分后十城市

| 城　市 | 综合分数 | 排　名 |
| --- | --- | --- |
| 宁波市 | 47.91 | 41 |
| 昆明市 | 47.82 | 42 |
| 三亚市 | 47.82 | 43 |
| 海口市 | 47.44 | 44 |
| 金华市 | 46.60 | 45 |
| 绍兴市 | 46.49 | 46 |
| 台州市 | 45.18 | 47 |
| 榆林市 | 45.06 | 48 |
| 温州市 | 43.98 | 49 |
| 呼和浩特市 | 42.98 | 50 |

### （二）流动人口社会融合不同维度之间差异显著，公共服务融合表现最好，经济融合和心理文化融合得分较低

从流动人口社会融合四个维度的比较来看，流动人口社会融合水平呈现

出公共服务融合 > 政治融合 > 经济融合 > 心理文化融合的特点。50 个被评估城市政治融合的平均得分为 52. 55 分，公共服务融合的平均得分为 57. 29 分，经济融合和心理文化融合的平均得分分别为 47. 13 分和 44. 57 分。

政治融合反映了以户籍为核心的流动人口市民身份的实现程度，以及社会权利和政治参与状况。公共服务融合反映了流入地城市为流动人口提供基本公共服务、资源及机会的情况，其核心是基本公共服务的均等化。从评估结果可以发现，当前主要由国家力量推动的政治融合和公共服务融合成效显著。

经济融合反映了在市场经济条件下，流动人口与流入地城市的双向选择，其核心是流动人口具有稳定的就业和住房、适当的收入水平。经济融合得分较低，反映了目前我国流动人口社会融合还处于初期阶段。流动人口在经济上立足城市的基础还比较弱。心理文化融合是社会融合的高级环节，建立在政治、经济等维度之上，是流动人口个体主观认知改变的过程。从评估结果可以发现，需要长期磨合的心理文化融合制约了流动人口整体社会融合程度的提高，需要通过市场双向选择的经济融合实现难度较大，成为提高流动人口社会融合程度的主要障碍。

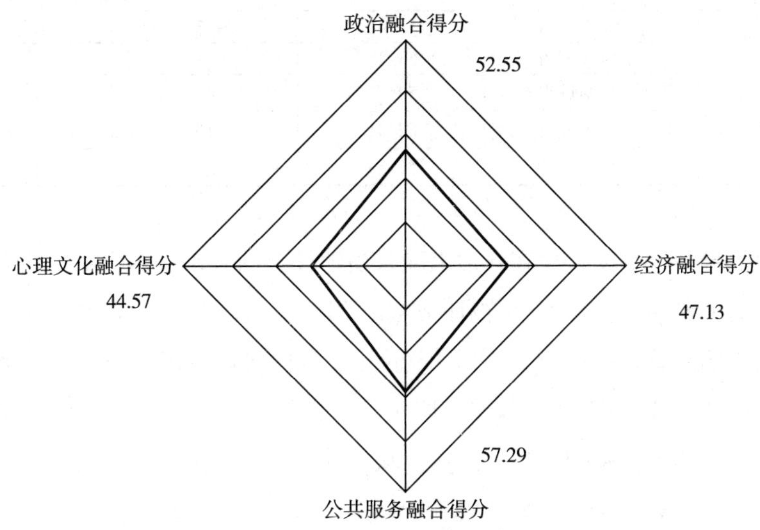


**图 2　流动人口社会融合四个维度雷达图**

### （三）东部地区特大城市流动人口政治融合难度大，制度性因素是流动人口获得市民身份、平等社会权利和政治参与的主要障碍

政治融合是指流动人口群体在流入地城市社会的政治生活中，逐渐与城市居民享有同等权利的过程。流动人口政治融合程度的高低，既受国家和流入地政府制度和政策因素的影响，也与流动人口本人的主观能动性有关。相对于其他区域，东部地区的特大城市，人口流入给地方带来的压力比较大，流动人口在市民身份获得和社会福利、公共服务等社会权利获得方面，受到的限制比较多，政治融合总体得分比较低，成为制约这些城市推进新型城镇化战略的重要因素（见表3）。

**表3　四大区域不同类型城市政治融合的比较**

| 区域 | 城市类型 | 均值 | 城市数量 | 标准差 |
|---|---|---|---|---|
| 东北 | 大中城市 | 50.78 | 3 | 5.43 |
| | 特大城市 | 53.82 | 2 | 4.68 |
| 东部 | 大中城市 | 52.80 | 22 | 6.64 |
| | 特大城市 | 49.58 | 5 | 7.06 |
| 西部 | 大中城市 | 52.87 | 10 | 5.96 |
| | 特大城市 | 55.24 | 2 | 13.07 |
| 中部 | 大中城市 | 52.01 | 5 | 9.03 |
| | 特大城市 | 58.45 | 1 | . |
| 总计 | 大中城市 | 52.57 | 40 | 6.49 |
| | 特大城市 | 52.45 | 10 | 7.37 |
| | 总　　计 | 52.55 | 50 | 6.59 |

市民身份是流动人口在政治上融入当地社会的基础，而户籍的获得是身份转变的主要标志。从50个被评估城市2017年实际落户的人数占外来常住人口的比例来看，平均只有不到4%的外来常住人口在流入地获得了当地户籍（见表4）。这说明虽然目前我国正大力推进户籍制度改革，但流动人口在城市融入的制度障碍仍然较严重。从不同的城市类型来看，人口规模越大的城市，户籍对外来人口的开放程度越低。这在一定程度上影响了流动人口在城市的生存和发展，损害了其基本权利的实现。

表4　2017年度外地人口落户的比例

| 项目 | 数值 |
| --- | --- |
| 均　值(%) | 3.8062 |
| 中　值(%) | 1.2144 |

制度保障是流动人口获得各类社会福利和公共服务等社会权利的基础。国家在推进城乡基本公共服务均等化方面出台了多项政策，目的在于保障流动人口在流入地能够获得平等的权利。从评估的情况来看，被评估城市在基本公共卫生计生服务、基础教育、住房保障等方面能够很好地贯彻落实国家的相关政策，促使流动人口在政策上享受与本地人平等的权益，各项得分平均在90分以上。但在流动人口异地就医费用报销方面，各地政策的推进速度较慢，异地就医政策的平均得分为61.00分（见图3）。因此，尽管目前我国基本“医保”体系已经覆盖了95%以上的人口，但流动人口异地看病报销的难度仍然很大。

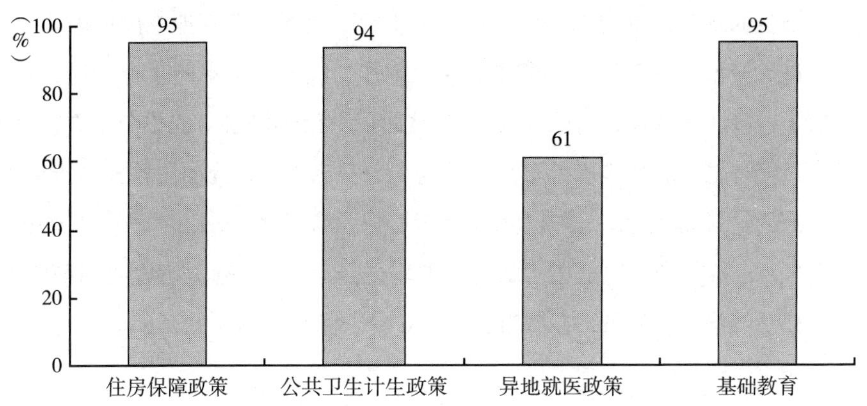


图3　流动人口获得各项社会权利状况比较

流动人口的政治参与是我国民主政治建设的重要内容，也是流动人口维护自己合法权益的重要保障。但受户籍制度、选举制度以及流动人口自身素质等因素的影响，流动人口的选举权和被选举权难以得到保障，无论在流出地还是流入地均处于“双边缘化”的状态。由于身份的边缘化，流动人口参与当地社区民主管理的积极性不高。调查显示，流动人口中平均只有8.69%的人口参与了当地社区的选举和评先进活动，参与当地民主管理的比例更低（见表5）。如何保证流动人口行使宪法赋予其的政治权利，理顺流动人口在流入地参政、议政、参与地方社会管理的渠道，成为当前我国各级地方政府面对的重要课题。

**表5　流动人口在流入地城市政治参与的比例**

| 项目 | 极小值(%) | 极大值(%) | 均值(%) | 标准差 |
|---|---|---|---|---|
| 参与选举 | 0.68 | 30.10 | 8.6901 | 0.0575357 |
| 参与民主管理 | 0.03 | 1.50 | 0.2611 | 0.0025978 |

## （四）经济融合东、中、西部区域差距大，过高的房价、低水平的消费和劳动保护不足，使流动人口的经济融合还处于初级水平

对于流动人口而言，在经济上融入城市非常关键，是其在城市立足的基础，没有经济上的融入，流动人口很难在城市生存，更谈不上其他维度的融入。流动人口进入城市后，首先需要解决居住、工作、收入等基本的生存问题，这些也构成了经济融合的核心指标。从50个被评估城市经济融合的得分来看，目前流动人口经济融合的总体水平不高，平均得分只有47.13分。在各分项指标中，得分最高的是就业状况，平均得分为58.86分；其次是收入支出水平，平均得分为45.56分；得分最低的是住房状况，平均得分只有36.96分。说明当前阶段，流动人口从经济角度来看，在城市还处于立足未稳的阶段（见表6）。

**表6　50个被评估城市经济融合得分情况**

单位：分

| 项目 | 极小值 | 极大值 | 均值 | 标准差 |
|---|---|---|---|---|
| 就业状况 | 42.19 | 70.39 | 58.86 | 6.40 |
| 收入支出 | 4.08 | 84.09 | 45.56 | 19.45 |
| 住房状况 | 6.16 | 54.65 | 36.96 | 9.82 |
| 经济融合 | 27.64 | 61.85 | 47.13 | 7.15 |

改革开放以来，中国经济发展取得巨大进步，但发展的不均衡问题也非常突出，特别是区域之间发展差距在逐渐拉大。经济发展为流动人口进入城市提供了机会，也是流动人口流入城市的主要动力，但经济发展水平不能代表社会的融合程度。从不同区域被评估城市经济融合综合得分来看①，中部地区的城市经济融合最好，平均得分为51.40分；其次是西部地区的城市，平均得分为47.31分；东部地区城市的平均得分为47.14分；得分最低的是东北地区的城市，平均得分只有41.50分（见表7）。

**表7　不同区域城市经济融合得分情况**

单位：分

| 区域 | 就业状况 | 收入支出 | 住房状况 | 经济融合 |
|---|---|---|---|---|
| 东北 | 55.02 | 36.71 | 32.76 | 41.50 |
| 东部 | 61.33 | 41.28 | 38.82 | 47.14 |
| 中部 | 57.22 | 60.12 | 36.85 | 51.40 |
| 西部 | 55.74 | 51.62 | 34.57 | 47.31 |
| 总计 | 58.86 | 45.56 | 36.96 | 47.13 |

在“十三五”规划中，国家将具有稳定就业和合法稳定住所的流动人口作为优先考虑在城市落户的对象。从50个被评估城市来看，劳动年龄段流动人口平均就业率为83.44%，平均在流入地的连续就业时间为4.69年，但劳动合同的签订率比较低，只有58.29%。这说明流动人口从自身来讲已经基本具备了在城市长期稳定就业的能力，但需要国家从制度上加强对流动人口劳动保护的保障。

从流动人口在流入城市的收入消费水平来看，流动人口的收入水平与当地居民差不多，如果不算其他的福利性和财产性收入，流动人口与当地居民

① 在四类区域中：东北（5个）：大连、沈阳、长春、哈尔滨、大庆；东部（27个）：石家庄、唐山、南京、苏州、无锡、常州、杭州、宁波、嘉兴、绍兴、金华、台州、温州、福州、厦门、泉州、济南、青岛、烟台、佛山、东莞、惠州、江门、中山、珠海、海口、三亚；中部（6个）：太原、南昌、合肥、郑州、长沙、武汉；西部（12个）：呼和浩特、鄂尔多斯、南宁、柳州、成都、咸阳、昆明、贵阳、兰州、西安、榆林、乌鲁木齐。

的收入基本持平。相对于收入，消费水平则是反映流动人口群体融入城市状况的一面镜子。从20世纪80年代以来农民工进城的历程来看，流动人口的外出似乎一直处于挣钱回家盖房子、为子女教育、为子女婚姻的原始积累阶段。从50个被评估城市来看，流动人口的消费水平只有当地居民的77.21%（见表8）。这说明流动人口还没有从刚开始的城市打工挣钱回农村消费的循环中脱离出来。

**表8　经济融合各指标得分情况**

| 指标 | 极小值 | 极大值 | 均值 | 标准差 |
|---|---|---|---|---|
| 就业率(%) | 57.20 | 94.55 | 83.44 | 8.35 |
| 连续就业时间(年) | 2.87 | 7.01 | 4.69 | 0.85 |
| 劳动合同签订比例(%) | 33.97 | 93.24 | 58.29 | 12.86 |
| 收入水平(倍) | 0.58 | 1.33 | 1.00 | 0.17 |
| 消费水平(倍) | 0.56 | 1.15 | 0.77 | 0.14 |
| 房租收入比(%) | 15.46 | 49.08 | 26.66 | 6.60 |
| 参加住房公积金的比例(%) | 1.60 | 24.48 | 7.24 | 4.92 |

从住房状况来看，根据2014年流动人口动态监测数据，50个城市流动人口购买商品性住房的比例平均只有10.76%，而租房的比例占73.19%。随着近年来中国城市住房价格的节节攀升，流动人口在城市购买住房的难度加大。而房屋租金的高低成为其能否立足城市的关键因素。从50个城市流动人口平均房租收入比来看，达到26.66%，也就是说，流动人口收入中有26.66%用于租房支出，在一些特大城市平均达到28.06%（见表9）。过高的房租收入比成为流动人口在城市融入的最大负担。

**表9　不同类型城市房租收入比比较**

| 城市类型 | 均值(%) | 城市数量 | 标准差 |
|---|---|---|---|
| 特大城市 | 28.06 | 10 | 0.05 |
| 大中城市 | 26.32 | 40 | 0.07 |
| 总　计 | 26.66 | 50 | 0.07 |

## （五）公共服务融合总体水平较好，应重点关注流动人口随迁子女的学前教育和高中阶段教育，提高育龄妇女的孕优服务和就业人口的社会保障水平

流动人口融入城市的最基本要求是获得公平、公正的国民待遇，为流动人口提供基本的公共服务和底线保护是国家的责任和公民的基本权利。近年来，国家非常重视流动人口基本公共服务体系和制度建设，2012 年国务院印发的《国家基本公共服务体系建设“十二五”规划》中，明确提出要“加快建立农民工等流动人口基本公共服务均等化制度”。在实践领域，2013 年国家卫生计生委在全国 40 个城市启动了流动人口卫生和计划生育基本公共服务均等化试点工作。在国家和地方政府的大力推动下，流动人口基本公共服务均等化工作取得积极进展。

从 50 个被评估城市来看，流动人口基本公共服务融合平均得分为 57.29 分，得分最高的城市为厦门市，得分为 70.75 分，最低的城市是台州市，得分为 45.97 分。从城市规模来看，特大城市公共服务融合的得分高于其他大中城市（见表 10）。

**表 10　不同规模类型城市公共服务融合状况**

| 城市类型 | 均值 | 城市数量 | 标准差 |
|---|---|---|---|
| 特大城市 | 58.75 | 10 | 4.05 |
| 大中城市 | 56.93 | 40 | 5.71 |
| 总　　计 | 57.29 | 50 | 5.41 |

从分项指标来看，流动人口随迁子女教育服务均等化得分最高为 81.58 分；其次是基本公共卫生计生服务均等化，得分为 69.92 分；得分较低或者进展缓慢的是流动人口社会保险参与率，得分仅为 20.37 分（见表 11）。

被评估城市流动人口随迁子女教育情况总体较好，特别是义务教育阶段在学率的平均值达到 97.62%，但是从就读的学校类型看，还有19.00%的

**表 11　被评估城市流动人口公共服务融合得分情况**

单位：分

| 项目 | 极小值 | 极大值 | 均值 | 标准差 |
|---|---|---|---|---|
| 卫生计生服务 | 56.29 | 87.25 | 69.92 | 6.70 |
| 教育服务 | 64.64 | 93.32 | 81.58 | 7.60 |
| 社会保险参与率 | 6.98 | 52.08 | 20.37 | 10.88 |
| 公共服务融合 | 45.97 | 70.75 | 57.29 | 5.41 |

义务阶段随迁子女没有在公立学校就读。随迁子女的学前教育阶段在学比例和高中教育阶段在学比例与义务教育阶段在学比例有相当大的差距，需要引起政府有关部门关注（见图 4）。

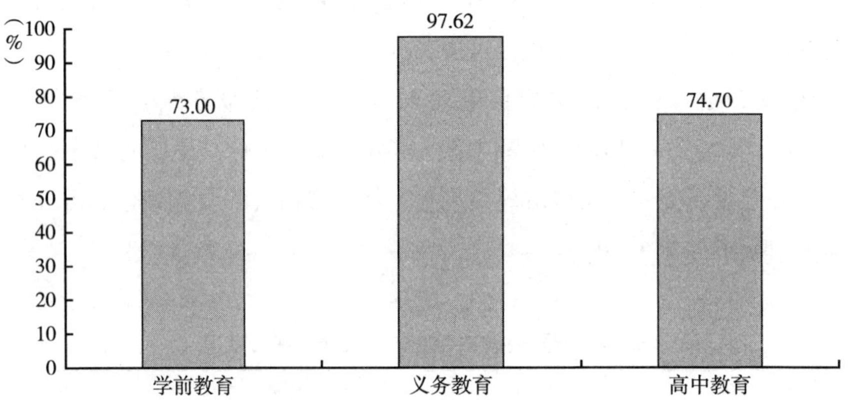


**图 4　流动人口随迁子女教育情况**

从流动人口获得的基本公共卫生计生服务的比例来看，最高的是儿童计划免疫，其次是计划生育技术服务，最低的是免费孕优，平均比例仅为 31.71%（见图 5）。

从流动人口参加社会保险的状况来看，50 个被评估城市社会保险参与率整体上比较低，特别是失业保险，平均只有 15.22% 的就业流动人口参加了失业保险；其次是工伤保险，也只有 19.28% 的就业流动人口参加了工伤保险。这说明对流动人口就业的保护水平比较低（见表 12）。

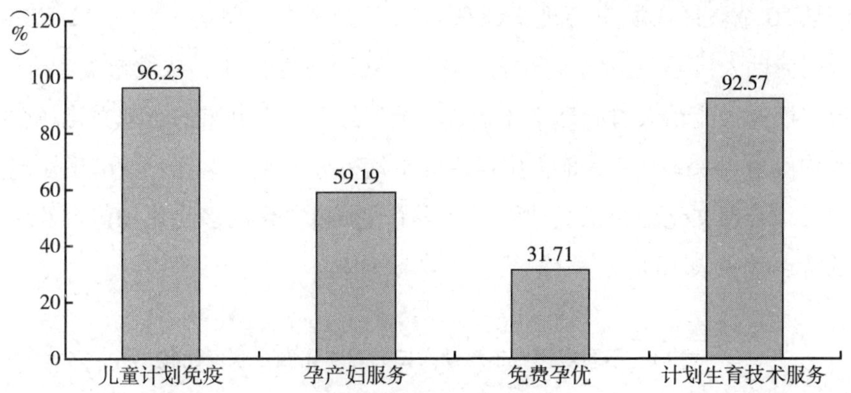


**图 5　流动人口获得免费基本公共卫生计生服务情况**

**表 12　被评估城市流动人口各类社会保险参与率**

| 保险类型 | 极小值(%) | 极大值(%) | 均值(%) | 标准差 |
|---|---|---|---|---|
| 失业保险 | 2. 90 | 48. 80 | 15. 22 | 0. 11 |
| 养老保险 | 9. 00 | 55. 45 | 23. 84 | 0. 11 |
| 医疗保险 | 5. 30 | 55. 30 | 23. 14 | 0. 11 |
| 工伤保险 | 3. 25 | 61. 28 | 19. 28 | 0. 12 |

### （六）城市规模越大流动人口心理文化融合程度越好，东北地区具有比较优势，流动人口在流入地缺少归属感，认同感和幸福感比较低

大量农业转移人口从农村进入城市，不仅仅是人口在空间上的位移，更是生活方式从传统到现代的转变过程，是现代化意义上的“文化移民”。如英克尔斯所说“人是一个基本的因素。一个国家，只有当它的人民是现代人，它的国民从心理到行为都能转变为现代化的人格……这样的国家才可称之为现代化国家”。以农民工为主体的流动人口，从早期以就业为目的临时性进城，到在城市里追求自己的公共权益，再到从心理上认可所在的城市、生活习惯上适应城市生活需要一个长期的过程。

从50个被评估城市心理文化融合的得分来看，平均分数为44.57分，这说明流动人口心理文化融合程度偏低的状况普遍存在。从城市类型来看，城市规模越大流动人口心理文化融合状况越好，特大城市的心理文化融合得分的均值为45.52分，其他大中城市的平均得分为44.33分。城市规模越大流动人口心理文化融合状况越好，反映了大城市文化的多元化和包容性比较强的特点（见表13）。

**表13　不同规模城市流动人口心理文化融合状况比较**

单位：分

| 城市类型 | 均值 | 城市数量 | 标准差 |
|---|---|---|---|
| 特大城市 | 45.52 | 10 | 4.46 |
| 大中城市 | 44.33 | 40 | 4.62 |
| 总　　计 | 44.57 | 50 | 4.57 |

从四大区域来看，东北地区流动人口心理文化融合状况最好，平均值为51.17分；其次是中部地区，平均值为45.50分；最差的是东部地区，平均值为43.19分。东部地区是我国流动人口的主要流入地，且该地区流动人口多为跨省流动。该地区心理文化融合度较低很可能与跨区域流动带来的文化差异和冲突有关（见表14）。

**表14　不同区域所在城市流动人口心理文化融合状况比较**

单位：分

| 区域 | 均值 | 城市数量 | 标准差 |
|---|---|---|---|
| 东北 | 51.17 | 5 | 3.64 |
| 中部 | 45.50 | 6 | 3.87 |
| 西部 | 44.47 | 12 | 3.62 |
| 东部 | 43.19 | 27 | 4.28 |

调查发现流动人口对所流入的城市存在一种矛盾心理，一方面喜欢所流入的城市，关心城市的变化和发展；另一方面又不愿意改变自己的身份，脱离农村成为城市居民。例如在被评估城市中83.92%的流动人口对融入当地

社会持一种积极的心态，但只有35.67%的流动人口愿意放弃农村户籍转为城镇户籍。由于各种原因，流动人口在流入地的幸福感普遍不强，只有36.77%的流动人口认为在城市生活比在老家生活更幸福。

流动人口融入城市社会的重要标志是身份认同和文化认同，不再认为自己是城市中的外来群体，而是把自己作为城市的一部分来对待，关心城市的发展和变化，主动参与城市的各种活动，价值观念和行为方式开始以城市为标准。但从调查的情况来看，有57.6%的流动人口表示参与过当地社区的活动，28.20%的流动人口参加过社区的文体活动，29.49%的流动人口参加过社区的社会公益活动，只有8.49%的流动人口参加了社区的选举活动。

闲暇时的休闲方式也是判断流动人口融入城市社会的重要标志，从总体来看，与城市居民的生活方式相比较，流动人口的得分只有30.78分。工作外的闲暇时间，流动人口休闲活动排在第一位的是看电视、电影，占80.88%；其次是与家人朋友聊天，占42.43%；40.17%和36.99%的流动人口选择了做家务和睡觉。

从流动人口交往的圈子看，很多研究表明流动人口进入城市后依然依存在原来的血缘关系和地缘关系之中，在城市社会形成了“城市版”差序格局。从被评估城市来看，流动人口交往圈子的得分为55.69分，从实际调查的数据看，有55.13%的流动人口与同乡人交往的最多，说明流动人口大多数在原有的社会网络中获得情感和社会支持（见表15）。

**表15　流动人口心理文化融合各指标得分情况**

单位：分

| 指标 | 均值 | 标准差 |
|---|---|---|
| 愿意成为本地居民的比例(%) | 35.67 | 11.84 |
| 主动融入当地社会的比例(%) | 83.92 | 3.44 |
| 个人主观幸福感 | 36.77 | 9.61 |
| 社区参与度 | 24.61 | 11.30 |
| 休闲活动 | 30.78 | 2.95 |
| 交往圈子 | 55.69 | 9.11 |

## 三 存在的问题与挑战

### （一）部分城市面临的人口压力过大，对流动人口社会融合造成负面影响

近年来，在一些特大城市及部分东部沿海大城市，流动人口持续大规模流入，给城市交通、环境等带来比较大的压力，给城市治理带来很大挑战。而且当一个城市外来人口在较短时期内达到较高的比例时，原居民与流动人口在公共资源等方面会形成一定程度的竞争，乃至冲突。出于人口控制的需要，一些外来人口流入压力较大的城市，在户籍、住房、子女教育等方面对流动人口进行了限制，使流动人口融入城市的难度加大，也导致这些城市在排名中处于较后的位置。

根据《2015 年全国农民工监测调查报告》数据，“在外出农民工中，流入地级以上城市的农民工 11190 万人，占外出农民工总量的 66.3%。其中，8.6%流入直辖市，22.6%流入省会城市，35.1%流入地级市。跨省流动农民工 80%流入地级以上大中城市，省内流动农民工 54.6%流入地级以上大中城市。”从数据可以看出，我国流动人口有进一步向大城市聚集的趋势；从国外发达国家的经验来看，人口向几个超级城市群聚集是一种普遍现象。在这种情况下如何处理人口调控与流动人口社会融合的关系非常重要，是中国解决流动人口社会融合问题面临的一大挑战。

### （二）阻碍流动人口在城市融合的制度性障碍仍然存在，城乡“二元”体制的格局没有被打破

大量的研究表明，以农民工为主体的流动人口在城市中遭受了各种不公正待遇，由于身份的限制，在获取当地公共服务和资源上受到排斥，在城市社会中被边缘化，融入城市的难度比较大。户籍制度作为一种母体性

制度或载体性制度，是中国城乡“二元”体制形成的根源，没有城市户籍就意味着流动人口在就业、社会保障、子女教育、医疗卫生服务等公共服务方面受到排斥，不能享受与当地人同等的待遇。同时，长期的户籍制度也造成流动人口与当地人在心理上和行动上的隔离和对立，不利于相互之间的交往和融合。

目前国家虽然一直在致力于推进户籍制度改革，力图从制度上解决流动人口的社会融合问题，但户籍制度并不是单纯的人口登记制度，而是20世纪50年代以来形成的国家治理的基础性制度。从公共服务、社会福利、社会治理等国家行为到就业、购房、买车等个人行为均与户籍制度有着千丝万缕的联系。户籍制度不但形成了城乡之间的区隔，而且形成了本地人与外地人的区隔。自2014年国家户籍制度改革方案颁布以来，全国30个省、直辖市、自治区均取消了农村户籍与城镇户籍之间的区分。但户籍制度作为城市公共福利体制的母体性制度和载体性制度的性质没变，不同类型的城市政府会根据自身利益对入户条件进行设定，做出对自己最有利的选择，成为挡在流动人口城市融入的第一道门槛。

### （三）流动人口经济融合面临高房价、低水平就业和消费不足三大困境

90年代中期以来，随着中国城市大规模扩张和房地产市场的商品化，中国大城市的房价快速上升，特别是一线城市、区域中心城市和沿海开放城市，房价上涨的速度远远超过了居民收入增长的速度。房价上涨导致两个后果：一是流动人口目前靠自己的收入很难在城市购买住房。50个被评估城市中具有稳定性住房的流动人口只占13.44%，包括政府提供的廉租房、公租房、政策性保障房、已购商品房和自建房（见表16）。二是房租过高对流动人口在城市生活带来很大的压力。从50个城市流动人口平均房租收入比来看，平均达到26.66%，一些特大城市接近或超过了支出的1/3。过高的房租对流动人口长期稳定生活在城市造成很大影响，一旦出现失业或其他偶然性支出增加，很难在城市生活。

表16　50个被评估城市流动人口住房类型的比例

| 住房类型 | 频率 | 百分比(%) |
|---|---|---|
| 租住单位/雇主房 | 4380 | 4.98 |
| 租住私房 | 60040 | 68.21 |
| 政府提供廉租房 | 149 | 0.17 |
| 政府提供公租房 | 73 | 0.08 |
| 单位/雇主提供免费住房(不包括就业场所) | 9503 | 10.80 |
| 已购政策性保障房 | 314 | 0.36 |
| 已购商品房 | 9472 | 10.76 |
| 借住房 | 663 | 0.75 |
| 就业场所 | 1558 | 1.77 |
| 自建房 | 1483 | 1.68 |
| 其他非正规居所 | 388 | 0.44 |
| 合　计 | 88023 | 100 |

低水平就业一方面表现为职业地位比较低，大部分流动人口在城市的就业体系中处在体制外的中下层，主要集中在劳动强度比较大、收入水平较低的服务业、制造业、建筑业等。例如50个被评估城市流动人口从事经商、餐饮、保洁、家政的比例高达26.58%，从事生产、运输、建筑等行业的比例为24.58%。另一方面表现为对流动人口就业的保护比较低，劳动合同的签订率、失业和工伤保险的水平都比较低。

消费水平和消费结构是流动人口生活方式转变的重要体现，从目前的情况来看，流动人口的消费水平与城市居民的消费水平存在很大差距。流动人口在城市的消费还基本上处于满足基本生存需要的水平，发展性和娱乐性消费比较低。除了基本的生存消费，目前还没有改变流动人口在城市挣钱回老家消费的怪圈。

### （四）子女教育问题和社会保障问题成为决定流动人口返乡和留城两大制约因素

当前农民工进城呈现出与流动初期不同的特征，其中一个重要的趋势就是从单个外出向举家迁移转变。一般来讲，举家外出的农民工尤其是当有子女一同外出时，他们面临的第一大难题就是子女的教育问题。50 个被评估城市流动人口子女中有 69.61% 的离开户籍地，跟随其父母居住在流入地城市（见表 17）。

**表 17　50 个被评估城市流动人口随迁子女的比例**

| 年龄组 | 未居住本地(%) | 居住本地(%) |
|---|---|---|
| 0～3 岁 | 22.34 | 77.66 |
| 3～6 岁 | 27.51 | 72.49 |
| 6～15 岁 | 31.56 | 68.44 |
| 15～18 岁 | 44.59 | 55.41 |
| 总计 | 30.39 | 69.61 |

根据 2014 年的数据，流动人口子女在现居住地出生的比例达到 58%。很多流动儿童生在城市、长在城市，却不能与本地儿童一样获得公平的受教育机会，特别是在流动人口聚集地比较集中的超大和特大城市，接受义务教育受到各种条件的限制。50 个城市中仍然有 2.38% 的适龄儿童没有接受义务教育。在接受义务教育的流动儿童中，近 20% 没有在公立学校就读，这与国家关于进城务工人员随迁子女义务教育“两为主”政策相违背。流动儿童在流入地接受学前教育和高中阶段教育的比例分别只有 73.00% 和 74.70%（见图 6）

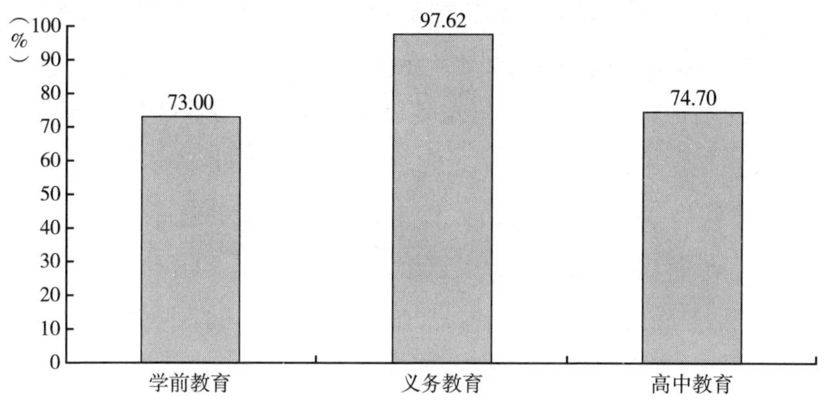


**图 6　流动人口随迁子女在流入地接受教育情况**

跨省流动的高中在校流动儿童还面临着异地高考的问题。由于教育问题，在城市生活、学习了多年的流动儿童被迫返回原籍地，到原籍地学校接受高中阶段教育，在当地参加高考，很多流动人口因为孩子的教育问题被迫返乡，进城和融入城市的进程被打断。

如果说教育问题阻断了新一代流动人口在城市发展的机会，那么返乡成为流动人口解决养老问题的最终归宿。全国农民工监测调查报告显示，2015 年全国 50 岁以上的农民工数量高达 4967 万人，占全部农民工的比例达到 17.9%。如果在城市不能解决养老问题，这些农民工将逐渐回流，返回农村。50 个被评估城市流动人口参加城镇职工或城镇居民养老保险的比例只有 23.84%，具有农村户籍的流动人口大部分参加了农村“新农合”，也就是说，流动人口的养老体系还是以农村为基础的，进城务工只是其生命历程的一部分，“老无所依”成为流动人口无法安稳在城市生活的又一重要障碍。

### （五）流动人口留城意愿与国家战略导向出现偏差

按照国家新型城镇化战略规划，国家按照人口总量把城市分为 5 类 7 型，每种类型的城市入户条件不同，总的导向是鼓励农业转移人口到中小城镇落户，严格限制超大城市和特大城市人口规模。但从实际情况来看，流动人口大多流入了就业机会较多和公共服务较好的大城市，流动人口的大城市偏好与“中小城市优先”的战略导向存在矛盾。

从 50 个被评估城市来看，城市规模越大流动人口的落户意愿越强烈，在 10 个特大城市中，流动人口愿意落户的比例达到 39.45%，其他 40 个大中城市则降低为 34.72%。流动人口落户意愿最强的城市是大连市，有 62.7% 的流动人口表示愿意落户大连市，珠海市也有 61.8% 的流动人口表示愿意落户。排在后面的城市如内蒙古的鄂尔多斯市和陕西省的榆林市只有 14% 的流动人口愿意落户。因此，从流动人口落户的意愿来看，流动人口更愿意向东部沿海大城市集中（见表 18）。

**表 18　被评估城市流动人口落户意愿比较**

| 城市类型 | 均值(%) | 标准差 |
|---|---|---|
| 特大城市 | 39.45 | 0.09 |
| 大中城市 | 34.72 | 0.12 |
| 总　计 | 35.67 | 0.12 |

流动人口为什么不愿意落户小城镇，而更愿意集中到住房、环境、交通压力比较大的大城市？从流动人口本身来看，80 年代以来的人口迁移不是计划经济时期由政府组织的定向流动；而是市场经济条件下的自发行为。流动人口选择留在大城市还是小城镇是根据自己从中获得的收益高低理性选择的结果。与中小城市相比，大城市具有丰富的经济与社会资源，无论就业机会和发展空间还是教育、医疗、交通、文化等，都具有中小城市无法比拟的优势。另外，从融合的角度来看，大城市在文化上更加多元、开放，包容性更强，而中小城市受当地文化、社会关系和网络的影响更强，对外地群体来讲更难融入。

## 四　对策与建议

### （一）加快推进户籍制度改革，打破流动人口社会融合的制度性障碍

推进户籍制度改革已经成为各界的共识，从 90 年代国家的小城镇试点到 2016 年的“1 亿人落户”方案出台，户籍制度改革已经从浅入深，触及户籍本身以外的内容。目前，随着各地城乡户籍登记制度改革的逐步完成，“显性户籍墙”对“乡—城”流动人口的制约作用逐步减弱；而“隐性户籍墙”构成了流动人口社会融合的主要障碍。因此，未来户籍制度改革的重点不在户籍本身，而在于利益关系的调整。特别是要逐步剥离依附在户籍制度背后的社会福利和资源配置功能，使户籍制度逐渐回归其应有的登记和统计功能。

目前的改革主要是中央出台政策，各自根据自身实际制定具体的落实政策。但从实际效果来看，地方政府在推进户籍制度改革的过程中会根据自身的利益权衡，决定户籍的开放程度，造成改革方案在不同类型的城市差别很大。往往是没人愿意落户的地方户籍开放程度较高，而愿意落户的地方开放程度较低，使改革的效果受到影响。鉴于户籍是一个国家的基本制度，所有的国民应该一视同仁，未来的改革应该由中央政府主导，在国家层面进行制度设计和整体推进，降低地方政府的权限，使户籍制度成为流动人口“用脚投票”的一种选择机制。

由于目前中小城镇对户籍基本完全放开，未来改革的重点不是中小城市而是大城市和特大城市。流动人口目前主要集中在东部沿海的大中城市，特别是长三角、京津冀和珠三角三大城市群，集中了全国一半以上的流动人口。除了北京、上海等少数超大城市外，未来其他城市都应该逐步放开，取消指标限制，原则上按照就业和住房“两个稳定”有序推进户籍制度改革，把符合条件的流动人口纳入本地户籍，提高户籍人口城镇化的比率。

### （二）加强教育和就业培训，提升流动人口融入城市的能力

流动人口融入城市的程度除了受外部各种制度影响外，还跟其自身的教育水平和技术能力直接相关。研究认为教育、培训以及工作经历是流动人口积累人力资本的重要方式，人力资本越强，越有助于社会融合。流动人口中80%以上的是农民工，目前我国农民工群体整体的教育水平较低，大多直接从农村进入城市，没有接受过专业的职业技能培训。根据《2015年农民工监测调查报告》，初中及以下学历的农民工比重为77%，文化水平低使得农民工大多数只能从事简单的体力劳动。同时，文化水平较低，使得农民工原有的生活方式很难改变，更加大了其融入城市社会的难度。

未来为适应流动人口融入城市的需求，国家除了需要加强对流动人口补偿性的社会政策以外，今后在政策设计中需增加与流动人口文化教育、职业技术培训相关的发展性社会政策。应通过立法的形式，大规模发展职业教育，把流动人口特别是农民工的职业教育和技能培训纳入国民教育体系。经

过9年义务教育以后，把不能升入高中的适龄人口通过国家补贴的方式，大部分纳入职业学校进行职业教育，而不是直接进入劳动力市场。对于已经进入劳动力市场的农业转移人口，可以通过政府购买服务或提供补贴的形式，鼓励企业、社会和个人进行专门的职业培训，提高农业转移人口就业和社会适应的能力。

### （三）为流动人口提供基本的社会保护和公共服务，减少流动人口对土地和传统社会关系的依赖

人口在流动的过程中，脱离了原来基于乡土社会所赋予的社会保护。在进入现代城市社会以后，不得不面对各种不同于传统社会的现代风险。一般来说，基本的社会保障是流动人口规避社会风险的重要保护机制。这是西方国家工业化和城市化道路中的重要经验。我国流动人口社会保障不足，一方面与我国城乡分割的制度设计有关，另一方面也与社会保障的区域分割有关。造成福利制度地区分割的主要原因在于我国福利筹资的高度分权化。

为促进流动人口能够在城市站稳脚跟，应该实施由中央政府承担，低标准、均等化、可携带的“国民基础社会保障包”。以此为基础，提高养老金的统筹层次，建立全国统一的社会保障体系。基本的养老保险实现国家统筹，不分城乡、外地和本地，只要具有中国的公民身份就可以获得国家统一提供的基本养老保险。要适应中国流动人口的现实需求，加快各项社会保险手续在不同区域的转移接续。

以教育、住房、医疗等基本公共服务为重点，解决流动人口在城市的基本生活问题。当前阶段教育服务的重点应放在流动儿童的学前教育、高中阶段教育以及在流入地的高考问题。当前九年制义务教育基本普及，建议国家在适当的时机把学前教育和高中阶段教育纳入义务教育范围；考虑到教育体系的衔接问题，未来可以通过高考名额分配与流动儿童在流入地接受高中教育数量挂钩的方式，解决流动儿童的异地高考问题。医疗问题的重点是加快实现医疗保险异地报销，简化报销手续，解决流动人口报销难的问题。住房

是流动人口融入城市的关键因素，流入地政府应该把符合条件的流动人口纳入当地住房保障的范围，重点为流动人口提供能够负担得起的公租房。

### （四）按照人口流动的规律和意愿对城镇化战略进行调整

长期以来我国一直把中小城市特别是小城镇放在优先发展的地位，对大城市特别是特大城市进行控制。从 80 年代我国著名社会学家费孝通提出“小城镇战略”到 21 世纪新型城镇化战略的提出，国家对不同人口规模的城市采取不同的开放政策，基本思路是城市规模越大、人口的控制措施越严厉。

这种城镇化战略在实践中遇到挑战：一是人口向大城市聚集的趋势明显。二是流动人口落户小城镇的意愿不高。中国社会科学院发布的《人口与劳动绿皮书：中国人口与劳动问题报告》显示，城区人口 300 万以下的城市流动人口愿意落户的人不足四成；在大城市居住的流动人口的落户意愿为 45% 左右；在严格控制的特大城市的落户意愿最高，将近六成。从农民工的流向与流动人口的落户意愿来看，国家新型城镇化战略的导向与实际情况出现了反差。

从世界城市化发展的规律来看，人口有进一步向特大城市聚集的趋势，2011 年全球超过 1000 万人口的城市数量为 359 个，比 1970 年增加了 8 倍之多。城镇化是一个长期复杂的过程，需要内因驱动与外因推动相结合。农民进不进城，进哪个城市，是他们理性选择的结果。政府要做的是构建一个公平的制度环境，让人人能享受均等公共服务，享受平等发展机会。未来，国家需要根据人口流动的规律以及流动人口的实际需求和意愿对新型城镇化战略进行调整。

### （五）以社区为基础，构建流动人口的社会支持网络

人口流动的过程实际上是流动人口再社会化的过程，流动人口由农村流入城市，原有基于血缘和地缘的社会关系网络被打破，失去了其过去长期依靠的社会支持系统，导致抵抗社会风险的能力降低。流动人口在城市生活的

载体是社区，如果通过社区这个载体，在城市构建一个类似于乡村的熟人社会，通过社区形成流动人口在城市交往的社会网络，弥补由于离开农村所带来的社会资本的缺失，无疑对促进流动人口的社会融入具有积极意义。近年来，在欧美国家的社会融入策略研究中，社区越来越受到重视，社区工作逐步成为实现社会融入的重要行动机制。

目前国家需要建立流动人口社区参与的机制。逐步放宽社区选民资格限制，扩大流动人口的政治参与；积极组织开展社区活动，鼓励本地居民和流动人口的共同参与；发挥当地政府机构、居委会、社会组织、社区所在的经济组织、居民群众等多元主体的作用，建立流动人口参与社区事务的网络；建立健全针对部分弱势流动人口群体的多元互助和协调机制；等等。流动人口通过社区这个平台，参与社会活动、参加社区管理和决策，享受社区提供的公共服务、构建社会关系，形成社区意识，实现不同群体在社区的和谐共处。

### （六）借鉴发达国家的经验，建立促进流动人口社会融合的社会体系

社会融合不仅是学者关注的重要领域，而且成为欧美等发达国家社会政策和社会工作领域的重要议题。许多国家和地区将社会融入作为人类生活质量的主要指标，较高的社会融入水平已成为人类社会发展所追求的目标之一。总结发达国家的经验，有几点非常值得我国借鉴。

一是建立促进流动人口社会融合的法律体系和政策体系。借鉴英、德等国家的经验，基于“平等权”建立贯穿经济、社会领域的立法，以法律为依据制定相应的流动人口社会融合政策。借鉴欧洲和美国、日本等国家在人口大规模流动和迁移时期的经验，通过广泛的社会福利政策，为流动人口在城市生存提供基本的保护。同时，通过特殊的政策，为流动人口在失业、住房、教育等方面提供特殊支持和帮助。近年来，随着欧盟福利提供模式的转型，开始实施积极的社会融合政策，注意调动流动人口本身的能力和参与各项事务的积极性。

二是把流动人口视为一种重要的资源，重视流动人口的融入能力和文化融合。无论是外来移民还是本国的移民，人口大规模的流动和迁移都发生在重大的社会转型期。为促进移民更好地融入当地社会，西方很多发达国家把移民看成一种重要的人力资本，把教育培训当成提高移民社会融合能力和反社会排斥的重要手段。例如 20 世纪 50 年代中期至 70 年代初期，德国对大量流入的“客籍”劳动力，通过成人夜校和职业培训的方式，提高移民在当地社会的生存能力。20 世纪初美国为促进青少年移民对美国的文化认同，由联邦政府主导推进“美国化运动”，为青少年移民提供免费的英语训练、公共事务课程以及基本的生存技能，推动国外移民的“本土化”。

三是建立流动人口社会融合的监督评价体系。国外发达国家重视对流动人口（移民）社会融合状况的监测，避免因失业、贫困等原因被排斥。例如欧盟主要由欧盟社会保护委员会对移民社会融合的状况进行评估和监测。此外，各国根据自身实际建立了社会融合评估指标体系，比较系统的主要有欧盟的社会融合指标、英国的“机会人人共享”指标，欧洲公民资格和融合指数、美国的俄勒冈州阳光指标、半球社会融合指数和巴西圣保罗社会融合/社会排斥指数。中国此项工作才刚刚开展，建议建立由政府主导、学术机构和地方政府参与的专门评估监测机构，每年对中国流动人口社会状况进行评估，发布评估指数。

# 理论专题报告

**Theoretical Special Report**

**B**.3

## 城市流动人口社会融合评估理论框架

肖子华　陈 晶*

**摘　要：** 本报告对流动人口社会融合的概念和内涵进行了界定，借鉴了国外尤其是欧盟社会融合的理念和实践及其评估框架，结合国内诸多专家学者的研究基础和实践经验，提出了城市流动人口社会融合评估理论框架和指标体系，并就评估城市的选择标准、评估城市的构成、评估的资料来源及分值的计算方法等进行了详细的阐述。

**关键词：** 流动人口　社会融合　理论框架　指标体系

---

* 肖子华，国家卫生健康委流动人口服务中心主任，高级政工师，研究方向：流动人口服务管理；陈晶，国家卫生健康委流动人口服务中心副研究员，社会学博士，研究方向：流动人口社会融合、社会分层与流动。

推进新型城镇化和流动人口社会融合，是我国在经济新常态下保持经济健康发展、促进社会全面进步的重要抓手，涉及全面深化改革的各个重要领域。促进流动人口尽快融入城市社会也是我国城镇化、现代化进程的必然趋势。对于城市而言，社会融合作为城市社会发展的重要目标之一，是理解社会问题的重要思路，解决城市社会问题的重要方法。

## 一 流动人口社会融合概念和内涵

### （一）概念界定

流动人口是指居住地与户口登记地所在的乡镇街道不一致且离开户口登记地半年以上的人口，并在此基础上区分市辖区内人户分离人口和非市辖区内人户分离人口①。本研究所说的城市流动人口是指乡－城和城－城流动人口，即离开户口登记地并在流入地城市城镇居住半年以上、非该城市市区（县）户口的流入人口。

“社会融合”概念最初源于社会排斥相关研究。随着社会政策的推广实施及社会实践的深入，社会融合成为国际上关注移民群体与迁入地社会关系最为普遍适用的概念。英文文献中，与社会融合对应的提法很多，包括Social solidarity、Social inclusion、Social acculturation、Social integration、Social fusion、Social assimilation、Social acculturation、Social adaption、Social accommodation 等。在借鉴国内外研究的基础上，为便于评估的可操作化，本文所说的城市流动人口社会融合，就是要让流动人口在城镇获得均等的生存和发展机会，公平地享有公共资源和社会福利，参与政治、经济、社会和文化生活，实现经济立足、社会接纳、身份认同和文化交融（王培安，2015②）。

---

① 国家统计局在实施 2010 年第六次全国人口普查和 2015 年全国 1% 人口抽样调查中，对流动人口界定统一了标准。

② 王培安：《推进新型城镇化和流动人口社会融合》，《社会治理》2015 年第 4 期，第 15～18 页。

## （二）理论与实践内涵

可以从四个方面理解这一概念，首先，社会融合既是融入，也是融合。“融”是过程，“合”是目的，“融合”包含“融入”。让城市充分认识到要从单纯关注流动人口在迁入城市的单向“融入”到更注重流动人口与城市居民的双向互动，既体现进入的积极性，也体现接纳的包容性。其次，社会融合既是结构，也是行动。社会融合意味着要改变户籍和社会福利分割的社会结构事实，采取积极的政策行动使城镇化带来的发展红利在流动人口与流入地城市居民之间公平分享，体现制度或结构与社会行动共同作用的过程。再次，社会融合既是目标，也是途径。社会融合是政策实施的目标，同时也是实现目标的途径，通过取消限制，降低风险以及对融合环境的投入和积极的社会政策和行动来改善融合的能力和环境。最后，融合是经济、社会、心理文化等全面的融合。经济立足是指流动人口在城市能够稳定就业、具有适当的经济收入和消费水平，具有相对固定的住所；社会接纳是指制度上开放，资源和机会的配置上平等共享；身份认同和文化交融是指价值观、生活方式等与城市市民融合为一体。

这些社会融合目标要经过以下社会融合的实践过程才能得以实现：第一，减少制度上的不平等和社会排斥，实现权利平等。要实现人的城镇化与社会和谐发展，就必须要消除流动人口融入城市面临的各种障碍：一是平等参与经济活动的障碍，缺乏公平参与经济活动的机会，投入劳动却不能在本地分享成果；二是公平享有社会福利的障碍，被排除在各种城市福利制度之外；三是平等获得公共权益的障碍，在政治权利、公共服务、社会保障、社会救助等方面难以获得或享用成本高于当地市民；四是社会文化交往的障碍，在偏见和歧视中孤立。第二，推动政策落实，增进社会福利，建设包容性城市。国家“十三五”规划纲要提出要“统筹推进户籍制度改革和基本公共服务均等化，健全常住人口市民化激励机制，推动更多人口融入城镇”。2016 年，再次就落实“1 亿人口”落户提出：“推进居住证制度覆盖全部未落户城镇常住人口[1]。切实保障居住证持有人享有国家规定的各项基本公共服务和办事便利。鼓励地方各级政府根据本地实际不断扩大公共服务范围并提高服务标准，缩小居住证持有人与户籍人口享有的基本公共服务的差距。”流动人口基本公共服务均等化的重点人群，让流动人口与本地居民同等享有公共服务等社会福利，才能提升流动人口在流入地城市的生活质量，从而提升人民群众获得感和幸福感。第三，关注“人的城镇化”和“人的融合”，促进社会心理、文化的相互适应和认同，实现共享家园。社会心理文化融合是社会群体凝聚力的反映，流动人口与本地居民只有在制度与组织层面社会参与度的增加和持续的互动，进而在文化、价值、观念上实现了共同的社会认同，才意味着实现了真正的融合。流动人口既要实现身份认同的转变，又要在生活基本权利上转变为城市居民。“流动人口”将逐渐还原为以居住身份、教育身份、职业身份以及家庭身份为核心的城市居民身份，其行为方式、价值观念、社会地位角色以及文化生活等都向城市居民转变。让包括流动人口与城市居民共享城市文明，形成良性的城市环境，构筑良好的社会关系，使流动人口不仅“工作有着落、生活有保障”，还要“精神有家园”[2]。

流动人口社会融合进程可以划分为三个阶段，初级社会融合阶段、中级社会融合阶段和高级社会融合阶段。从低到高的发展演变是流动人口在每个阶段经济立足、制度保障、身份认同、文化融合各方面达到不同的目标、逐步递进过程。流动人口社会融合水平高的城市应当是流动人口群体能够与本地居民享有同等权利获得必要的资源和机会，他们能够通过这些资源和机会，全面参与经济、社会和文化生活以及公平享受正常的社会待遇，共享基本的社会福利，通过群体间的相互适应，构筑良性和谐的社会关系，在心理上认同居住城市，价值观念上与城市文化

① 参见《国务院办公厅关于印发推动1亿非户籍人口在城市落户方案的通知》（国办发〔2016〕72号）。

② 2014年7月30日，李克强总理在主持召开国务院常务会议，在部署做好为农民工服务工作会议上的讲话。

融为一体。最终，流动人口成为名副其实的城市居民，实现了实质的市民化、城市化。

## 二　社会融合国内外研究进展

20 世纪以来，现代西方社会融合研究与现实需求的关系越来越密切。随着全球各地移民数量的“革命性”增长，人口流动和移民的各类问题对当前政治、经济、社会、文化、生态等方面引发了和谐、凝聚、融合的巨大需求，也激起了国家治理理念和方式的探索和争论。根据社会融合理论发展演变的过程，从理论起源、宏观政策实践、微观社会建构和指标体系探索四个方面来呈现国内外社会融合问题的理论与实践进展情况。

### （一）理论起源：反社会排斥

社会融合研究起源于欧美移民的社会排斥问题。社会排斥起初关注的是一定的社会成员或社会群体在一定程度上被排斥在社会主流关系网络之外，不能获得正当的经济、政治、公共服务等资源的过程或状态[①]。20 世纪 70 年代以来，欧美国家认为移民在因某些群体因为民族、种族、宗教等多方面（或单方面）原因而遭受歧视和污名化，在经济活动、政治参与、文化、社会关系等受到隔离和限制（Gordon et al.，2000[②]），使他们与主流群体之间的差别不断扩大，受到社会排斥的阻碍，难以融入移民社会。随着研究范围不断扩大，社会排斥的原因、机制、类型、后果等受到广泛的关注和深入的研究。进入 20 世纪 80 年代以来，欧洲面临普遍的福利国家危机，需要通过改变社会政策来重新调整福利资源的分配，2003 年欧盟《社会融合联合报

① 李景治、熊光清：《中国城市中农民工群体的社会排斥问题》，《江苏行政学院学报》2006 年第 6 期，第 61 页。

② Gordon David et al.：*Poverty and Social Exclusion in Britain*（York：Joseph Rowntree Foundation，2000）.

告》中将社会融合定义为：确保具有风险和受到社会排斥的群体能够获得必要的机会和资源，使其全面参与经济、社会和文化生活，享受正常的生活和在他们居住的社会，享受正常的社会福利，减少不同群体间的隔阂，不同身份背景能享受到平等、正常的权利和福利（黄匡时、嘎日达，2008[①]）。自此，反社会排斥成为一个政策性和可操作性的概念。社会政策也成为反社会排斥的主要手段。无论是政府机构，还是社会政策研究人员都热衷于选用“社会融合”这一概念，此后，社会融合逐渐成为西方社会政策研究和移民政策实践的核心概念。

在我国，社会排斥被广泛应用于分析包括农民工在内的城市流动人口的生存与发展，认为流动人口在经济政治、公共服务和社会关系等多方面得不到流入地社会的接纳和包容，依旧受到各种显性和隐性的排斥（杨菊华，2012[②]）；青年乡-城流动人口处于城市和农村之间，在城乡间游走，在城市中漂泊，难以找到真正属于自己的土地，无法落地生根（刘传江，2010[③]；王春光，2010[④]；杨菊华，2012）。甚至，流动人口及农民工由于遭受严重的社会歧视和“社会拒入”，形成了城市中的一个特殊的社会阶层（朱力，2002[⑤]；李强，2004[⑥]；谢建社，2005[⑦]）。在流动人口社会融合研究过程中，社会排斥作为社会融合的反面可以为我们揭示出社会融合在经济、政治、社会、文化、心理等五方面流动人口面临的现实处境问题，揭示出新的社会、经济转型背景之下流动人口社会融合面临的压力。

---

① 嘎日达、黄匡时：《西方社会融合概念探析及其启发》，《理论视野》2008年第1期，第47～49页。

② 杨菊华：《社会排斥与青年乡-城流动人口经济融入的三重弱势》，《人口研究》2012年第5期，第69～83页。

③ 刘传江：《新生代农民工的特点，挑战与市民化》，《人口研究》2010年第2期。

④ 王春光：《对新生代农民工城市融合问题的认识》，《人口研究》2010年第2期。

⑤ 朱力：《论农民工阶层的城市适应》，《江海学刊》2002年第6期，第82～88页。

⑥ 李强：《农民工与中国社会分层》，社会科学文献出版社，2004。

⑦ 谢建社：《新产业工人阶层——社会转型中的农民工》，社会科学文献出版社，2005。

## （二）宏观层面：制度和政策实践

在理解移民在流入地社会面临的社会孤立与排斥的解释和归因时，西方学术界主要形成了人力资本归因论、社会资本归因论与制度归因论三种学说，但与前二者不同，制度归因理论更倾向于强调制度和政策对移民社会融入的限制作用，即移民的社会融入与流入地国家的移民就业、社会福利与保障、社会救助、住房、子女教育、社会歧视、宗教信仰、政治权利等各种制度安排紧密相关（Fix，2001①；Papillon，2002②；Penninx，2004③）。国内制度和政策视角下的社会融合研究关注社会系统、社会制度和政策，认为社会融合是指社会中某一特定人群，与社会主流群体公平公正地同等地获取和享有经济、政治、公共服务等公共资源和社会福利的动态过程或状态，强调流动人口社会融合的要素都与制度有直接或间接的关联（张广济，2010④；崔岩，2012⑤；杨菊华，2014；2015⑥）。20 世纪末至 21 世纪初，“社会融合”成为各国从社会政策行动上采取措施来营造公平、平等的社会环境的宗旨和目标，而制度和政策实践是近年来世界各国促进社会融合的主要着力点。当前，针对国家政策和管理中的社会融合问题，社会制度和政策的探索始终伴随着社会融合理论的发展脉络曲折演进，社会制度和政策的实施又成为理论进步的有力支持和佐证。

---

① Michael Fix，Wendy Zimmermann & Jeffrey S. Passel，*The Integration of Immigrant Families in the United States*，http：//www. urban. org/publications/410227. html，2001.

② Martion Papillon，Immigration：Diversity and Social Inclusion in Canada's Cities，*Canadian Policy Research Networks Inc*，2002.

③ Rinus Penninx，Integration of Migrants：Economic，Social，Cultural and Political Dimensions：European Population Forum，*Population Challenges and Policy Responses*. 2004.

④ 张广济：《生活方式与社会融入关系的社会学解读》，《长春工业大学学报（社会科学版）》2010 年第 3 期。

⑤ 崔岩：《流动人口心理层面的社会融入和身份认同问题研究》，《社会学研究》2012 年第 5 期，第 141～160 页。

⑥ 杨菊华：《中国流动人口市民化政策指数研究》，《流动人口社会融合理论与实践》，中国人口出版社，2014，第 3～33 页；杨菊华：《人口流动与居住分离：经济理性抑或制度制约?》，《人口学刊》2015 年第 1 期，第 26～40 页。

我国学者基于制度视角对流动人口社会融合以及农民工市民化问题有着较为广泛和深入的研究，认为我国独特的社会体制结构、相关的制度安排以及具体的制度实践是决定包括农民工在内的流动人口城市融入的根本性因素，学术界对此已基本形成共识（李强，2004①；刘小年，2009②；陆铭、陈钊，2010；丁凯，2013③）。尤其是户籍以及基于户籍身份等相联系的一系列的资源分配制度，如劳动就业制度、社会福利保障制度、医疗卫生制度、文化教育制度、住房制度乃至民主权利等构成了流动人口融入城市社会的制度性障碍（梁波等，2010④）。因此，学者们认为，改革现行的歧视性制度是解决中国农民工的社会融合问题的关键（李树茁，2008⑤），政府应积极担负起维护社会公平的责任，加快制度变革的步伐，制度融合、政策发展，是当前破解农民工社会融合困境的首要命题。

近年来，随着制度融合在实践层面的不断推进，社会融合更加关注制度政策的供给、执行和实施状况。蔡昉⑥（2010）认为，未来推进深度城市化战略的重心是让新老居民获得均等的公共服务。作为城市中新老居民事实平等、提升新居民归属感的重要方面，公共服务均等化是社会融合得以实现的至关重要的基础性环节。大规模的人口流动必然会对人口流出地和流入地基本公共服务供给产生显著的影响。当前状况表明，国内各地政府针对流动人口制定的以公平公正为基本理念、以基本公共服务均等化为核心的社会融合政策具有一致性，但政策执行效果却差异显著（李树茁，2014⑦），在

① 李强：《社会学的剥夺理论与我国农民工问题》，《学术界》2004 年第 4 期。

② 刘小年：《适应性市民化：农民工市民化的新思路——来自某企业农民工市民化现状的调查与思考》，《农村经济》2009 年第 11 期。

③ 丁凯：《农民工市民化障碍与难点研究综述》，《经济体制改革》2013 年第 3 期。

④ 梁波、王海英：《城市融入：外来农民工的市民化——对已有研究的综述》，《人口与发展》2010 年第 4 期，第 73 ~ 85 页。

⑤ 李树茁、悦中山：《中国流动人口市民化政策指数研究》，《流动人口社会融合理论与实践》，中国人口出版社，2014，第 34 ~ 51 页。

⑥ 蔡昉：《城市化与农民工的贡献——后危机时期中国经济增长潜力的思考》，《中国人口科学》2010 年第 1 期。

⑦ 李树茁、悦中山：《中国流动人口市民化政策指数研究》，《流动人口社会融合理论与实践》，中国人口出版社，2014，第 34 ~ 51 页。

2000～2010年各省之间的基本公共服务均等化差异并没有缩小[①]。因此，推进基本公共服务均等化，现实的状况不容乐观。同时，越来越多的研究发现，户籍、教育和社保等制度的完善以及制度质量的提升对农民工社会融合有高度显著的正向影响，研究发现流入地城市的基础教育、医疗卫生、公共就业及基本社会保障水平越高，流动人口社会融合程度越强，继而流入地城市政府对流动人口融入当地社会的公共服务均等化程度越高，该城市市民化水平就越高，其社会融合程度就越好（刘建娥，2010[②]；余运江等，2012[③]；李培林、田丰，2012[④]；郭菲、张展新，2013[⑤]；黄小兵等，2015[⑥]；石智雷、朱明宝，2015[⑦]；杨菊华等，2016[⑧]）。

### （三）微观层面：心理文化建构

社会融合的社会建构主要是指移民在心理文化方面的融合，即个体和个体之间、不同群体之间、不同文化之间互相配合、互相适应的过程（任远、邬民乐，2006[⑨]）。社会融合的心理文化建构理论经历了西方对社会距离、社会认同、社会适应即再社会化理论研究的探索后，逐步由过去关注个体单

---

① 安体富、任强：《中国省际基本公共服务均等化水平的变化趋势：2000年至2010年》，《财政监督》2012年第10期。

② 刘建娥：《乡－城移民（农民工）社会融入的实证研究——基于五大城市的调查》，《人口研究》2010年第4期，第63～75页。

③ 余运江、高向东、郭庆：《新生代－城流动人口社会融合研究——基于上海的调查分析》，《人口与经济》2012年第1期，第57～64页。

④ 李培林、田丰：《中国农民工社会融入的代际比较》，《社会》2012年第5期，第1～24页。

⑤ 郭菲、张展新：《农民工新政下的流动人口社会保险：来自中国四大城市的证据》，《人口研究》2013年第3期。

⑥ 黄小兵、黄静波：《消费行为与农民工社会融合》，《华南师范大学学报（社会科学版）》2015年第2期，第37～49页。

⑦ 石智雷、朱明宝：《财政转移支付与农业转移人口市民化研究》，《西安财经学院学报》2015年第2期。

⑧ 杨菊华：《流动人口健康公平与社会融合的互动机制研究》，《中国卫生政策研究》2016年第8期，第66～74页。

⑨ 任远、邬民乐：《城市流动人口的社会融合：文献评述》，《人口研究》2006年第3期，第87～94页。

向的适应和融入，转向了强调移民个体（群体）与城市个体（群体）的双向互动，即理想的社会融合应该是个体（群体）积极主动地认同城市社会，城市社会以更具包容性的姿态接纳个体（群体），且二者通过相互作用，达到互相渗透、互惠互补，形成新的交融社会文化体系的过程（任远、邬民乐，2006；黄匡时，2008[①]；杨聪敏，2010[②]；周皓，2012[③]）。

身份认同和社会网络是心理融合发展的主要观点。通常认为，社会融合在个体层面体现出个人的社会身份认同感和归属感，在宏观层面体现出社会各个群体的融合程度。因此真正意义的社会融合，必然是建立在流动人口对流入地高度的心理认同之上的（崔岩，2012；杨菊华，2015）。身份认同的融合是社会融合的最终目标和高级阶段（童星，2008[④]；周皓，2012；杨菊华，2009[⑤]；李树茁，2014）。国外研究认为，对于个体来讲，拥有良好社会网络有利于顺利融入迁入地社会（Bailey&Waldinger，1991[⑥]；Crawford，2003[⑦]；Amuedo，2007[⑧]），国内研究也表明，流动人口在流入地所具有的社会关系网络及其可动用的社会资本等对于其融入社会具有关键性作用，尤其是个体社会网在促进农民工融入流入地城市获得经济立足方面具有积极的作用和影响（李树茁，2008[⑨]；

① 黄匡时：《社会融合的心理建构理论研究》，《社会心理科学》2008 年第 6 期，第 14 ~ 19 页。

② 杨聪敏：《农民工权利平等与社会融合》，杭州：浙江工商大学出版社，2010。

③ 周皓：《流动人口社会融合的测量及理论思考》，《人口研究》2012 年第 3 期。

④ 童星、马西恒：《“敦睦他者”与“化整为零”城市新移民的社区融合》，《社会科学研究》2008 年第 1 期，第 77 ~ 83 页。

⑤ 杨菊华：《从隔离、选择融入到融合：流动人口社会融入问题的理论思考》，《人口研究》2009 年第 1 期，第 17 ~ 29 页。

⑥ Bailey，T. and Waldinger，R.：“Primary，Secondary，and enclave Labor Markets：Atraining Systems Approach”. *American sociological Review*，1991（4）：432 – 445.

⑦ Crawford C.. *Towards a Common Approach to Thinking about and Measuring Social Inclusion*. Roeher Institute，2003.

⑧ Amuedo-Dorantes，C. and Mundra，K. “Socail Networks and their Impact on the Earnings of Mexican Immigrants”. 2007（4）：849 – 863.

⑨ 李树茁、任义科、靳小怡、〔美〕费尔德曼：《中国农民工的社会融合及其影响因素研究——基于社会支持网络的分析》，《人口与经济》2008 年第 2 期，第 1 ~ 14 页。

章元，2008；魏永峰，2010[①]；任峰等，2011[②]；周大鸣 2014[③]）。同时，流动人口与本地人之间的社会关系越丰富，社会参与度越高，对当地居民的信任程度越高，身份认同和心理文化融合越好，越容易融入当地社会（任远、乔楠，2010[④]；刘建娥，2010；悦中山等，2011[⑤]；叶鹏飞，2012[⑥]；任远等，2012；宋月萍等，2012[⑦]；陈湘满等，2013[⑧]；侯亚杰等，2016[⑨]）。

群体关系从隔离到相互嵌入的转化，是社会融合的本源意义（杨菊华，2016），因而，文化融合成为不可忽视的本地人口和外来移民相互作用和构建相互关系的重要力量和过程（朱力，2002；任远、乔楠，2010）。文化融合是西方学者探究移民问题的焦点。其中，“同化论”“多元文化论”“区隔融合论”影响最大。三个理论分别探讨了外来移民与本地主流社会之间的关系，文化融入的过程与最终的结果。传统的移民融合理论以同化论为主，认为移民作为弱势的一方，必须通过调整自己的态度和行为，逐渐学习、适应、接受所在地的生活方式和文化价值观念，抛弃原有的社会文化传统和习惯，最终消融在主流社会的熔炉中，才能实现融合[⑩]。在这一思想影响下，

① 魏永峰：《城市新移民的职业获得：一个比较理论研究》，《浙江社会科学》2010 年第 11 期，第 47～53 页。

② 任峰、杜海峰：《社会关系再构建、职业阶层与农民工收入》，《人口与发展》2011 年第 5 期，第 14～23 页。

③ 周大鸣：《城市新移民问题及其对策研究》，北京：经济科学出版社，2014，第 173 页。

④ 任远、乔楠：《城市流动人口社会融合的过程、测量及影响因素》，《人口研究》2010 年第 2 期，第 11～20 页。

⑤ 悦中山、李树茁、靳小怡、〔美〕费尔德曼：《从“先赋”到“后致”：农民工的社会网络与社会融合》，《社会》2011 年第 6 期，第 130～152 页。

⑥ 叶鹏飞：《探索农民工城市社会融合之路——基于社会交往“内卷化”的分析》，《城市社会》2012 年第 1 期，第 81～85 页。

⑦ 宋月萍、陶椰：《融入与接纳：互动视角下的流动人口社会融合实证研究》，《人口研究》2012 年第 3 期，第 38～49 页。

⑧ 陈湘满、翟晓叶：《流动人口社会融合影响因素实证分析——基于湖南省流动人口动态监测调查数据》，《西北人口》2013 年第 6 期，第 106～116 页。

⑨ 侯亚杰、姚红：《流动人口身份认同的模式与差异——基于潜类别分析的方法》，《人口研究》2016 年第 2 期，第 38～49 页。

⑩ 悦中山、杜海峰、李树茁、〔美〕费尔德曼：《当代西方社会融合研究的概念、理论及应用》，《公共管理学报》2009 年第 2 期，第 114～121、128 页。

“社会融入论”在我国很长一段时间占据主流，认为社会融合是流动人口在居住、就业、价值观念和生活方式等各个方面融入社会主流群体、融入城市社会、向城市居民转变的过程（王桂新，2006①；童星和马西恒，2008；任远、乔楠，2010；张广济，2010；崔岩，2012②）。多元文化主义融合强调尊重移民群体享有保持文化“差别”的权利，认为适度保留文化空间更有利于融合（Glazer，1970③；Park et al.，1975④；任远、邬民乐，2006；黄匡时，2008；任远，2010；李树茁，2012；周皓，2012；张帆，2015⑤）。区隔融合理论强调结构因素和文化因素的互动关系，提出移民同化的原因不仅在于移民族群的内在文化，还在于族裔社区中的社会经济资源以及主流社会的社会分层和政策取向⑥。

### （四）监测评价：指标体系的探索

随着西方国家社会融合实践的推进，社会融合实践的监测评估逐步被提上议程。社会融合相关指标体系是极具潜力的测量工具，它将用以衡量社会融合政策实践取得的进步，识别社会融合的崭新趋势和发展方向，通过这些趋势和方向进而获得对未来社会发展的预测和规划目标。戈登最早提出移民融合的“结构-文化”融合模型⑦，继而海克曼提出首先从经济方面入手以经济状况作为融合评估核心指标⑧，1990年以后，学者们相继提出了移民融

① 王桂新、张得志：《上海外来人口生存状态与社会融合研究》，《市场与人口分析》2006年第5期，第1~12页。

② 崔岩：《流动人口心理层面的社会融入和身份认同问题研究》，《社会学研究》2012年第5期。

③ Glazer，Nathan，and Daniel P. Moynihan. Beyond the Melting Pot：The Negroes，Puerto Ricans，Jews，Italians and Irish of New York City. Cambridge，Ma：MIT Press. 1970.

④ Park，Robert E. Community Organization and the Romantic Tempe. Robert E. Park& Ernest (eds.). 1974.

⑤ 任远：《城市流动人口社会融合的过程测量及影响因素》，《人口研究》2010年第2期，第11~20页。

⑥ 李强等著《多元城镇化与中国发展》，社会科学文献出版社，2013，第359页。

⑦ Gordon，M. M.：Assimilation in American Life. New York：Oxford University Press. 1964.

⑧ Heckman，James J：Detecting Discrimination. The Journal of Economic Perspectives 2：1998：101-116.

合政策融合的多维度指标（Bernard，1999[①]；Entzinger，2003[②]；Penninx，2004；Mueller. C，2006[③]），评估指数逐渐作为监测移民社会健康发展的晴雨表。欧盟开展社会融合行动计划，于2001年提出并逐年完善社会融合评估指数，覆盖了劳动力就业、政治参与、长期居住、教育获得、入籍、反歧视等诸多方面，成为目前使用最广泛、影响最大的社会融合指标体系。在此基础上，德、英、法、美等国都陆续提出了针对本国移民融合社会政策实践的指标指数。国内学者们在借鉴国外关于国际移民社会融合相关理论来研究国内的流动人口问题和融合问题，特别是农民工的社会融合问题，也尝试提出了多元化的流动人口社会融合指标体系。

**表1　近年来的社会融合指标体系建构探索**

| | |
|---|---|
| 王桂新、罗恩立(2007)[①] | 经济融合、政治融合、公共权益融合、社会关系融合 |
| 张文宏、雷开春(2008) | 文化融合、心理融合、身份融合、经济融合 |
| 杨菊华(2009) | 经济整合、文化接纳、行为适应和身份认同 |
| 任远、乔楠(2010) | 身份认同、对城市的态度、与本地人的互动、感知的社会态度 |
| 朱力(2010) | 经济适应、社会适应、心理适应和文化适应 |
| 黄匡时、嘎日达(2010) | 农民工城市融合政策指数框架——劳动力市场、子女教育、户籍融合、社区参与、反歧视;农民工城市融合总体指数——经济融合、制度融合、社区融合、社会保护、社会接纳;农民工城市融合个体指数——经济融合、制度融合、社区融合、社会关系融合、社会保护、心理文化融合 |
| 刘建娥(2010) | 居住与生活、健康与安全、就业与收入、满意度与信心 |
| 周皓(2012) | 经济融合、文化适应、社会适应、结构融合、身份认同 |
| 李树茁(2014) | 中国流动人口市民化政策指数:劳动就业、社会保障、子女教育、为己服务、社区接纳和入籍门槛 |
| 陆自荣(2014)[②] | 阶层的制度融合(经济、政治、社区、文化)和个体/群体的心理—行为融合(经济、政治、社区、文化) |

① Paul Bernard, *Social Cohesion: A Critique* (Ottawa: Canadian Policy Research Networks, Inc, 1999), 6 - 7.

② Han Entzinger & Renske Biezeveld, *Benchmarking in immigrant integration*, Erasmus University Rotterdam, 2003.

③ Mueller C. Intergrating Turkish Cmmunities: A German Dilemma. *Population Research and Policy* Review, 2006, (5): 419 - 441.

续表

| | |
|---|---|
| 张帆(2015) | 社会制度、社会角色、社会资本和个体感知 |
| 宋国恺(2016)③ | 经济融合、社会关系融合、制度融合、心理融合和社区融合 |

资料来源：① 王桂新、罗恩立：《上海市外来农民工社会融合现状调查研究》，《华东理工大学学报（社会科学版）》2007 年第 3 期，第 97 ~ 104 页。

② 陆自荣、赵亚兰：《社会融合连续统及对农民工城市融合测度的意义》，《北京交通大学学报（社会科学版）》2014 年第 3 期，第 88 ~ 96 页。

③ 宋国恺：《农民工分化视角下的城市社会融合阶段划分研究》，《福建论坛 · 人文社会科学版》2016 年第 1 期，第 145 ~ 151 页。

本研究正是深深根植于中国的基本国情，借鉴了国外尤其是欧盟社会融合的理念和实践及其评估框架，结合国内诸多专家学者的研究基础和实践经验，尝试提出了城市流动人口社会融合评估理论框架和指标体系。

## 三　理念：以公平、共享、包容促进和谐共融

### （一）公平公正

社会融合深深植根于“社会平等”理念，表达了对社会弱势群体的无限关切。十八届三中全会强调，全面深化改革要“以促进社会公平正义、增进人民福祉为出发点和落脚点”。流动人口社会融合的实质是保护流动人口合法的生存发展权利，公平公正地享受公共资源和社会福利，破除城乡与城市内部的“二元”结构，解决由户籍制度造成的农村迁移人口“半城镇化”现象，减少由此造成的社会冲突和不稳定因素，促进社会和谐。更进一步讲，城市流动人口社会融合的核心价值理念就是公平权的获得，旨在通过社会制度的安排，实现城市中所有社会成员公平享有基本的政治参与权利和社会福利，把流动人口纳入城市社会体系中，最大限度减少歧视和排斥，从而实现社会融合。

### （二）共建共享

建设和谐共融的城市社会，必须重视和保护城市全体人民的共同权益，

这是共享发展理念的本质要求和具体体现。十八届五中全会提出，必须坚持发展成果由人民共享，做出更有效的制度安排，使全体人民在共建共享发展中有更多获得感，增强发展动力，增进人民团结，朝着共同富裕方向稳步前进。流动人口为城市社会发展提供了持续的动力，为建设美好的城市社会做出了卓越的贡献。因此，要让流动人口与城市本地居民一样，作为城市的“主人公”，公平地参与城市的政治、经济、社会、文化活动，平等享受在就业、教育、养老、医疗等方面的社会福利，享有社会机会选择和社会权利，获得同样的尊重和发展，使所有人共同致力于实现城市的美好未来，共享城市发展的丰厚果实。

### （三）互信包容

建设包容、互信、和谐的城市社会，实现以人为本的包容性进步是新型城镇化和谐有序发展的新动力。《国家新型城镇化规划（2014～2020年）》要求，推进农民工融入企业、子女融入学校、家庭融入社区、群体融入社会，建设包容性城市。城市不仅要通过社会政策给予流动人口生存发展的平等机会和社会权利保障，帮助他们在城市立足，赢得城市社会的地位和尊严，还应创造包容性的社区氛围和人文环境，引导其积极主动地参与城市的生产生活，参与社区公共活动、建设和管理，构建本地化的社会关系，增强与市民的互动和联系，建立信任的枢纽，使城市社会中所有人相互关怀和帮助，互相信任和尊重，塑造城市新的文化价值，凝结成一个城市共同体，在不断交互磨合中实现共同的责任和各自的“中国梦”，推动城市社会的健康快速发展。

## 四　评估指标体系的构成

### （一）评估指标体系构建的原则

#### 1. 客观公平原则

在指标的设置上不针对某个或某类被评价城市，不具有倾向性；指标的设置充分借鉴国内外最新研究成果，尊重专家和地方的建议，不带有主观倾向性，使评价结果能够获得被评价各方的认可。

2. 科学性原则

指标的设置有科学的理论依据，符合经济社会发展的规律和被评估城市的实际；所有指标的选取都有理论或政策依据或者已经得到研究论证。

3. 政策性和倡导性原则

指标的选择符合党和国家大政方针和中长期发展规划。相关指标与党中央、国务院及国家各部委发布的政策文件保持一致。在指标的选择和指标权重的设置上，体现国家未来的发展方向，使评价结果对地方具有引导作用。

4. 可持续性和可操作性原则

在指标选择的过程中，充分考虑评价资料来源的可靠程度和可持续性，评估指标需要的数据能够长期获得，数据质量具有较好的稳定性。指标的界定概念明确，定义清楚，评价中需要的数据便于采集，处理方法简便可靠。

## （二）指标体系的框架与内容

根据党中央、国务院及相关部委出台的促进流动人口社会融合的文件精神，结合国内外最新研究成果，本次评估主要包括政治融合、经济融合、公共服务①融合和心理文化融合四项内容。

1. 政治融合

政治融合是社会融合的核心，是保障流动人口在城市与当地居民一样享受平等权利的政治基础。从政治的角度来看，流动人口融入城市就是其市民权利实现的过程。政治融合包括三部分：第一部分是市民身份的实现程度，主要是基于户籍制度的市民身份转变，依照国家和地方相关政策规定获得流

① 根据《国务院关于印发国家基本公共服务体系“十二五”规划的通知》（国发〔2012〕29号）第一章规划背景第一节基本概念中明确提出，“基本公共服务，指建立在一定社会共识基础上，由政府主导提供的，与经济社会发展水平和阶段相适应，旨在保障全体公民生存和发展基本需求的公共服务。基本公共服务范围，一般包括保障基本民生需求的教育、就业、社会保障、医疗卫生、计划生育、住房保障、文化体育等领域的公共服务”。

入地城市的市民身份资格，享有相应的权利和义务。主要通过被评估城市户籍制度的开放度和外地人在本地实际落户的比例来反映。第二部分是制度保障程度。依照市民身份享有与当地居民平等的社会保障权利、社会福利权利和受教育权利。主要考察当地政府有没有按照中央部署，在保障性住房、基本公共卫生服务、“医保”、教育等方面把流动人口纳入当地的政策范围。第三部分是政治参与程度，包括制度性政治参与和非制度性政治参与，内容包括选举权与被选举权、公共事务的参与权与表达权、参与城市民主管理的权利等。

2. 经济融合

经济融合是实现社会融合的基础。经济融合反映了在市场经济条件下，流动人口与流入地城市的双向选择，流动人口只有获得经济立足，才能保留融入城市的意愿，进而参与社会文化生活，享有服务待遇。经济融合重点评价流动人口是否平等参与城市经济活动，并获得经济立足的情况。流动人口在城市具有长期稳定的就业、适当的收入和消费水平、相对固定的住所是融入城市的关键因素。就业指标选取就业率、连续就业时间、职业结构和劳动合同签订比例等内容考察城市劳动就业对流动人口的接纳和平等待遇问题。收入消费主要以流动人口的收入、消费水平与当地居民之间的差距来衡量流动人口在当地的生存能力；住房是流动人口在城市长期稳定居留的决定性因素，通过房租收入比、参加住房公积金的比例两个指标反映流动人口在住房方面的保障情况。

3. 公共服务融合

公共服务融合是社会融合得以实现的关键，其核心是基本公共服务的均等化，是流动人口实现社会融合的重要途径和集中体现。公共服务融合重点选取了基础教育、公共卫生和社会保障三项内容，体现了政府“保基本”“托底”的公共服务职能，考察城市中流动人口与本地居民在这三方面的均等化程度。其中，教育、卫生计生等基本公共服务均等化是流动人口最关心的问题，反映流动人口在城市基本公共服务需求的满足情况。社会保障是流动人口在面临年老、失业、生病等社会风险时获得最基本社会保护的程度。社会保障可以为流动人口摆脱对传统社会的依赖，长期在城市生存发展提供必需的条件。

4. 心理文化融合

心理文化融合是社会融合的最高阶段和目标，反映了流动人口随着经济和社会的广泛参与，在文化素质、生活方式、行为方式和身份认同等方面向城市居民转变，增强城市的凝聚力，它是政治融合、经济融合以及公共服务融合综合发展的结果。只有在心理文化上最终适应了城市，与城市融为一体，才说明流动人口完全地融入了城市社会。心理文化融合可以体现为流动人口对城市社会包容度的主观评价，用以测量流动人口个体的社会融合水平。心理融合主要通过流动人口对城市的认同感、归属感、幸福感等来反映，而文化融合主要关注流动人口在城市的生活习俗、社会交往圈子和社会参与水平等。参与当地的社会活动，特别是以社区为载体参加社区文体、公益活动、卫生计生活动、业主委员会活动、选举活动、评先进活动等，能够较直观地反映流动人口融入当地社会的情况。

### （三）指标体系的构成

在参考国内外最新研究成果的基础上，经过多次多领域专家研究论证，最终形成如下评估指标体系（见表 2）。该指标体系包括政治融合、经济融合、公共服务融合和心理文化融合四个维度，设立 15 个一级指标和 34 个二级指标。

表 2　城市流动人口社会融合评估指标体系

| 维度 | 一级指标 | 二级指标 | 指标解释 | 资料来源 |
| --- | --- | --- | --- | --- |
| 政治融合（15%） | 1. 市民身份（3.75%） | 1. 户籍开放程度(1.875%) | 从夫妻投靠、购房、投资、纳税、就业等五个方面评价城市对流动人口户籍开放程度 | 各省、直辖市、自治区政府发布的关于户籍制度改革的相关文件 |
| | | 2. 年度外地人口落户的比例(1.875%) | 年度外地人口转为户籍人口占本地常住流动人口的比例 | 流动人口基本公共服务状况调查数据;各省、直辖市、自治区公安局(厅)、统计局发布的外来人口在本地落户的相关数据 |

续表

| 维度 | 一级指标 | 二级指标 | 指标解释 | 资料来源 |
| --- | --- | --- | --- | --- |
| 政治融合（15%） | 2. 制度保障（7.5%） | 3. 住房保障政策（1.875%） | 是否已将流动人口纳入保障性住房范围 | 流动人口基本公共服务状况调查数据；各省、直辖市、自治区住建局（厅）发布的关于流动人口住房保障的相关文件 |
| | | 4. 公共卫生政策（1.875%） | 是否把流动人口基本公共卫生服务经费纳入本地财政预算 | 流动人口基本公共服务状况调查数据；各省、直辖市、自治区卫生计生委（局）、财政局（厅）发布的关于医疗制度改革的相关文件 |
| | | 5. 异地就医政策（1.875%） | 流动人口异地就医结算办法及结算范围 | 流动人口基本公共服务状况调查数据；各省、直辖市、自治区人社局（厅）发布的关于医保异地就医结算的相关文件 |
| | | 6. 异地中考政策（1.875%） | 是否出台随迁子女在本地参加中考的办法 | 2016 年流动人口基本公共服务状况调查数据；各省、直辖市、自治区教育局（厅）发布的关于随迁子女在本地参加中考的相关文件 |
| | 3. 政治参与（3.75%） | 7. 参与选举（1.875%） | 流动人口参加当地选举、评先进活动的比例 | 流动人口动态监测数据 |
| | | 8. 参与民主管理（1.875%） | 本地社区中流动人口协管员的比例 | 流动人口动态监测数据 |
| 经济融合（30%） | 4. 就业状况（10%） | 9. 就业率（2.5%） | 就业年龄段流动人员在流入地做过一小时以上有收入的工作所占比例 | 流动人口动态监测数据 |
| | | 10. 连续就业时间（2.5%） | 流动人口在本地连续工作的时间 | 流动人口动态监测数据 |
| | | 11. 职业结构（2.5%） | 按照职业和就业身份测量其职业地位 | 流动人口动态监测数据 |
| | | 12. 劳动合同签订比例（2.5%） | 与工作单位签订劳动合同的比例 | 流动人口动态监测数据 |
| | 5. 收入支出（10%） | 13. 收入水平（5%） | 流动人口人均月收入水平占当地城镇居民人均月可支配收入的比例 | 中国省市经济发展年鉴数据；中国城市统计年鉴数据；流动人口动态监测数据；国民经济与社会发展统计公报 |
| | | 14. 消费水平（5%） | 流动人口人均月消费水平占当地城镇居民人均月消费支出的比例 | 中国省市经济发展年鉴数据；中国城市统计年鉴数据；流动人口动态监测数据；国民经济与社会发展统计公报 |

续表

| 维度 | 一级指标 | 二级指标 | 指标解释 | 资料来源 |
|---|---|---|---|---|
| 经济融合(30%) | 6. 住房状况(10%) | 15. 房租收入比(5%) | 房屋月租金占流动人口家庭月收入的比例 | 禧泰全国房地产市场数据库;流动人口动态监测数据 |
| | | 16. 参加住房公积金的比例(5%) | 流动人口在流入地参加住房公积金的比例 | 流动人口动态监测数据 |
| 公共服务融合(40%) | 7. 卫生计生(13.33%) | 17. 儿童计划免疫(3.33%) | 流动儿童在流入地接种国家规定疫苗的比例 | 各省、直辖市、自治区卫生计生委(局)年度统计数据;流动人口动态监测数据 |
| | | 18. 孕产妇服务(3.33%) | 孕妇产前检查比例、产后访视比例、产后健康检查比例 | 各省、直辖市、自治区卫生计生委(局)年度统计数据;流动人口动态监测数据 |
| | | 19. 免费孕优(3.33%) | 接受免费孕前优生健康检查的比例 | 各省、直辖市、自治区卫生计生委(局)年度统计数据;流动人口动态监测数据 |
| | | 20. 计划生育技术服务(3.33%) | 流动人口在本地获得免费计划生育技术服务的比例(孕/环情检查、避孕套/药、人工流产、上环手术、取环手术、皮埋放置、皮埋取出、结扎) | 各省、直辖市、自治区卫生计生委(局)年度统计数据;流动人口动态监测数据 |
| | 8. 基础教育(13.33%) | 21. 随迁子女学前教育阶段在学比例(3.33%) | 随迁子女在流入地接受学前教育(3~6岁)的比例 | 各省、直辖市、自治区教育局(厅)年度统计数据;流动人口动态监测数据 |
| | | 22. 随迁子女义务教育阶段在学比例(3.33%) | 随迁子女在流入地接受义务教育(6~15岁)的比例 | 各省、直辖市、自治区教育局(厅)年度统计数据;流动人口动态监测数据 |
| | | 23. 随迁子女高中教育阶段在学比例(3.33%) | 随迁子女在流入地接受高中教育(15~18岁)的比例 | 各省、直辖市、自治区教育局(厅)年度统计数据;流动人口动态监测数据 |
| | | 24. 随迁子女义务教育阶段读公立学校的比例(3.33%) | 随迁子女义务教育阶段(6~15岁)在流入地读公立学校的比例 | 各省、直辖市、自治区教育局(厅)年度统计数据;流动人口动态监测数据 |

续表

| 维度 | 一级指标 | 二级指标 | 指标解释 | 资料来源 |
|---|---|---|---|---|
| 公共服务融合（40%） | 9. 社会保险（13.33%） | 25. 失业保险（3.33%） | 流动人口参加失业保险的比例 | 各省、直辖市、自治区统计局年度统计数据；流动人口动态监测数据 |
| | | 26. 养老保险（3.33%） | 流动人口参加城镇职工养老保险或城镇居民养老保险的比例 | 各省、直辖市、自治区统计局年度统计数据；流动人口动态监测数据 |
| | | 27. 医疗保险（3.33%） | 流动人口参加城镇职工基本医疗保险或城镇居民基本医疗保险的比例 | 各省、直辖市、自治区统计局年度统计数据；流动人口动态监测数据 |
| | | 28. 工伤保险（3.33%） | 流动人口参加工伤保险的比例 | 各省、直辖市、自治区统计局年度统计数据；流动人口动态监测数据 |
| 心理文化融合（15%） | 10. 认同感（2.5%） | 29. 愿意成为本地居民的比例（2.5%） | 流动人口中愿意成为本地户籍的比例 | 流动人口动态监测数据 |
| | 11. 归属感（2.5%） | 30. 主动融入当地社会的比例（2.5%） | 流动人口中喜欢居住的城市、关注居住城市的变化、愿意融入本地的比例 | 流动人口动态监测数据 |
| | 12. 幸福感（2.5%） | 31. 个人主观幸福感（2.5%） | 流动人口中在本地生活更幸福的比例 | 流动人口动态监测数据 |
| | 13. 社区参与（2.5%） | 32. 社区参与度（2.5%） | 流动人口参加社区文体、社会公益、业主委员会、计划生育活动 | 流动人口动态监测数据 |
| | 14. 生活习俗（2.5%） | 33. 休闲活动（2.5%） | 通过流动人口休闲时候主要干什么的比例，测量融入本地生活的程度 | 流动人口动态监测数据 |
| | 15. 社会网络（2.5%） | 34. 交往圈子（2.5%） | 流动人口业余时间与本地人交往的比例 | 流动人口动态监测数据 |

## 五　评估对象及评估分值计算方法

### （一）评估城市的选择标准

1. 城市类别

把所有的直辖市、省会城市、计划单列市列入被评估对象。

2. 原国家卫生计生委示范试点城市

把国家卫生计生委流动人口基本公共卫生计生服务均等化40个重点联系城市和流动人口社会融合20个示范试点城市优先列为被评估对象。

3. 流动人口总量

根据全国第五次人口普查（2000年）、全国1%人口抽样调查（2005年）、全国第六次人口普查（2010年）结果，把流动人口最多的前50位城市，且总量超过20万人以上的城市列为被评估对象。

4. 符合中央人口规模调控要求的城市

考虑到国家人口调控的重点，根据国务院《关于调整城市规模划分标准的通知》（国发2014第51号文件），把城区常住人口超过1000万的超大城市排除在外。

### （二）评估城市的构成

表3　2017年拟评估城市名单

| 序号 | 城市类别 | 城市 | 常住流动人口数量（万人） | 全市常住人口（万人） |
|---|---|---|---|---|
| 1 | 省会城市 | 石家庄市 | 89.28 | 1061.62 |
| 2 | | 太原市 | 100.00 | 429.89 |
| 3 | | 呼和浩特市 | 63.40 | 303.06 |
| 4 | | 沈阳市 | 90.70 | 828.70 |
| 5 | | 长春市 | 120.00 | 752.70 |
| 6 | | 哈尔滨市 | 113.39 | 1064.20 |

续表

| 序号 | 城市类别 | 城市 | 常住流动人口数量（万人） | 全市常住人口（万人） |
|---|---|---|---|---|
| 7 | 省会城市 | 南京市 | 200.00 | 821.61 |
| 8 | | 杭州市 | 450.44 | 889.20 |
| 9 | | 合肥市 | 158.00 | 770.00 |
| 10 | | 福州市 | 127.87 | 743.00 |
| 11 | | 南昌市 | 80.00 | 524.02 |
| 12 | | 济南市 | 203.00 | 706.79 |
| 13 | | 郑州市 | 340.00 | 937.80 |
| 14 | | 武汉市 | 287.00 | 1033.80 |
| 15 | | 长沙市 | 200.00 | 731.15 |
| 16 | | 南宁市 | 130.00 | 691.38 |
| 17 | | 海口市 | 31.65 | 220.07 |
| 18 | | 成都市 | 437.00 | 1465.80 |
| 19 | | 贵阳市 | 120.00 | 455.60 |
| 20 | | 昆明市 | 219.00 | 667.70 |
| 21 | | 西安市 | 126.00 | 862.75 |
| 22 | | 兰州市 | 59.00 | 366.49 |
| 23 | | 乌鲁木齐市 | 110.00 | 355.00 |
| 24 | 计划单列市 | 大连市 | 120.00 | 698.40 |
| 25 | | 宁波市 | 430.00 | 781.10 |
| 26 | | 厦门市 | 221.02 | 381.00 |
| 27 | | 青岛市 | 161.00 | 904.62 |
| 28 | 流动人口社会融合示范试点其他城市 | 苏州市 | 538.00 | 1060.40 |
| 29 | | 无锡市 | 190.00 | 650.01 |
| 30 | | 泉州市 | 204.07 | 844.00 |
| 31 | | 中山市 | 162.45 | 319.27 |
| 32 | | 咸阳市 | 36.49 | 495.68 |
| 33 | “六普”流动人口排名前50位的其他城市 | 鄂尔多斯市 | 50.00 | 203.49 |
| 34 | | 常州市 | 170.00 | 469.64 |
| 35 | | 温州市 | 297.00 | 906.80 |
| 36 | | 绍兴市 | 79.00 | 495.60 |
| 37 | | 嘉兴市 | 247.00 | 457.00 |
| 38 | | 金华市 | 300.00 | 543.70 |
| 39 | | 台州市 | 124.28 | 601.50 |
| 40 | | 烟台市 | 50.60 | 700.23 |

续表

| 序号 | 城市类别 | 城市 | 常住流动人口数量（万人） | 全市常住人口（万人） |
|---|---|---|---|---|
| 41 | "六普"流动人口排名前50位的其他城市 | 东莞市 | 415.86 | 834.31 |
| 42 | | 佛山市 | 360.09 | 735.06 |
| 43 | | 惠州市 | 163.00 | 472.66 |
| 44 | | 江门市 | 59.00 | 451.14 |
| 45 | | 榆林市 | 107.18 | 338.39 |
| 46 | 常住流动人口超过20万的其他城市 | 唐山市 | 39.00 | 776.82 |
| 47 | | 大庆市 | 50.00 | 278.00 |
| 48 | | 珠海市 | 100.00 | 161.42 |
| 49 | | 柳州市 | 42.10 | 388.65 |
| 50 | | 三亚市 | 20.00 | 74.19 |

说明：

（1）直辖市中排除国家有人口调控要求的北京市、上海市以及城区常住人口超过1000万的超大城市天津市和重庆市。

（2）省会城市中排除流动人口总量低于20万人的拉萨市、西宁市、银川市和城区常住人口超过1000万的超大城市广州市。

（3）计划单列市中排除城区常住人口超过1000万的超大城市深圳市。

（4）其他城市中唐山市属于京津冀城市群，为了便于和长三角与珠三角做比较，增加该城市；大庆市是东北地区的主要工业城市；珠海市入选2005年全国流动人口最多的前50位城市，且是沿海开放城市；柳州市是西南地区的工业城市；三亚市为流动人口基本公共卫生计生服务均等化重点联系城市，且流动人口增长速度快。

## （三）评估资料来源

### 1. 调查数据

国家卫生计生委全国流动人口动态监测调查数据。政策性指标数据，专门对50个被评估城市开展问卷调查获得相关数据。针对部分政策性指标，设计并发放"流动人口基本公共服务状况"专项调查问卷，对50个被评估城市进行问卷调查，收回有效问卷50份，获得有效数据。

2. 统计数据

全国性统计年鉴和公报，如国民经济与社会发展统计公报、中国省市经济发展年鉴数据、中国城市统计年鉴数据等；各省（自治区、直辖市）、市及被评估城市各类统计年鉴和公报，如各省（自治区、直辖市）、市及被评估城市统计局年度统计数据、教育局（厅）年度统计数据、卫生计生委（局）年度统计数据。

3. 政策性文件

全国、各省（自治区、直辖市）、市以及被评估城市政府及相关部门发布的关于流动人口在流入地城市落户、就业、子女入学、住房保障、医疗制度改革、户籍制度改革等最新政策文件、规章制度、实施方案以及相关数据信息等。

### （四）评估分值的计算方法

1. 指标权重的确定方法

（1）专家赋权法。在评价指标的四个维度上，由专家根据各维度指标在现阶段的重要程度进行打分，根据打分的结果分别赋予不同的权重。赋权结果如下：政治融合（15%）、经济融合（30%）、公共服务融合（40%）、文化心理融合（15%）。

（2）等权法。对于一级指标及以下的指标主要采取“逐级等权法”进行权数的分配，即各领域的权数均为1/t；在某一领域内，指标对所属领域的权重为1/n（n为该领域下指标的个数）；因此，指标最终权数为1/tn。

（3）（模糊）层次分析法（AHP法）。对于个别指标如户籍制度的开放性，是由若干一级指标和二级指标构成，本研究采用（模糊）层次分析法（AHP法）对其一级指标和二级指标的权重进行划分。

2. 数据的标准化方法

采用极值化方法对各指标数值进行无量纲化处理，以解决各指标数值不可综合性问题。

对于正向指标，$y_i = \dfrac{x_i - \min x_j}{\max x_j - \min x_j}$；对于逆向指标，$y_i = \dfrac{\max x_j - x_i}{\max x_j - \min x_j}$，其中 $\max x_j$ 、$\min x_j$ 分别表示第 $j$ 个指标下样本的最大值和最小值。

3. 评估分值的计算方法

（1）先标准化再等权加和

在计算得到二级指标分值的基础上，采用先标准化再等权加和的方法，合成一级指标。

$$Z_{il} = \sum Z_{ilj}$$

其中，$Z_{il}$表示各一级指标，$Z_{ilj}$表示各二级指标。

（2）按权重加和

在得到一级指标分值的基础上，采用按权重加和的方法，合成各个维度。

$$Z_i = \sum v_l Z_{il}$$

$Z_i$ 表示各个维度，$Z_{il}$表示各一级指标，$v_l$表示各一级指标权重。

在得到各个维度分值的基础上，采用按权重加和的方法，得到流动人口社会融合评估综合分数。

$$Z = \sum w_i Z_i$$

其中，$Z$ 表示评估综合分数，$Z_i$ 表示各个维度分值，$w_i$ 表示各个维度权重。

# 分 报 告

**Sub-reports**

# B.4

## 流动人口政治融合评估报告

徐水源　李红娟*

**摘　要：** 从市民身份、制度保障、政治参与三个方面对50个城市的政治融合状况进行了分析。研究结果显示，流动人口的政治融合水平与理想状态仍存在较大差距。流动人口的政治融合中存在着户籍制度解冻之路漫长、非正规就业群体仍被排斥在制度支持之外、制度供给与制度需求错位以及政治参与水平较低等问题。因此，应持续推进户籍制度改革，将非正规就业群体纳入制度政策之中，精准把握流动人口的实际需求，“软硬兼施”提升流动人口的政治参与水平。

* 徐水源，国家卫生健康委流动人口服务中心副主任，经济学博士，研究员，研究方向：人口与经济社会发展、流动人口城市融入及社会融合政策；李红娟，国家卫生健康委流动人口服务中心助理研究员，人口学博士，研究方向：流动人口社会保障。

**关键词：** 流动人口　政治融合　户籍制度　政治参与

流动人口的社会融合受到经济、社会、文化等多种因素的影响与制约，其中政治融合是核心，是保障流动人口在城市与当地居民一样享受平等权利的政治基础。党的十八大以来，党中央、国务院就加强流动人口服务管理、维护流动人口权益、积极推进农业转移人口市民化等领域出台了一系列政策，各地亦根据中央决策及部署出台了相应的方案。基于此，本报告采用50个城市流动人口社会融合评估指数数据库，全面描述分析流动人口政治融合的现状、特点以及存在的问题，在此基础上，提出有针对性的对策建议。

## 一　政治融合的概念及指标体系构成

政治权利是保障公民其他社会权利得以实现的前提，保障人的政治权利平等是实现其他权利平等的基础。[①] 政治融合是流动人口融入城市政治生活中公平获取政治资源、获得政治权利、维护自身政治权益的过程。[②] 从政治的角度来看，流动人口融入城市就是其市民权利实现的过程。政治融合包括三部分：第一部分是市民身份的实现程度，主要是基于户籍制度的市民身份转变，依照国家和地方相关政策规定获得流入地城市的市民身份资格，享有相应的权利和义务。主要通过被评估城市户籍制度的开放度和外地人在本地实际落户的比例来反映。第二部分是制度保障程度。依照市民身份享有与当地居民平等的社会保障权利、社会福利权利和受教育权利。主要考察当地政府有没有按照中央部署，在保障性住房、基本公共卫生服务、“医保”、教育等方面把流动人口纳入当地的政策范围。第三部分是政治参与程度，内容

① 杨聪敏：《农民工权利平等与社会融合》，浙江工商大学出版社，2010。

② 毛志强、杨德辉：《从权力来源的角度看乡村基层党组织选举方式的创新》，《湖南公安高等专科学校学报》2008年第6期，第124~128页。

包括选举权与被选举权、公共事务的参与权与表达权、参与城市民主管理的权利等。政治融合的指标体系详见表 1。

**表 1　政治融合维度下的指标**

| 一级指标 | 二级指标 | 指标解释 |
| --- | --- | --- |
| 市民身份 | 户籍开放程度 | 从夫妻投靠、购房、投资、纳税、就业等五个方面评价城市对流动人口户籍开放程度 |
|  | 年度外地人口落户的比例 | 年度外地人口转为户籍人口占本地常住流动人口的比例 |
| 制度保障 | 住房保障政策 | 是否已将流动人口纳入保障性住房范围 |
|  | 公共卫生政策 | 流动人口基本公共卫生服务经费是否纳入本地财政预算 |
|  | 异地就医政策 | 流动人口异地就医结算办法及结算范围 |
|  | 异地中考政策 | 是否出台随迁子女在本地参加中考的办法 |
| 政治参与 | 参与选举 | 流动人口参加当地选举、评先进活动的比例 |
|  | 参与民主管理 | 本地社区中流动人口协管员的比例 |

## 二　政治融合的总体状况

### （一）流动人口的政治融合状况与理想状态存在较大差距

流动人口政治融合平均得分为 52.55 分（满分为 100 分），政治融合得分中位数为 53.57。54% 的城市政治融合得分高于平均值，仅有 10% 的城市政治融合得分在及格线以上。即使政治融合得分最高的成都市，得分也仅在在 64.48 分。可见，各地需要进一步优化制度政策环境、促进流动人口“同城同权”的实现。

政治融合排名前 10 位的城市有成都市、唐山市、常州市、泉州市、鄂尔多斯市、金华市、兰州市、昆明市、南昌市和武汉市。成都是促进流动人口社会融合示范试点城市，积极推动服务机制创新、保障措施落实。同时，成都市以省内流动人口为主，根据 2015 年流动人口动态监测数据，成都市省内流动人口占到87%以上，其中，省内跨市流动人口占到79.32%，市内跨县流动人口占到8.11%。因此，在制度、政策的推进及实施方面难度相对较小，政治融合总体状况相对较好。

**表2　政治融合得分排名前10与后10**

| 前10名 | 城　市 | 得分 | 后10名 | 城　市 | 得分 |
|---|---|---|---|---|---|
| 1 | 成都市 | 64.48 | 41 | 西安市 | 45.99 |
| 2 | 唐山市 | 62.29 | 42 | 大庆市 | 45.88 |
| 3 | 常州市 | 62.00 | 43 | 三亚市 | 44.50 |
| 4 | 泉州市 | 60.92 | 44 | 福州市 | 43.71 |
| 5 | 鄂尔多斯市 | 60.08 | 45 | 珠海市 | 42.80 |
| 6 | 金华市 | 59.73 | 46 | 榆林市 | 42.72 |
| 7 | 兰州市 | 59.59 | 47 | 海口市 | 42.64 |
| 8 | 昆明市 | 59.47 | 48 | 济南市 | 41.36 |
| 9 | 南昌市 | 59.02 | 49 | 太原市 | 38.00 |
| 10 | 武汉市 | 58.45 | 50 | 南京市 | 37.34 |

政治融合排名后10位的城市中，太原、南京两地的得分相对较低，均不足40分，不仅远低于平均分，而且与排名后十位的其他城市相比，差距也较为明显。政治融合排名后十位的城市中，海南省的海口、三亚两市均位居其中。

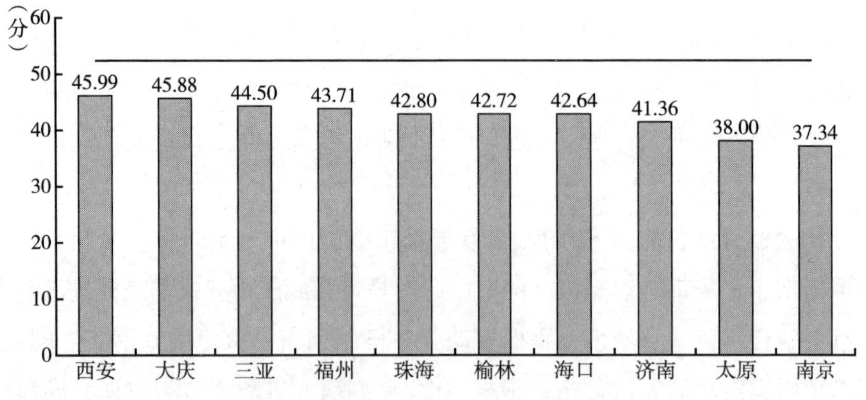


**图1　排名后十的城市得分与平均分**

## （二）东部地区政治融合比中西部地区压力大

东部地区是流动人口的主要流入地，聚集了大量流动人口。在我国属地化的管理体制下，地方政府往往将户籍制度作为公共资源配置和公共服务供给的甄别工具。[①] 因此，随着辖区内流入人口规模的不断扩大，人均享有的公共财力水平趋于下降，地方政府公共财政资源难以实现流动人口公共服务全覆盖。[②] 东部地区的流动人口规模大，财政压力也相对较大。西部地区的流动人口数量相对较少，财政压力较小。因此，流动人口政治融合压力较小，更易获得市民身份，均等享受各项基本公共服务。

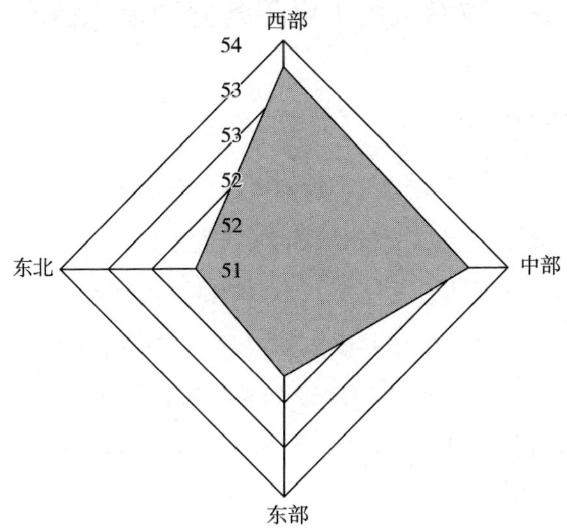


**图 2　分区域政治融合状况**

① 甘行琼、刘大帅、胡朋飞：《流动人口公共服务供给中的地方政府财政激励实证研究》，《财贸经济》2015 年第 10 期，第 87 ~ 101 页。

② 吴伟平、刘乃全：《属地化管理下的流动人口公共服务供需匹配优化研究》，《上海经济研究》2016 年第 8 期，第 49 ~ 54 页。

### （三）政治参与水平不高是影响流动人口政治融合的重要因素

政治参与是公民参与政治生活，实现政治权利的重要方式。受工作地域与政治参与属地差异、政治参与意识不强、政治诉求偏低等因素的影响，特别是农民工的政治参与观差异较大与政治诉求偏低导致农民工的政治参与状况并不乐观，这直接影响到他们的政治融合进程。从政治融合维度下的各指标来看，政治参与的平均得分仅有 4.48 分，市民身份、制度保障两个指标的平均得分则分别为 33.20 分、86.25 分。可见，政治参与已经成为影响流动人口政治融合的重要因素。

## 三　政治融合维度下各分项指标情况

### （一）市民身份

我国的户口肩负着城市人口管理的重担，承载了过多的社会福利。户籍福利属于准公共物品，其获取需要借助城镇的本地户口。均等化政策为城镇常住流动人口提供了基本公共服务，而户籍的开放则意味着要向落户的流动人口提供与户籍人口同等的公共服务和权利。[①] 目前，虽然大量的流动人口被统计为城镇常住人口，但他们难以享受与城镇居民同等的就业、子女教育、医疗、社会保障、住房等待遇。因此，本部分主要从户籍开放度以及外地人落户比例来考察各地的流动人口市民身份的实现程度。

#### 1. 三亚、海口等旅游城市落户难度比较大

从户籍制度排名情况来看，十大最难落户城市中，三亚、海口的户籍开放程度比较低，分别位列最难落户城市第一、第二。我国的户籍制度被附加了过多的权利、福利和社会公共服务。三亚、海口的户籍开放程度低，这与

---

① 悦中山、李树苗：《中国流动人口融合政策评估——基于均等化指数和落户指数的分析》，《中南财经政法大学学报》2016 年第 6 期，第 36～45 页。

两个城市特殊的区位有很大关系，作为中国热带旅游度假城市，两地具备优越的自然环境、气候条件，在人们日益关注人居环境，国家高度重视宜居城市建设的今天，三亚、海口的户籍门槛自然难以降低。2016 年中国城市宜居指数排名中，三亚位列第三。苏州、珠海、厦门三地在宜居城市的排名中亦分别位列 6、7、8 位，而这些城市户籍开放度均不高。

2. 东部地区城市的户籍开放度低，西部地区城市落户条件相对宽松

从区域来看，东部地区市民身份得分最低（29.78）、西部地区市民身份得分最高（39.19）。从城市排名中也可以看出，市民身份得分排名前 10 的城市中，有 5 个是西部城市；而排名后 10 的城市中，有 8 个是东部城市。东部地区是人口的主要流入区，经济较为发达、社会福利水平相对较高，大部分城市采取有条件落户的政策，而西部城市经济发达程度较低，附着在户籍上的公共服务和社会福利水平相对较低。因此，西部地区的户籍制度改革最为“激进”，有些省份甚至全面放开大城市的户口条件，如四川、贵州规定“城区人口 100 万人以上的城市”，只要拥有合法稳定住所（含租赁）就可落户。

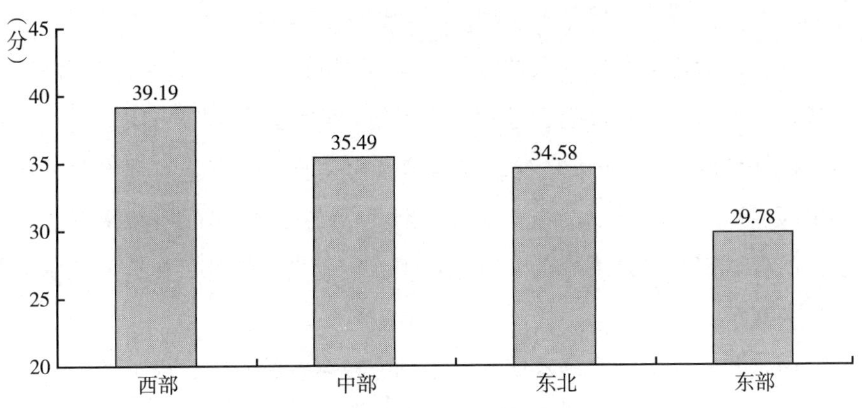


**图 3　分区域市民身份得分情况**

## （二）制度保障

1. 教育政策

户籍制度及其衍生的教育制度在很大程度上限制了随迁子女接受平等教

育的权利和机会。近年来，随迁子女的教育权益保障问题，尤其是义务教育阶段后在流入地的升学、高考问题日益成为政府和社会关注的焦点。本部分，主要通过各地异地中考政策的制定情况来考察各地在随迁子女教育方面的促进及落实情况。

《2015 年全国教育事业发展统计公报》的数据显示，2016 年，全国义务教育阶段在校生中进城务工人员随迁子女共 1394.77 万人。其中，在小学就读 1036.71 万人，在初中就读 358.06 万人。针对流动人口随迁子女接受义务教育后在流入地的升学问题，国家及地方层面出台了相关的政策及措施。2010 年颁布的《教育规划纲要》明确提出，要“研究并制定进城务工人员随迁子女接受义务教育后在当地参加升学考试的办法”。2012 年 8 月 30 日，国务院办公厅转发教育部、国家发展和改革委员会、公安部、人力资源和社会保障部等四部委联合发布的《关于做好进城务工人员随迁子女接受义务教育后在当地参加升学考试工作意见的通知》，该通知指出，各地在制定相关政策时要依据城市的功能与定位、产业布局、资源承载力及进城务工人员的职业、住所、参保年限、随迁子女连续就学的年限等相关情况，合理确定流动人口随迁子女在流入地参加升学考试的有关条件。在这一背景下，全国各地陆续出台了允许随迁子女在流入地升学考试的政策方案。

从被评估的 50 个城市来看，根据国家相关政策规定基本都出台了相应的具体落实政策，并予以实施。从我们对 50 个被评估城市问卷调查的结果来看，所有城市都出台了流动人口随迁子女接受义务教育后在流入地参加升学考试的政策。

然而，各地区由于经济发展水平不同、教育资源有异，面临的流动人口压力不同，在门槛限制方面差异明显。经济发达、人口流入量大、优质教育资源丰富，高考录取分数线低的城市是“教育洼地”，随迁子女参加中考的门槛相对较高。而在河南、山东、安徽这样的人口输出大省以及高考“重灾区”，异地中考的门槛就相对较低。《合肥市 2016 年初中毕业学业考试和高中阶段学校招生工作实施方案》指出，“在市区报名参加中考的进城务工人员随迁子女初中毕业生，在填报志愿、录取政策等方面与市区户籍考生享受同等待遇。”

2. 医保政策

医疗保险可以有效降低流动人口的健康风险，提升他们的人力资本水平，进而促进他们的城市融入。我国医疗保险采用属地化的管理方式，使得不同地区的医疗保险在缴费比例、缴费方式以及医疗费用的报销方面都存在明显的差异。地区之间医疗保险的转移接续较为困难，面临异地就医结算难题。本部分主要通过流动人口异地就医结算办法及结算范围来考察各地的医保政策。

（1）国家顶层设计、地方积极落实，多地实现异地就医直接结算

医疗保险的异地就医结算在推进流动人口健康与流动方面发挥着积极的作用。2009 年 3 月 17 日发布的《中共中央国务院关于深化医药卫生体制改革的意见》第一次明确提出了未来需要着力推进“异地就医结算服务”。此后，国家层面出台了一系列相关政策，异地就医即时结算的要求不断提高，并不断采取相关措施加快推进基本医疗保险和医疗救助即时结算，建立异地就医结算相关机制。2016 年 12 月 8 日，发布的《人力资源和社会保障部、财政部关于做好基本医疗保险跨省异地就医住院医疗费用直接结算工作的通知》指出，“结合本地户籍和居住证制度改革，逐步将异地长期居住人员和常驻异地工作人员纳入异地就医住院医疗费用直接结算覆盖范围”。

在国家层面的积极推动下，各地出台了异地就医结算相关政策。调查结果表明，50 个城市中，86% 的城市制定了医疗保险异地就医结算相关政策，但是，也有 14% 的城市未出台异地就医结算的政策。

从医疗保险的统筹范围来看，多数城市的医疗保险是省内、市内统筹。具体来看，48% 的城市实现了省内异地就医结算。1/3 的城市仅实现了与省内部分城市的异地就医结算。36% 的城市与其他省份的城市建立了异地就医结算。

（2）地方不断探索，形成异地就医结算新模式

各地在实际工作中，积极探索促进异地就医结算，形成了省内联网结

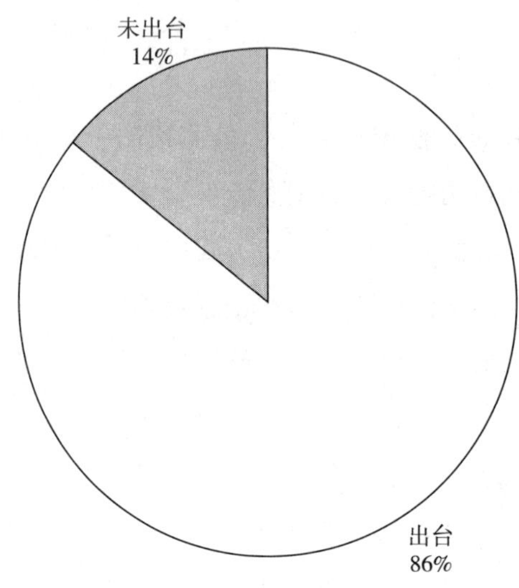


**图4　50个城市医疗保险异地就医结算相关政策出台情况**

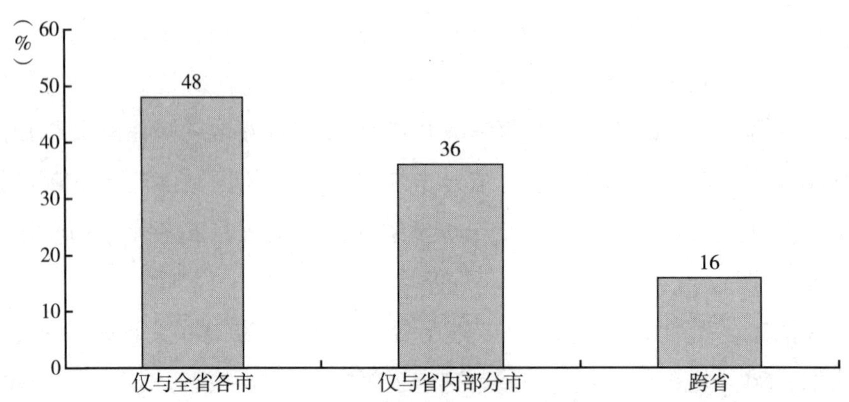


**图5　50个城市医疗保险异地就医结算范围**

算、区域合作、点对点服务三种模式。

其一，省内联网结算模式。这种模式主要通过对省内的各定点医疗机构与各“医保”经办机构进行信息共享，明确相关的报销比例以及补偿金额，实现了患者在省内异地就医时只用支付个人需要承担的有关费用。目前，福建、湖南、云南、青海等省实现了省内信息系统联网。河南省新农合信息平台率先开通了“省级定点医疗机构直补”。[①] 省内联网结算模式有两种：一种是在全省范围内制定统一的政策，达到医疗费用结算“去繁就简”的目的。如：河南省的“省级定点医疗机构直补”；另一种是以省内各地区的医疗保险政策为准，不制定统一的政策，借助数据交换平台进行医疗费用与报销的相互传输，实现省内异地就医结算。

其二，区域之间合作模式。这一模式也分为两类：一类是以某一个城市为核心，多个其他地区参与并与该中心城市进行合作。这种合作模式中比较典型的有：上海市与江苏省、浙江省、河南省、青海省、新疆维吾尔自治区等进行合作，这些合作区域的人员在上海进行就医者，由上海进行管理。海南省通过与黑龙江、吉林、山西、广西、广东等省份进行合作，实现了各合作省份退休人员在海南省的异地就医。另一类是城市之间相互合作，解决参保人员在各合作城市之间的就医结算问题。如：广州与成都、南昌两市的合作。南京、扬州、苏州、镇江、泰州、无锡、南通、常州等八个城市之间开展联网结算。浙江省辖市（杭州、宁波、湖州、嘉兴、台州、绍兴、舟山）以及上海与苏浙 15 个城市之间实行委托代理结算。

其三，点对点的模式。这种服务模式较多用于因工作调动或退休后异地安置的人员。如：山东省东营市因该地石油大学教师退休后在北京石油大学安置者较多，该市“医保”中心定期派有关工作人员到北京解决这些人员的异地就医及医疗费用报销问题。吉林省医保局不定期派出工作人员到其他地方，解决省政府派出机构人员的医疗费用报销问题。另外，部分人口流出大省/市基于外出务工人员流入地集中化的特点考虑，会与流入地的医疗机构签订协议，解决该地外出务工人员的异地就医问题。如河南省信阳市的息县早在 2009 年 3 月就确定将广东省东莞市的石新医院作为该县新型农村合作医疗定点机构。2016 年 10 月，信阳市卫计委在东莞市石新医院设置新农合结算服务窗口，率先开展了跨省异地就医即时结算试点工作。

① 吴阳、陶四海、徐晓肆、王华：《我国基本医疗保险异地就医管理研究》，《经济研究导刊》2015 年第 24 期，第 50～51、73 页。

3. 住房政策

住房是流动人口定居城市的必要条件之一，[①] 也是流动人口在城市获取生存发展所必需的公共资源，提高其市民化水平并促进其城市融合的重要决定性因素。[②] 随着我国新型城镇化进程的不断加快，住房问题随之产生，而保障性住房是流动人口解决住房问题的主要途径。妥善解决好流动人口的住房问题进而通过保障性住房吸引人口、人才流入对推进各地区的工业化和新型城镇化进程具有十分重要的意义。[③] 本部分主要通过各地是否出台将流动人口纳入住房保障的相关政策来进行具体分析。

（1）绝大多数城市已将流动人口纳入住房保障政策范围

保障性住房是指政府为中低收入住房困难家庭所提供的限定标准、限定价格或租金的居所。我国的保障性住房有租赁型和购置型两种类型。租赁型保障房又分为廉租房、公共租赁房。2013 年底起，两类租赁型保障房统一为公租房。公租房的保障群体主要有：城镇中低收入者、新就业者、外来务工人员中有稳定就业者。[④] 购置型保障房涵盖限价房、经济适用房以及改造性住房等。经济适用房的保障对象是具有当地户籍的城市低收入住房困难家庭，流动人口不在保障之列。

2006 年 3 月 27 日《国务院关于解决农民工问题的若干意见》发布，该意见指出，“各地要把长期在城市就业与生活的农民工居住问题，纳入城市住宅建设发展规划。有条件的地方，城镇单位聘用农民工，用人单位和个人可缴存住房公积金，用于农民工购买或租赁自住住房”。2011 年 9 月 30 日《国务院办公厅关于保障性安居工程建设和管理的指导意见》发布，意见提

① 齐慧峰、王伟强：《基于人口流动的住房保障制度改善》，《城市规划》2015 年第 2 期，第 31 ~ 37 页。

② 吴宾、张春军、李娟：《城镇化均衡发展视阈下流动人口差异性住房保障政策研究》，《北京交通大学学报》（社会科学版）2016 年第 3 期，第 67 ~ 73 页。

③ 毛丰付、王建生：《保障性住房能够促进人口流动吗？——基于省际人口流动的引力模型分析》，《华东经济管理》2016 年第 11 期，第 86 ~ 95 页。

④ 齐慧峰、王伟强：《基于人口流动的住房保障制度改善》，《城市规划》2015 年第 2 期，第 31 ~ 37 页。

出到“十二五”期末，实现全国保障性住房覆盖面达到20%左右，基本解决城镇中等偏下和低收入家庭的住房困难问题、有效缓解新就业职工的住房困难问题以及明显改善外来务工人员的居住条件等目标。2014年9月12日发布的《国务院关于进一步做好农民工服务工作的意见》提出，“完善住房保障制度，将符合条件的农民工纳入住房保障实施范围”。

从被调查的50个城市来看，96%的城市已将流动人口纳入住房保障范围。但仍有4%的城市未将流动人口纳入保障性住房的范围之内。

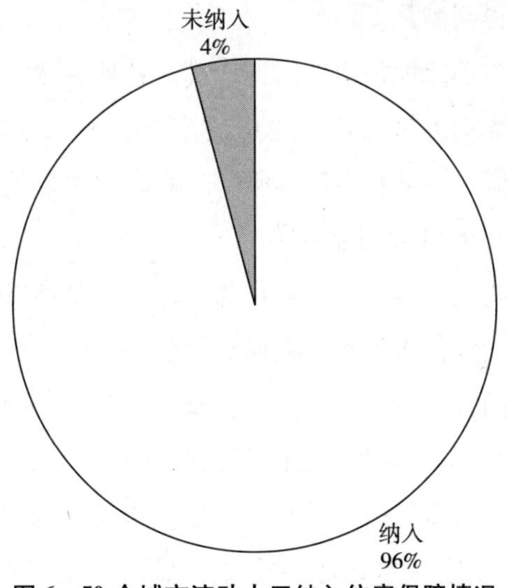


**图6　50个城市流动人口纳入住房保障情况**

（2）流动人口住房面临保障性住房房源较少、准入门槛高以及区域发展不平衡的问题

虽然大多数城市的保障性住房政策将流动人口纳入进来，但是，因各政府在推行保障性住房政策方面的力度不一，流动人口难以享受到应有的保障，事实上仍然处于被排斥的境况。①②

① 齐慧峰、王伟强：《基于人口流动的住房保障制度改善》，《城市规划》2015年第2期，第31～37页。

② 吴宾、张春军、李娟：《城镇化均衡发展视阈下流动人口差异性住房保障政策研究》，《北京交通大学学报》（社会科学版）2016年第3期，第67～73页。

其一，流动人口享有的保障性住房房源较少，有效供应不足。在我国现行的财税体制下，大部分优质税源由中央政府征收与支配，地方支付的公共支出很大程度上依赖土地出让收入，因此，对于地方政府来讲，当然不愿将可获得可观公共收入的土地用以难以产生净收入的保障房。① 近年来不断增加的保障房主要面向户籍居民，流动人口仅能申请公共租赁房及少数限价商品房。② 同时，在公共租赁住房配租方面，城市居民在申请配租住房时的优势仍较为明显，可供流动人口申请的公共租赁住房房源较少，流动人口的保障性住房需求很难得到满足。③

其二，流动人口保障性住房的门槛较高。各地虽然将流动人口纳入住房保障范围，但是，流动人口保障性住房的享有需要满足居住情况、家庭收入、居住与工作年限、缴纳社保的年限等一系列相关条件，由此使得可申请公共租赁住房的流动人口被限制在一个较小的范围之内，那些流入时间较短、还未获得稳定收入、难以达到居住与工作年限条件以及参保年限不足或者未参保者等的流动人口将被排除在保障性住房之外。④⑤ 如，2015 年 10 月 24 日发布的《无锡市公共租赁住房管理办法》规定，无锡市外来务工人员申请租住公共租赁住房，需要满足以下几个条件：一是申请人持有本市居住证，并在本市市区实际居住满 2 年。二是申请人在本市的劳动关系稳定，已与本地用人单位（本地注册企业）签订劳动（聘用）合同 1 年以上，且合同履行 1 年以上，并自合同履行起连续缴纳社会保险费。三是申请人或配偶、子女在本市市区范围内无住房，未租住公有住房，且用人单

① 李英东：《农民工城市住房的困境及解决途径》，《西北农林科技大学学报》（社会科学版）2016 年第 2 期，第 55 ~ 60 页。

② 吴宾、张春军、李娟：《城镇化均衡发展视阈下流动人口差异性住房保障政策研究》，《北京交通大学学报》（社会科学版）2016 年第 3 期，第 67 ~ 73 页。

③ 吴宾、王淑华：《我国流动人口公租房准入机制研究》，《山东行政学院学报》2015 年第 6 期，第 82 ~ 87 页。

④ 吴宾、王淑华：《我国流动人口公租房准入机制研究》，《山东行政学院学报》2015 年第 6 期，第 82 ~ 87 页。

⑤ 吴宾、张春军、李娟：《城镇化均衡发展视阈下流动人口差异性住房保障政策研究》，《北京交通大学学报》（社会科学版）2016 年第 3 期，第 67 ~ 73 页。

位未安排住房。

其三，东部地区的住房保障覆盖范围更为广泛，采取更为多样的形式来解决流动人口的住房保障问题。既有面向高端人才的保障性住房，也有面向外来中低收入群体的住房。[①] 如广州市 2015 年 11 月 23 日发布的《来穗务工人员申请承租市本级公共租赁住房实施细则（试行）》指出，两类来穗务工人员，可以申请承租市本级公共租赁住房。一类是来穗时间长、就业稳定的中低收入来穗务工人员。一类是高级技能人才或受表彰、获荣誉称号的来穗务工人员。泉州的住房保障，2007 年仅针对外来管理人员和技术人员，2013 年将保障对象扩至“在本地与用工单位签订劳动合同或聘用合同，并在当地缴交社会养老保险 5 年以上”的外来务工人员。同时，根据住房需求和个人条件，保障的内容由限价房又增加了住房公积金、经济适用房、廉租房、公共租赁房等住房保障方式。运行机制亦不断健全，出台政策鼓励企业和其他机构参与到公共租赁住房建设中。[②]

4. 卫生计生政策

推进流动人口卫生计生基本公共服务均等化，是提高流动人口健康水平的重要途径，是促进农业转移人口市民化的必然要求，也是转变政府职能、创新社会治理体制的内在要求。本部分主要通过是否将流动人口纳入卫生、计生财政预算来考察各地的卫生计生政策。

（1）国家层面大力推动流动人口卫生计生基本公共服务均等化

十八届三中全会以及《国家基本公共服务体系“十二五”规划》均对基本公共服务均等化工作提出了目标与要求。卫生计生服务是基本公共服务均等化的一个非常重要的组成部分。2013 年 11 月 28 日发布的《国家卫生计生委办公厅关于印发流动人口卫生和计划生育基本公共服务均等化试点工作方案的通知》指出，“试点省份强化省级财政支出责任，参照当地户籍人

① 毛丰付、王建生：《保障性住房能够促进人口流动吗？——基于省际人口流动的引力模型分析》，《华东经济管理》2016 年第 11 期，第 86～95 页。

② 张秋梅：《农民工住房保障模式、制约因素及优化路径——以福建省泉州市为例》，《中共福建省委党校学报》2015 年第 1 期，第 89～95 页。

口卫生和计划生育基本公共服务经费投入标准，将流动人口卫生和计划生育基本公共服务经费纳入当地公共财政支出预算范围予以保障。试点城市逐步加大经费投入，按照常住人口规模编制年度预算，使流动人口卫生和计划生育基本公共服务经费与需求相适应”。

2014 年 10 月 30 日《国家卫生计生委、中央综治办、国务院农民工办、民政部、财政部关于做好流动人口基本公共卫生计生服务的指导意见》指出，要将流动人口纳入社区卫生计生服务之中。2015 年 11 月 17 日，《国家卫生计生委、国家中医药管理局关于进一步规范社区卫生服务管理和提升服务质量的指导意见》提出要做好流动人口社区卫生服务。“各地要将农民工及其随迁家属纳入社区卫生服务机构服务范围，根据实际服务人口合理配置卫生技术人员，方便流动人群就近获得医疗卫生服务。流动人口按有关规定与居住地户籍人口同等享受免费基本公共卫生服务。”

（2）各地基本实现了流动人口卫生计生基本公共服务均等化

从评估的 50 个城市来看，几乎所有的城市都将流动人口公共卫生计生服务经费纳入财政预算。进一步从各地 2015 年流动人口人均基本公共卫生服务经费来看，近 80% 的城市达到流动人口人均基本公共卫生服务经费 40 元的标准，40% 的城市流动人口人均基本公共卫生服务经费超过了 40 元的标准。

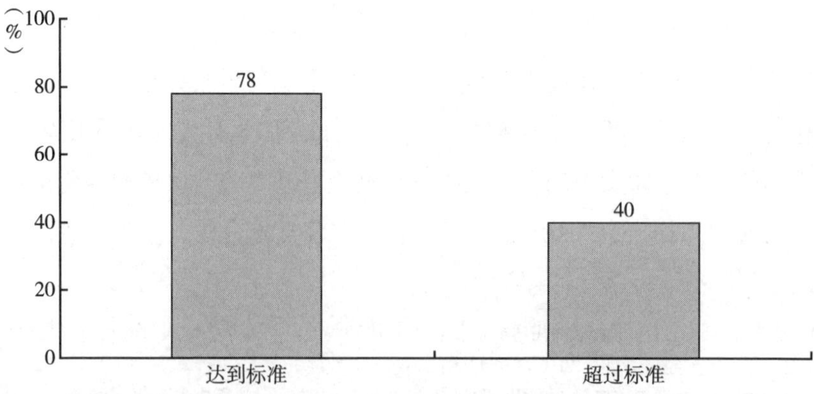


**图 7　50 个城市人均基本公共卫生服务经费情况**

进一步从区域来看，人均公共卫生服务经费超过40元标准的20个城市中，东部地区占到12个，中部地区占4个、西部地区占3个，东北仅有长春1个城市。即在人均公共卫生服务经费超过40元标准的城市中，东部城市占到60%，中部城市占20%，西部城市占15%，东北城市仅占5%。

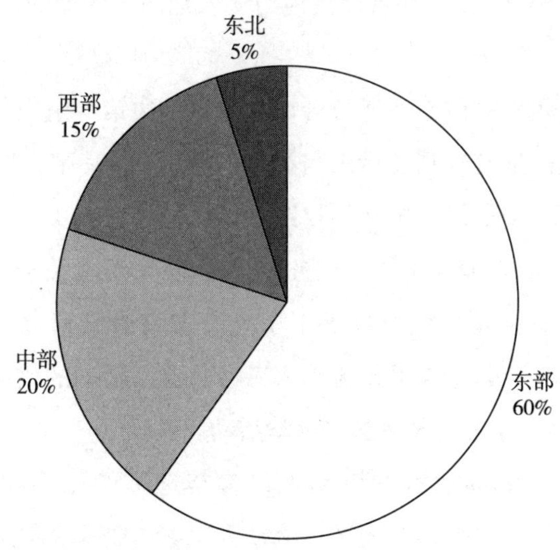


**图8　分区域的人均基本公共卫生服务经费超过40元标准的情况**

各地还积极探索促进流动人口公共卫生计生均等化工作。如：武汉市在制定基本公共卫生计生服务项目经费预算时，全部以常住人口为统计口径，将流动人口基本公共卫生计生服务经费、专项工作经费纳入了各级财政预算。

## （三）政治参与

政治参与是公民通过各种合法方式参加政治生活并影响政治体系的构成、运行方式与规则以及政策过程的行为。① 简言之，政治参与是公民借助

① 邓秀华：《长沙、广州两市农民工政治参与问卷调查分析》，《政治学研究》2009年第2期，第83~93页。

政治要求和政治支持（政治输入）来影响政治权力，进而实现和维护自身的权益。[①] 选举是公民政治参与的重要形式之一。我国目前的制度安排中，公民可以参与的选举有两种：一是参与村/居民委员会等基层自治组织选举。二是参与乡、县的人民代表大会的代表选举。乡城流动人口犹如穿梭在城市与乡村之间的“候鸟”，面临着流出地与流入地两个区域的选举问题。

1. 选举

参与是政治融入的核心，通过会议、选举、决策等组织化的政治活动来表现，参与的目标是实现利益诉求与社会的整合。[②] 其中，选举是公民政治参与的基本形式。选举权与被选举权跟户籍属地息息相关，同时，也受到流动人口现工作地/流入地的影响。国务院早在2006年《关于解决农民工问题的若干意见》中就强调要保障农民工享有民主政治权利，但时至今日，现实情况仍难以乐观。总体来看，流动人口参与选举活动的比例较低，平均仅有8.69%的流动人口在流入地参与选举活动。

分区域来看，中部地区的流动人口参与选举的比例相对较高，占到10%以上。紧随其后的是东北地区，流动人口参与选举的比例占到9.63%。东部地区的流动人口参与选举的比例最低，仅有不到8%。我国法律规定，选民原则上只能参加户籍地这一个地方的选举。受到时间、路程、经济成本等方面的影响与制约，流动人口更愿意在流入地参加选举。这涉及选民资格转移的问题，而在选民资格的转移中需要流动人口自身、流入地选举机构、流出地选举机构等多方配合与协作。[③] 流入东部地区的流动人口，多是跨省流动，选举资格转移所需的成本较大，这是流入该地区的流动人口参与选举比例较低的重要原因。

---

① 刘建娥：《从农村参与走向城市参与：农民工政治融入实证研究——基于昆明市2084份样本的问卷调查》，《人口与发展》2014年第1期，第70~80、112页。

② 杨正喜、唐鸣：《论新时期农民利益表达机制的构建》，《政治学研究》2006年第2期，第61~68页。

③ 孙晗雪：《“城乡同权选举”条件下农民工的选举权保障》，《学习与实践》2012年第8期，第80~84页。

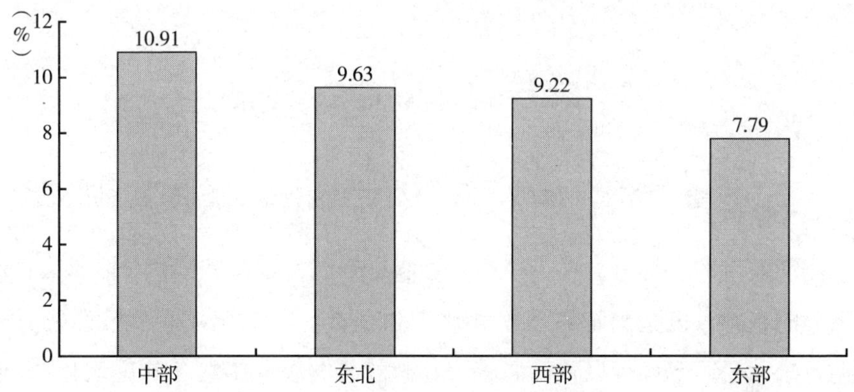


**图 9　分区域的流动人口参与选举情况**

2. 参与民主管理

流动人口不仅常常被排斥在城市的选举活动之外，而且甚至无权参与城市的基层社区自治活动。从调查的 50 个城市来看，流动人口中参与社区民主管理的比例仅有 0. 26% 。

分区域来看，东部地区的流动人口参与社区民主管理的比例相对较高，其次是中部地区。流入西部、东北的流动人口，参与社区民主管理的比例相对较低。

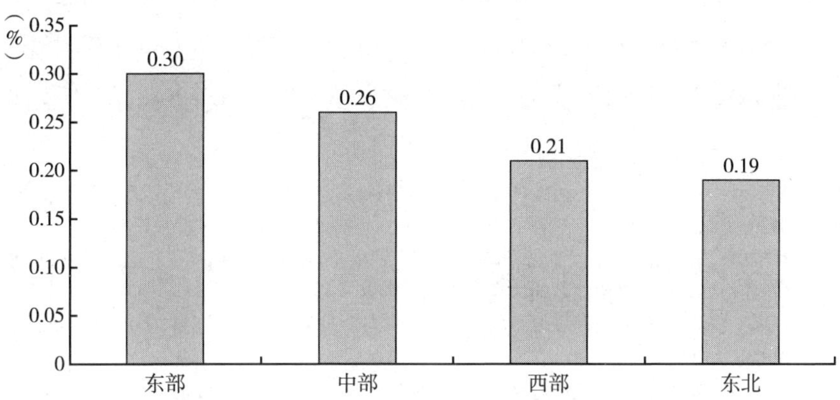


**图 10　分区域的流动人口参与民主管理情况**

## 四 政治融合存在的主要问题

### （一）户籍“坚冰”虽破，但“病根”犹存，“解冻”之路漫长

流动人口的社会融合是一个在户籍制度下的特定范畴，户口既是人口区域划分的基础，也是制定各项公共政策和享有各种社会福利的重要依据。[①] 长期以来，我国形成了以户籍制度为基础的公共服务等级化和区域化[②]、碎片化。[③] 随着我国户籍制度改革的不断推进，户籍制度的藩篱与门槛逐渐被打破。户籍坚冰正在逐步融化。但是，户籍上附着的诸多福利，使得户籍制度在城市之间存在“度”的差别和“质”的共性。[④][⑤] 各个城市都存在着不同程度的落户门槛，户籍开放程度普遍较低。

### （二）非正规就业群体仍被排斥在制度支持之外

当前，我国人口流动呈现出“生存型流动”和“发展型流动”并存的特点。从各地政治融合的情况来看，我国的户籍制度开放、随迁子女教育政策以及住房保障政策等，在门槛、条件设置方面，形成了明显的人群差序格局。相比而言，“门槛”较低的城市是人口流出较多或是流动人口较少，所占比例较低的区域，在这些地区，流动人口被赋予与户籍人口大致相当的待遇；而在流动人口数量较多的大城市、特大城市往往通过就业、居住、社会

① 王广州：《大数据时代中国人口科学研究与创新》，《人口研究》2015 年第 5 期，第 15 ~ 26 页。

② 悦中山、李树茁：《中国流动人口融合政策评估——基于均等化指数和落户指数的分析》，《中南财经政法大学学报》2016 年第 6 期，第 36 ~ 45 页。

③ 任远：《当前中国户籍制度改革的目标、原则与路径》，《南京社会科学》2016 年第 2 期，第 63 ~ 70 页。

④ 吴开亚、张力、陈筱：《户籍改革进程的障碍：基于城市落户门槛的分析》，《中国人口科学》2010 年第 1 期，第 66 ~ 74 页。

⑤ 吴开亚、张力：《发展主义政府与城市落户门槛：关于户籍制度改革的反思》，《社会学研究》2010 年第 6 期，第 58 ~ 85 页。

保障等“高门槛”来控制人口大量流入。有技能、学历、职称、工作单位优势的流动人口获得了通行证，而非正规就业群体基本被排除在外。同时，我国流动人口公共卫生计生服务也存在一定的盲区。对于那些业无定岗、居无定所的流动人口而言，一方面，他们对自身的健康关注较少，健康意识较为淡薄。另一方面，部分雇主尤其是小微企业的雇主往往会规避相关保障政策，难以为员工提供定期的健康体检。在装修、建筑、运输等高风险行业工作及无固定工作及无单位的流动人口，更难以享受到均等化的公共卫生计生服务。①

## （三）制度供给与制度需求之间错位

我国户籍改革的方向是鼓励人口向中小城市流动，这些地方的落户政策也相对宽松。然而，事实是有进城落户意愿的流动人口中 3/4 的人期望进入大城市。本研究的数据分析结果亦显示，户籍开放程度与外地人落户比例之间呈现出负向关系。这些城市往往通过设定户籍门槛来实现人均产出最大化，降低由户籍改革带来的财政支出压力。当前，各大城市的落户政策仍体现着对高端、技术型人才的偏好，学历、职称、就业与居住状况、参保年限等都是落户的重要条件及门槛。对于广大的中小城市和小城镇，其人口压力小，落户门槛低，但是就业机会有限，基础设施建设落后，公共服务水平较低，教育、医疗卫生资源有限。中小城市可能会积极地推行户籍制度改革，但由于经济吸引力有限和福利水平不占优势，这些城市的户籍开放，也不会对流动人口产生更大的吸引力，② 从而使得流动人口宁可放弃在中小城市和小城镇落户的机会。制度供给与流动人口实际需求之间的失衡与不匹配，使得制度改革难以取得实效。

---

① 麦家志、陈彦、唐翊平、曹玉娟、邓爱秀、吕炜：《2014 年广西流动人口基本公共卫生计生服务享有情况监测分析》，《广西医学》2015 年第 9 期，第 1368 ~ 1371 页。

② 陆万军、张彬斌：《户籍门槛、发展型政府与人口城镇化政策——基于大中城市面板数据的经验研究》，《南方经济》2016 年第 2 期，第 28 ~ 42 页。

### （四）政治参与水平较低

随着流动人口职业身份的转变与生活空间的变迁，流动人口的城市参与将逐步取代农村参与，成为他们融入城市、扎根城市的根本保障。[①]流动人口虽然在城市长期工作和生活，但较难参与到城市的公共事务管理之中，难以表达真实意见和相关诉求，远离权力机构与中心，话语权缺失[②]，是典型的政治参与贫困者或政治权利边缘化的人群。[③] 流动人口的政治参与水平较低，受到主客观双重因素的影响与制约，既有制度壁垒的制约，也有自身的主观参与动力不足，政治参与技巧与原则缺乏等因素影响。

## 五　提升政治融合水平的对策建议

### （一）持续推进户籍制度改革

社会融合的首要问题是如何在政策上对外地人口与本地人口一视同仁，破除附着在户籍上的政策壁垒。我国的户籍制度与城市福利制度关系密切，户籍绑定的优厚福利和社会保障使得很多人为之心动，较为突出的是户籍制度捆绑的教育福利。[④] 因此，我国户籍制度改革的核心内容仍是如何剥离附着在户口上的教育、医疗、住房等社会福利。在居住证制度门槛设计方面，应遵循“低门槛、广覆盖”的原则，将居住证进行细化，依据不同的状态

① 刘建娥：《从农村参与走向城市参与：农民工政治融入实证研究——基于昆明市 2084 份样本的问卷调查》，《人口与发展》2014 年第 1 期，第 70～80、112 页。

② 朱妍、李煜：《“双重脱嵌”：农民工代际分化的政治经济学分析》，《社会科学》2013 年第 11 期，第 66～75 页。

③ 郑杏、欧庭宇：《优化新生代农民工政治参与的策略选择》，《领导科学》2017 年第 2 期，第 58～61 页。

④ 王丽英、焦红静：《城乡一体化进程中户籍制度改革的几点思考》，《河北学刊》2016 年第 4 期，第 216 页。

赋予流动人口以福利和权益。[①] 积分入户制度应该更加人性化，更多地体现“以人为本”的原则，入户条件需要更多地从流动者个体和家庭发展的实际出发。[②] 地方政府应该科学、客观地制定更加人性化的条件，方便流动人口家庭团聚。[③]

### （二）关注非正规就业群体，将他们纳入制度政策的范围之内

充分考虑到流动人口群体内部的分化，关注非正规就业群体的流动性、低收入性。比如，在住房保障方面，降低非正规就业人群的准入门槛，以实际居住时间、人均居住面积和收入作为条件，去除社会保险这一条件。流动人口由于流动性、就业于非正规单位以及社会保险参保意识淡薄，社会保险参保水平较低。因此，社会保险这一条件容易将对保障性住房有实际需求者拒之门外。在公共卫生计生服务方面，要考虑到从事装修、建筑、运输、采矿等高风险职业的流动人口的健康需求，有针对性地为其提供健康教育及服务。

### （三）精准把握流动人口的实际需求，使制度供给与需求相契合

各地在流动人口相关政策的制定与实施过程中，要通过实地调研、数据分析等多种途径与方式，精准把握流动人口的实际需求。在此基础上，结合本地区的经济社会条件、流动人口的特点与实际需求，借鉴先进地区或城市的优秀经验，因地制宜、因人而异地采取相应政策与措施，提高城市自身的政治融合水平，为流动人口提供更加完善的公共服务，营造更加良好的、有利于融入的政策环境。

---

① 王阳：《居住证制度地方实施现状研究——对上海、成都、郑州三市的考察与思考》，《人口研究》2014 年第 3 期，第 55 ~ 66 页。

② 关信平：《论权利公平基础上的非户籍人口服务与管理》，《西北师大学报》（社会科学版）2015 年第 3 期，第 5 ~ 10 页。

③ 悦中山、李树茁：《中国流动人口融合政策评估——基于均等化指数和落户指数的分析》，《中南财经政法大学学报》2016 年第 6 期，第 36 ~ 45 页。

### （四）"软硬兼施"提升流动人口的政治参与水平

只有积极引导流动人口依法行使公民的民主政治权利，才能真正增强流动人口的归属感。流动人口政治参与水平的提升需要从"硬环境"（制度）与"软环境"（社会文化氛围）两个方面共同促进。[①] 一方面，将流动人口纳入城市社区管理中，通过确立选民在经常居住地进行选民资格登记、以常住人口数来确定代表总名额、科学划分选区等方法，克服选民资格转移中的困难和被选举权落实不到位等不足。[②] 另一方面，积极发展社会组织、社团组织、农民工自组织，让流动人口拥有更多的"话语权"。在流动人口聚集的地方坚持普法宣传活动，通过报纸、电视、宣传栏、新媒体等各种形式开展普法宣传活动，开辟获取政治信息的多种渠道，提高流动人口的政治权利意识，增强其政治参与意识。[③]

① 邓秀华：《"新生代"农民工的政治参与问题研究》，《华南师范大学学报》（社会科学版）2010 年第 1 期，第 15 ~20、157 页。

② 孙晗雪：《"城乡同权选举"条件下农民工的选举权保障》，《学习与实践》2012 年第 8 期，第 80 ~84 页。

③ 邓秀华：《"新生代"农民工的政治参与问题研究》，《华南师范大学学报》（社会科学版）2010 年第 1 期，第 15 ~20、157 页。

# B.5
# 流动人口经济融合评估报告

王智勇　杨 舸*

**摘　要：** 经济融合是流动人口社会融合的前提与基础，具有前导性、驱动性和独立性的特点。本文选取就业状况、收入支出、住房状况三类指标构建流动人口经济融合指标体系。经济融合得分排名靠前城市以中西部城市为主，靠后城市主要是东部沿海发达地区城市和西部资源性城市。从就业状况方面来说，东部发达城市吸纳就业能力较强；中西部城市在就业权益保护方面存在不足；超大城市、成熟城市群在充分就业、就业稳定性和劳动保护方面均有优势。从收入支出状况来看，中西部城市的收入、消费水平较均衡，是流动人口融入的优势点；但就业状况与收入支出、住房状况之间存在负相关关系；发育中城市群的流动人口收入支出与当地户籍人口差异较小。从住房状况来看，住房是流动人口融入大城市的障碍；住房公积金参与率普遍偏低。因此，地方经济水平较低、财政能力不足、住房生活成本过高均显著影响了流动人口的经济融合，提高流动人口经济融合应加大力气解决好流动人口的就业和居住问题，放开行业限制，充分开放劳动力市场。

**关键词：** 流动人口　经济融合　评估

* 王智勇，中国社会科学院人口与劳动经济研究所研究员，博士，研究方向：城镇化与区域经济增长，人口空间分布；杨舸，中国社会科学院人口与劳动经济研究所副研究员，博士，研究方向：人口统计学、人口迁移与流动。

经济融合是流动人口在流入地生存和发展的前提，也是全面融入流入地的最基础保障；若流动人口不能实现在流入地的生存立足，则会极大地制约其在其他方面的发展[①]（杨菊华，2015）。本部分将首先阐述流动人口经济融合的含义及意义，说明流动人口经济融合指标体系的构成；根据经济融合的数据评估结果，分析各个城市流动人口经济融合的现状和特征；提出当前存在的问题和探寻其背后的原因；最后提出促进流动人口经济融合的政策措施。

## 一　概念和指标体系的构成

### （一）含义和特征

经济融合是指流动人口在流入地的就业、收入、居住及相关权益等方面取得的与当地人同等状况或地位的过程，同时也包括当地主流群体在经济领域对流动人口的接纳情况。流动人口的经济融合具有以下特征：

一是前导性。社会融合是一个动态的、渐进的、互动的多维度概念，包括经济、文化、社会适应、结构融合、认同等多个维度，社会融合总是处在从适应到区隔融合再到融合的过程中（杨菊华[②]，2009；周皓[③]，2012），而经济融合在流动人口社会融合的过程中起到引领作用。流动人口在城市立足和生存的根本前提和基本保障是有栖身之地和物质生活来源，即居住和就业两大要素，（王桂新[④]，2006）。Heckman[⑤]（1998）提出首先从经济方面入手，以经济状况作为融合状况评测的重要指标。

---

① 杨菊华：《中国流动人口的社会融入研究》，《中国社会科学》2015 年第 2 期。

② 杨菊华：《从隔离、选择融入到融合：流动人口社会融入问题的理论思考》，《人口研究》2009 年第 1 期。

③ 周皓：《流动人口社会融合的测量及理论思考》，《人口研究》2012 年第 3 期。

④ 王桂新、张得志：《上海流动人口生存状态与社会融合研究》，《市场与人口分析》2006 年第 5 期。

⑤ Heckman，James J. Detecting Discrimination. *The Journal of Economic Perspectives*，1998（2）.

二是驱动性。经济融合是流动人口社会融合最主要的驱动力。只有流动人口拥有一定的经济地位，他们才能更有信心、才更有能力与流入地居民进行更深层次的接触和交往，才能更好地接纳流入地文化，提高其行为适应能力[①]（杨文杰、秦加加，2016）。经济学界在讨论“社会融合”时更多的是从经济收入，即流动人口的经济收入与迁入地人口的经济收入之间的差异来测量的。当移民的经济收入与本地居民基本相等时即表示他们社会融合的状况较好（Heckman[②]，1998；Carlsson and Rooth[③]，2007）。

“流动人口”是具有中国特色的一个人口学概念，国际上一般统称为“迁移人口”。在我国，由于户籍制度的存在并由此所造成的迁移人口内部个体与社会特征的差异，一般把国际学术界普遍认同的迁移人口，根据户籍登记地是否变化而区分为流动人口和迁移人口两类群体，其中户籍登记地发生变动的被称为迁移人口，而户籍登记地没有发生变化的则被称为流动人口。迁移人口的界定比较容易，根据上述定义，一个人从一个乡镇街道空间上迁移到另一个乡镇街道，且办理了户口迁移手续，即被视为迁移人口。但是流动人口的界定由于没有明显的识别标志（户口变更），而且受到时间和空间因素的双重影响，所以这一概念的界定有很大的弹性：不同的时间和空间都将导致流动人口的界定在规模、结构、特征等各个方面存在较为明显的差异。以上这一点不仅可以在学术研究者们对流动人口的不同界定那里看到（张庆五，1988），也可以在我国历次人口普查、人口1%抽样调查对流动人口的统计口径的不同那里体现出来（孙玉晶、段成荣，2006）。

三是独立性。经济融合首先是客观的，它受其他层面融合因素的影响较小，这与价值观念、心理满意度、身份认同感等主观指标有显著差异。研究结果表明，经济收入与社区融合统计关系不显著；经济收入对心理文化及社

① 杨文杰、秦加加：《流动人口社会融合度测量指标体系完善研究》，《河北大学学报（哲学社会科学版）》2016年第3期。

② Heckman, James J. 1998. Detecting Discrimination. *The Journal of Economic Perspectives* 2: 101 - 116.

③ Carlsson, Magnus, and Dan-Olof Rooth. 2007. Evidence of Ethnic; Discrimination in the Swedish Labor Market Using Experimental Data. Labour Economic 4: 716 - 729.

区参与的影响要强于反向的影响，经济融合有一定的独立性特征，而社区参与、文化接纳与身份认同存在更高的一致性关系①（徐水源、黄匡时，2016）。

## （二）经济融合的指标体系构建

最初，学者们从就业维度来测量流动人口的经济融合程度，杜鹏等②（2005）研究发现：流动人口职业转换比较频繁，就业方式主要依靠传统的社会资源寻找工作，增加了社会融合的难度。随着流动人口经济融合的测量维度不断多元化，测量方法不断完善和丰富。建立测量指标体系不仅应该考虑全面性，更应该考虑指标的简约、代表性及可操作性③（周皓，2012）。表1显示了学者们所选取的经济融合测量指标。

**表1　过去研究中测量流动人口经济融合的指标**

| 学者 | 经济融合测量指标 |
| --- | --- |
| 王桂新①(2007) | 农民工求职途径、职业培训状况、劳动时间长短、工作环境和工资收入、居住状况 |
| 杨菊华②(2015) | 就业机会、劳动时间、职业声望、收入水平、社会保障、住房条件 |
| 杨菊华③(2010) | 就业机会(现况、渠道、工作保障)、职业声望(类型、层次、转换、升迁机会)、工作环境(周工作天数、小时、条件、强度)、收入水平(收入、工资发放状况)、社会保障(三险一金、劳动合同)、居住环境(地点、条件、面积、费用、交通)、教育培训(教育、培训) |
| 郑娴④(2015) | 就业状况、职业类型、住房状况、月收入水平 |
| John Goldlust and Anthony H. Richmond⑤(1974) | 行业、职业、收入、消费 |
| H. Entzinger⑥ | 就业市场、收入水平、职业地位、劳动福利 |
| 周皓⑦(2012) | 固定居所、稳定平等的经济收入 |

① 徐水源、黄匡时：《流动人口社会融合指标体系内在关系研究》，《统计与信息论坛》2016年第10期。

② 杜鹏、丁志宏、李兵、周福林：《来京人口的就业、权益保障与社会融合》，《人口研究》2005年第4期。

③ 周皓：《流动人口社会融合的测量及理论思考》，《人口研究》2012年第3期。

续表

| 学者 | 经济融合测量指标 |
| --- | --- |
| 欧盟社会融合指标[8](2001) | 分为主要指标和次要指标两个层次,其中经济相关主要指标包括低收入率、收入的分布、低收入的持续、相对中低收入差、地区凝聚、长期失业率、失业人数,经济相关次要指标包括低收入的养老金、某一时期的低收入率、迁移前的低收入率、基尼系数、低收入的持续、长期失业率、非长期失业率 |
| 欧盟移民整合指数[9](2006) | 六条主线包括:劳动力市场融合(就业资格、移民就业协助措施、就业安全、移民工人权利)、家庭团聚、长期居住、政治参与、入籍和反歧视 |
| 黄匡时[10](2010) | 经济融合有劳动力市场融合(求职渠道分布、平均月工资、平均日劳动时间、职业培训次数和培训覆盖面)、劳动保护(劳动合同签订率、失业保险参保率、养老保险参保率、医疗保险参保率)和住房融合(平均住房面积、租房率、买房率)三个子维度 |
| 杨文杰,秦加加[11](2016) | 收入水平、劳动时间、劳动合同签订情况、就业领域 |

资料来源:① 王桂新、罗恩立:《上海市外来农民工社会融合现状调查研究》,《华东理工大学学报(社会科学版)》2007 年第 3 期。

② 杨菊华:《中国流动人口的社会融入研究》,《中国社会科学》2015 年第 2 期。

③ 杨菊华:《流动人口在流入地社会融入的指标体系——基于社会融入理论的进一步研究》,《人口与经济》2010 年第 2 期。

④ 郑娴:《我国流动人口社会融合影响因素与测量的研究述评》,《法制与社会》2015 年 5 月下期。

⑤ Goldlust, John, and Anthony H. Richmond. 1974. A Multivariate Model oI Immigrant Adaptation. *International Migration Review* 2: 193 – 25.

⑥ 梁波、王海:《英国外移民社会融入研究综述》,《甘肃行政学院学报》2010 年第 2 期。

⑦ 周皓:《流动人口社会融合的测量及理论思考》,《人口研究》2012 年第 3 期。

⑧ European Union Social Protection Committee, 2001, *Report on Indicators in the Field of Poverty and Social Exclusion.* http: //europa. eu/legislation summaries/employment and social policy/ social protection/c10119 en. htm, 2010/09/15.

⑨ European Commission, 2006, Portfolio of *Overarching Indicators and Streamlined Social Inclusion, Pensions and Health*, http: //ec. europa. eu/employment social/spsi/docs/social inclusion/2006/indicators en. pdf, 2010/09/15.

⑩ 黄匡时:《流动人口"社会融合度"指标体系构建》,《福建行政学院学报》2010 年第 5 期。

⑪ 杨文杰、秦加加:《流动人口社会融合度测量指标体系完善研究》,《河北大学学报(哲学社会科学版)》2016 年第 3 期。

从过去学者们选取的经济融合测量指标来看,就业相关指标是经济融合的基础和保障,也是流动人口发生流动的前提条件;收入和消费的相关指标反映流动人口的物质生活条件,是就业的结果,也是物质生活条件的前提;劳动权益相关指标反映了制度隔离和主观歧视的程度,是融合的必要条件；教育反映劳动者社会流动的渠道是否畅通；家庭和居住反映流动人口安居乐业的结果。这些测量层面及其相关指标都十分重要，但却不能包罗万象地都纳入指标体系，每一个指标的测量准确性、有效性、可信度、合理性和可及性均会影响到最终结果，过多指标反而增大测量风险。

基于理论和过去的指标体系研究，同时考虑到家庭和教育被归入其他类别，在数据的可及性和可得性范围内，选取包括就业状况、收入支出、住房状况三类指标对流动人口经济融合进行测量和分析，具体见表2。

**表2　经济融合的指标体系及解释**

| | | |
|---|---|---|
| 就业状况 | 就业率 | 就业年龄段流动人员在流入地做过一小时以上有收入的工作所占比例 |
| | 连续就业时间 | 流动人口在本地连续工作的时间 |
| | 职业结构 | 按照职业和就业身份测量其职业地位 |
| | 劳动合同签订比例 | 与工作单位签订劳动合同的比例 |
| 收入支出 | 收入水平 | 流动人口人均月收入水平占当地城镇居民人均月可支配收入的比例 |
| | 消费水平 | 流动人口人均月消费水平占当地城镇居民人居月消费支出的比例 |
| 住房状况 | 房租收入比 | 房屋月租金占流动人口家庭月收入的比例 |
| | 参加住房公积金比例 | 流动人口在流入地参加住房公积金的比例 |

1. 就业状况指标的含义

就业状况是流动人口社会经济生活的始点和关键，此处选取就业率、连续就业状况、职业结构和劳动合同签订比例四个指标来反映就业状况。就业率反映了流动人口在流入地是否拥有和当地户籍人口同等的就业渠道，是否享受公平的就业机会，是否拥有基本类似的就业水平，这些都会进一步影响流动人口经济融合的总体水平。连续就业时间反映就业的可持续性和就业质量，在人们的印象中，流动人口往往就业不稳定，失业风险高，就业流动性强，这一指标可以对此进行判断。职业结构不仅反映了流动人口的社会地位，还涉及了收入可持续性、劳动权益保障和就业质量的内涵。劳动合同签订比例是劳动权益能否得到保障的最直接指标。劳动合同是建立劳动关系的书面法律凭证，是稳定劳动关系、保障劳动者自身权益的重要依据，劳动合同的签订影响到劳动就业、经济地位、社会保障等多方面的保障情况[①]（杨文杰等，2016）。

2. 收入和支出指标的含义

收入和支出是一个问题的两个方面，反映流动人口物质生活水平。此处选取相对于城市居民的收入水平（流动人口人均月收入水平占当地城镇居民人均月可支配收入的比例）和消费水平（流动人口人均月消费水平占当地城镇居民人居月消费支出的比例）。收入是就业的结果，反映了流动人口融入城市社会的能力，是流动人口社会融合的经济基础和重要保障，与其他测量指标间存在影响和被影响的相关关系，收入直接关系到流动人口生存能力，影响着流动人口居住、教育、社会保障等方方面面。收入决定消费，但消费还取决于居留意愿。过去一些研究表明，在相同的收入水平下，除去租房消费，流动人口的其他消费水平远低于城市居民，恩格尔系数偏高。这是流动人口缺乏安全感、供养流出地家庭成员和对城市没有归属感的体现，所以消费水平也反映了流动人口融合程度。

3. 住房状况指标的含义

住房状况是其安居乐业的基础和前提，是社会阶层分化在城市空间上的物化形式，反映了外来人与本地市民之间的疏离程度[②]（杨菊华，2010）。受到数据可及性的限制，本研究只选取了房租收入比和参加住房公积金的比例作为衡量居住状况的指标。房租收入比反映了流动人口改善居住条件的能力；参加住房公积金的比例反映了地方政府对流动人口居住的支持程度。

---

① 杨文杰、秦加加：《流动人口社会融合度测量指标体系完善研究》，《河北大学学报（哲学社会科学版）》2016 年第 3 期。

② 杨菊华：《流动人口在流入地社会融入的指标体系——基于社会融入理论的进一步研究》，《人口与经济》2010 年第 2 期。

## 二 流动人口经济融合的现状和排名

### （一）总体状况

总体来说，各城市的流动人口经济融合得分比较均衡，基本呈现正态分布，方差不大。但收入支出和住房状况则呈现一定程度的偏态分布。具体来说，相比最高得分城市，收入支出得分较低的城市比较多；与此相反，各城市的住房状况得分普遍较好（见图1）。

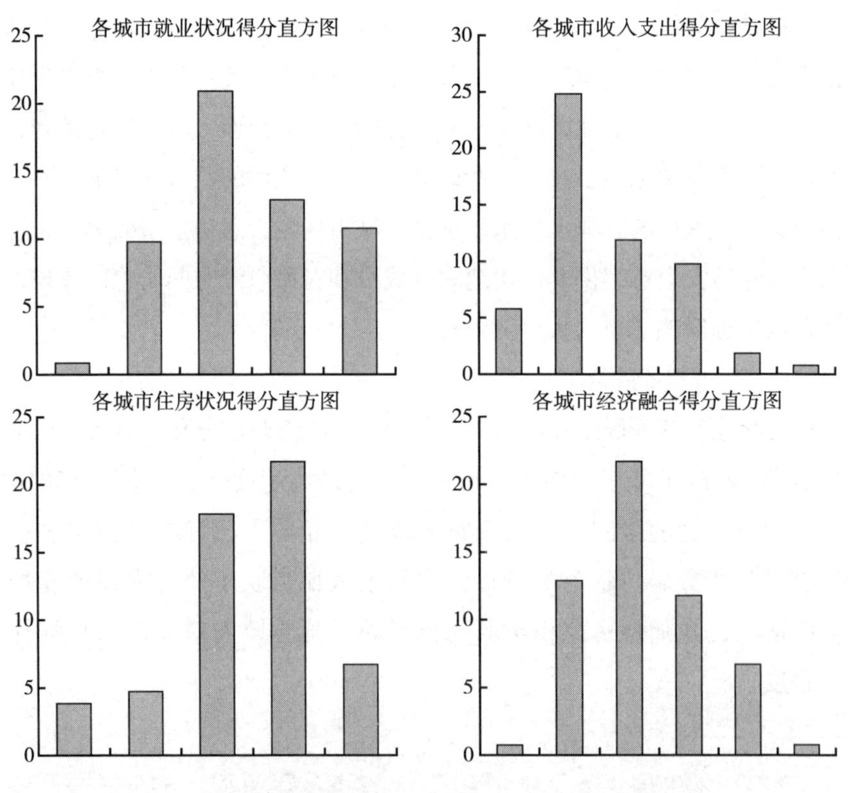


**图1 所有城市流动人口经济融合得分分布直方图**

## （二）排名前十位的城市评价

经济融合得分排名前 5 名的城市分别是：江门市、石家庄市、惠州市、乌鲁木齐市、鄂尔多斯市。在经济融合得分的前 10 位城市中，东中西部城市基本平分秋色，分别占 3 席、4 席和 3 席。江门市流动人口经济融合水平最高主要得益于其各分项得分都比较靠前，特别在“就业状况”指标上排名第二，在“收入支出”指标上排名第五。相对来说，石家庄市、惠州市、乌鲁木齐市、鄂尔多斯市则比较“偏科”，虽然在“收入支出”的得分排名靠前，分别位居第 1 位、第 4 位和第 2 位，但在“就业状况”上的得分仅排名第 34 位、第 30 位和第 24 位。鄂尔多斯流动人口的经济融合水平较高是由于“住房状况”指标上得分较高，在“就业状况”的得分也不高。经济融合得分排名前 6～10 名的城市分别为合肥、长沙、咸阳、泉州和唐山。除了泉州的“就业状况”得分较高之外，其余城市的流动人口经济融合水平较高均是源于“收入支出”或“住房状况”的优异得分。

**表 3　经济融合程度前 10 名和后 10 名城市的各项得分和排名**

单位：分

| 排名 | 城市 | 经济融合得分 | 就业状况 | | 收入支出 | | 住房状况 | |
|---|---|---|---|---|---|---|---|---|
| | | | 得分 | 排名 | 得分 | 排名 | 得分 | 排名 |
| 1 | 江门市 | 61.85 | 69.39 | 2 | 71.70 | 5 | 44.47 | 13 |
| 2 | 石家庄市 | 61.44 | 56.36 | 34 | 84.09 | 1 | 43.87 | 15 |
| 3 | 惠州市 | 58.71 | 57.22 | 30 | 74.05 | 4 | 44.85 | 11 |
| 4 | 乌鲁木齐市 | 58.08 | 59.12 | 24 | 81.53 | 2 | 33.60 | 31 |
| 5 | 鄂尔多斯市 | 57.68 | 58.03 | 29 | 62.16 | 12 | 52.84 | 3 |
| 6 | 合肥市 | 57.18 | 58.49 | 26 | 66.97 | 9 | 46.09 | 10 |
| 7 | 长沙市 | 56.88 | 54.76 | 39 | 69.14 | 7 | 46.74 | 8 |
| 8 | 咸阳市 | 55.73 | 58.35 | 27 | 54.20 | 18 | 54.65 | 1 |
| 9 | 泉州市 | 55.27 | 64.27 | 10 | 59.39 | 15 | 42.14 | 17 |
| 10 | 唐山市 | 55.26 | 56.47 | 33 | 61.52 | 14 | 47.81 | 7 |
| 41 | 哈尔滨市 | 40.96 | 49.25 | 48 | 53.28 | 19 | 20.35 | 49 |
| 42 | 西安市 | 40.85 | 51.81 | 43 | 32.92 | 38 | 37.83 | 24 |

续表

| 排名 | 城市 | 经济融合得分 | 就业状况 | | 收入支出 | | 住房状况 | |
|---|---|---|---|---|---|---|---|---|
| | | | 得分 | 排名 | 得分 | 排名 | 得分 | 排名 |
| 43 | 台州市 | 40. 15 | 60. 23 | 22 | 22. 12 | 45 | 38. 09 | 23 |
| 44 | 海口市 | 39. 94 | 53. 22 | 40 | 42. 79 | 23 | 23. 81 | 48 |
| 45 | 烟台市 | 39. 84 | 53. 08 | 41 | 19. 75 | 46 | 46. 70 | 9 |
| 46 | 杭州市 | 39. 51 | 60. 92 | 18 | 31. 25 | 40 | 26. 36 | 45 |
| 47 | 榆林市 | 38. 94 | 42. 19 | 50 | 37. 60 | 32 | 37. 02 | 26 |
| 48 | 宁波市 | 35. 88 | 60. 83 | 19 | 14. 25 | 48 | 32. 56 | 33 |
| 49 | 大庆市 | 35. 07 | 55. 58 | 35 | 10. 00 | 49 | 39. 62 | 21 |
| 50 | 呼和浩特市 | 27. 64 | 50. 65 | 45 | 4. 08 | 50 | 28. 19 | 39 |

### （三）排名后十位城市的评价

经济融合得分排名后 10 名的城市主要是东部沿海发达地区城市（台州、海口、烟台、杭州、宁波）和西部资源性城市（榆林、大庆和呼和浩特）。其中，沿海发达城市的就业权利得分排名靠前，如：台州、杭州和宁波等，收入支出和住房状况得分拉低了最后的经济融合得分，排名靠后。西部城市则相反，榆林市、哈尔滨市和呼和浩特市的就业权利得分排名倒数。

总体来说，“收入支出”项的得分对最后的经济融合得分影响较大，这使得居住生活成本更高的东部发达城市具有一定程度的劣势，无法在经济融合方面得到较好的排名。尽管中西部城市在经济融合方面排名靠前，但在就业容量、稳定就业和劳动权益保护方面仍然存在较大差距，必须引起重视。

## 三　经济融合各分项指标的现状和特点

### （一）就业状况及特点

就业权利是指具有劳动愿望和劳动能力的人在法定劳动年龄内享有的参加社会劳动，实现劳动过程，并在劳动过程中得到基本保障、获得劳动报酬的权利。其涵盖自获得劳动机会至劳动过程中及至劳动关系解除后的全部过程，主要包括平等就业权、自主择业权、取得劳动报酬的权利、休息休假的权利、获得安全卫生保护的权利、享受社会保险和福利的权利、依法提请劳动争议处理的权利以及其他劳动权利和经济权利等。本文选取的就业指标包含获得就业（就业率）、稳定就业（连续就业时间）、职业阶层（职业结构）、劳动保护（签订劳动合同比例）四个方面权利。

就业得分排名前 10 位除了柳州为西部城市外，其余均为东部沿海发达城市。排名首位的是厦门，其次是江门，这两个城市在就业的优异表现得益于在就业率方面的高得分，同时也在连续就业时间、职业结构、签订劳动合同三个指标取得不错的成绩。就业排名靠前的城市也是当前流动人口最多的城市之一，表明流动劳动力人口规模越大，劳动力市场发展越成熟，流动人口可以获得连续时间较长的稳定就业、职业上升通道较为畅通、劳动保护更加到位。无锡、中山、柳州、珠海、苏州、青岛、佛山和泉州的就业得分也排进前 10 位，这些城市在就业的四个分项指标中至少有两项排名靠前。值得注意的是，就业综合得分排名前 10 位城市在连续就业时间指标上的得分均较高，但在就业率指标上的排名均不靠前，同时，江门、无锡、中山和柳州在职业结构指标上的得分靠后，柳州在签订劳动合同指标上得分靠后。这意味着，即便都是反映就业的指标，由于产业结构的差异，每个城市都难以全面兼顾。流动人口在稳定就业、劳动保护较好的城市可能较难找到工作，而容易找工作的城市往往以非正规就业为主，难以获得较高职位的工作和较好的劳动保护。

就业得分排名后 10 位半数是中西部城市。榆林就业得分排名倒数第一，主要因为其在就业率、连续就业时间、签订劳动合同指标上的得分均欠佳。郑州虽然就业率高居榜首，但其在连续就业时间和签订劳动合同指标上的得分将其就业得分拖后至倒数第 2 位。除此之外，并非所有就业得分排名靠后的城市在所有分项得分都比较低，例如：西安和沈阳在职业结构指标得分排名分别为第 6、7 位，但其他项的较低得分使得就业综合得分靠后。

**表 4　就业权利得分前 10 名和后 10 名城市的各项得分和排名**

单位：分

| 排名 | 城市 | 就业状况得分 | 就业率 | | 连续就业时间 | | 职业结构 | | 签订劳动合同 | |
|---|---|---|---|---|---|---|---|---|---|---|
| | | | 得分 | 排名 | 得分 | 排名 | 得分 | 排名 | 得分 | 排名 |
| 1 | 厦门市 | 70.39 | 90.10 | 12 | 63.25 | 6 | 50.40 | 26 | 77.83 | 3 |
| 2 | 江门市 | 69.39 | 89.13 | 14 | 85.13 | 2 | 44.45 | 47 | 58.85 | 26 |
| 3 | 无锡市 | 69.10 | 86.60 | 26 | 75.70 | 3 | 47.58 | 51 | 66.53 | 17 |
| 4 | 中山市 | 68.99 | 88.35 | 19 | 73.25 | 4 | 47.48 | 38 | 66.89 | 14 |
| 5 | 柳州市 | 68.89 | 78.46 | 36 | 100.00 | 1 | 47.57 | 39 | 49.54 | 37 |
| 6 | 珠海市 | 68.77 | 80.44 | 33 | 62.01 | 8 | 50.32 | 27 | 82.30 | 2 |
| 7 | 苏州市 | 68.38 | 88.90 | 15 | 60.20 | 10 | 49.57 | 30 | 74.85 | 4 |
| 8 | 青岛市 | 67.30 | 87.15 | 24 | 58.91 | 12 | 50.62 | 23 | 72.53 | 7 |
| 9 | 佛山市 | 65.60 | 88.46 | 18 | 67.88 | 5 | 47.66 | 36 | 58.39 | 28 |
| 10 | 泉州市 | 64.27 | 93.70 | 2 | 57.83 | 13 | 45.92 | 42 | 59.63 | 25 |
| 41 | 烟台市 | 53.08 | 78.33 | 37 | 25.30 | 38 | 48.54 | 34 | 60.14 | 23 |
| 42 | 绍兴市 | 52.54 | 88.31 | 20 | 38.36 | 31 | 45.63 | 44 | 37.86 | 47 |
| 43 | 西安市 | 51.81 | 86.00 | 27 | 19.06 | 44 | 53.20 | 6 | 48.96 | 38 |
| 44 | 福州市 | 51.52 | 84.50 | 29 | 25.60 | 37 | 47.84 | 36 | 48.14 | 39 |
| 45 | 呼和浩特市 | 50.65 | 65.65 | 49 | 52.30 | 20 | 50.69 | 22 | 33.97 | 50 |
| 46 | 沈阳市 | 49.48 | 81.75 | 32 | 12.40 | 49 | 53.13 | 7 | 50.65 | 36 |
| 47 | 昆明市 | 49.45 | 86.65 | 25 | 20.85 | 42 | 52.25 | 12 | 38.05 | 46 |
| 48 | 哈尔滨市 | 49.25 | 80.05 | 34 | 31.70 | 36 | 51.05 | 21 | 34.21 | 49 |
| 49 | 郑州市 | 49.24 | 94.55 | 1 | 13.25 | 48 | 52.48 | 11 | 36.67 | 48 |
| 50 | 榆林市 | 42.19 | 57.20 | 50 | 14.82 | 46 | 52.19 | 14 | 44.58 | 44 |

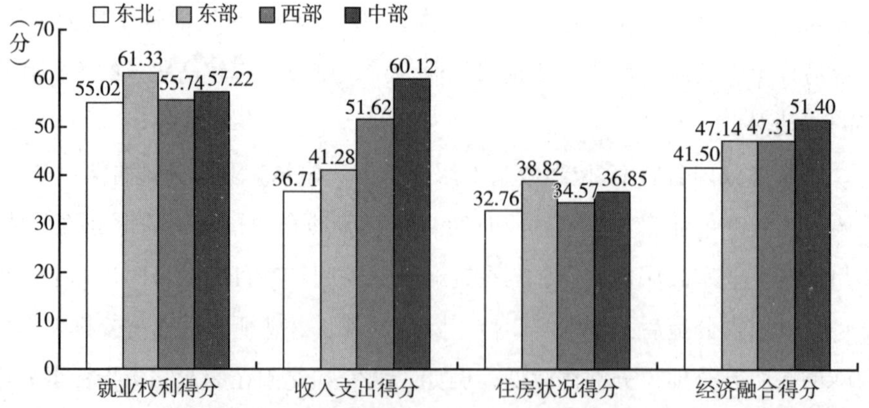


**图 2　按区域分类的城市流动人口经济融合及各项得分的均值**

1. 东部发达地区城市吸纳流动人口就业的能力较强

就业是经济融合的基础，东部经济发达地区的就业得分较高，明显高于中西部城市得分（见图3），但中西部城市收入支出得分明显高于东部地区城市，使得最终的经济融合得分也高于东部城市。就业得分排名前10位的城市几乎均为沿海发达地区的城市，但排名后10位的城市则多数为中西部城市（见表5）。一方面，经济发达地区能够为流动人口提供更多就业机会；另一方面，经济发达地区能够为流动人口提供更加稳定的职业，具有较好的晋升通道，职业层次更高，劳动权益保护程度也更高。由表5可知，东部沿海城市在“连续就业时间”和“劳动合同签订率”方面表现不错。

**表5　就业状况及各分项得分排名前10位及后10位城市**

| 排名 | 就业率 | 连续就业时间 | 职业结构 | 劳动合同签订比例 | 就业权利得分 |
|---|---|---|---|---|---|
| 1 | 郑州市 | 柳州市 | 长沙市 | 东莞市 | 厦门市 |
| 2 | 泉州市 | 江门市 | 太原市 | 珠海市 | 江门市 |
| 3 | 温州市 | 无锡市 | 咸阳市 | 厦门市 | 无锡市 |
| 4 | 惠州市 | 中山市 | 济南市 | 苏州市 | 中山市 |
| 5 | 长沙市 | 佛山市 | 唐山市 | 惠州市 | 柳州市 |
| 6 | 金华市 | 厦门市 | 西安市 | 咸阳市 | 珠海市 |
| 7 | 成都市 | 乌鲁木齐市 | 沈阳市 | 青岛市 | 苏州市 |
| 8 | 石家庄市 | 珠海市 | 兰州市 | 长沙市 | 青岛市 |
| 9 | 东莞市 | 常州市 | 合肥市 | 大连市 | 佛山市 |
| 10 | 南京市 | 苏州市 | 武汉市 | 唐山市 | 泉州市 |
| 41 | 乌鲁木齐市 | 南昌市 | 常州市 | 贵阳市 | 烟台市 |
| 42 | 太原市 | 昆明市 | 泉州市 | 大庆市 | 绍兴市 |
| 43 | 贵阳市 | 唐山市 | 宁波市 | 石家庄市 | 西安市 |
| 44 | 兰州市 | 西安市 | 绍兴市 | 榆林市 | 福州市 |
| 45 | 三亚市 | 咸阳市 | 台州市 | 兰州市 | 呼和浩特市 |
| 46 | 大庆市 | 榆林市 | 温州市 | 昆明市 | 沈阳市 |
| 47 | 海口市 | 惠州市 | 江门市 | 绍兴市 | 昆明市 |
| 48 | 鄂尔多斯市 | 郑州市 | 嘉兴市 | 郑州市 | 哈尔滨市 |
| 49 | 呼和浩特市 | 沈阳市 | 金华市 | 哈尔滨市 | 郑州市 |
| 50 | 榆林市 | 长沙市 | 东莞市 | 呼和浩特市 | 榆林市 |

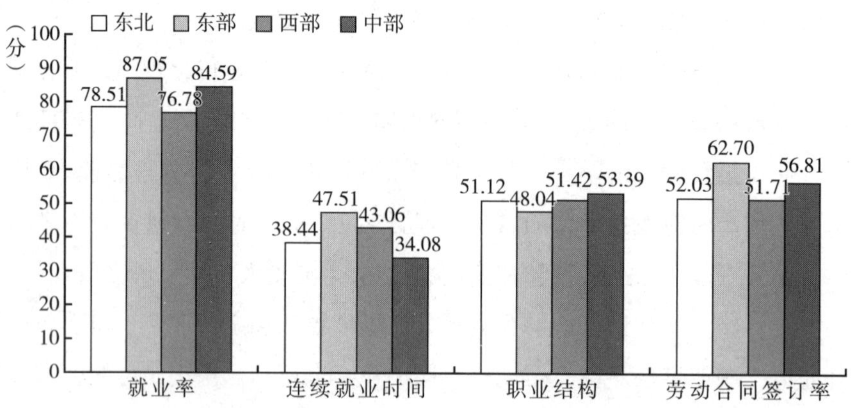


**图3　按区域分类的城市流动人口就业状况各项得分的均值**

东部沿海发达地区吸引更多的流动人口，特别是跨省流动人口，第六次人口普查数据显示，2010 年有一半以上（56.86%）的流动人口流入东部地区，有八成以上（81.42%）的跨省流动人口流入东部地区。而跨省流动人口往往在社会融合方面存在更大障碍。是否能获得稳定、质量高的就业是经济融合基础，由此可知，东部城市的流动人口已经具有了融合的经济基础。

而对于经济表现不佳的东北地区而言，流动人口经济融合的各项指标都排在最末位，重工业主导的工业化产业发展模式以及行政主导的城镇化策略，使得东北地区就业增长缓慢，无法满足本地居民的就业需求，更无法为流动人口提供更多的就业机会①（王智勇，2016），因此，流动人口的经济融合各项指标都排名靠后。

2. 中西部地区城市在流动人口就业权益保护方面存在不足

中西部城市就业得分普遍偏低，并非就业率偏低或职业结构低端所致，而是在劳动权益保护方面的欠缺所致。由图 3 可知，中西部城市和东部城市的就业率不相上下，职业结构甚至好于东部城市。郑州、长沙、成都、石家庄等中部城市的就业率排名靠前；长沙、太原、咸阳、唐山、西安、沈阳和

① 王智勇：《东北人口为何外流：一个工业化城镇化的视角——基于黑龙江省县域面板数据的分析》，《北京工业大学学报（社会科学版）》2016 年第 4 期。

合肥则在职业结构方面排名靠前（见表5）。但是，中西部城市在劳动合同签订率和连续就业时间方面与东部城市有明显差距，在这两项得分排名最后10位城市中多数是中西部城市。中西部城市在劳动保护方面的劣势使其在流动人口就业方面存在较大问题。

中西部地区在流动人口就业权益保护方面存在的不足在东北地区也同样存在，这反映了这些地区市场化进程的不足，使得对流动人口的就业权益保护力度不够，在一定程度上阻碍了流动人口的经济融合进程。

3. 城市规模越大流动人口就业越充分，大城市在就业稳定性和劳动保护方面均有优势

从城市规模来看，城市规模越大，越有利于吸纳流动人口就业，流动人口就业率越高。城市在发展的过程中，随着产业的壮大，劳动生产率的提高，吸引了越来越多的劳动力，也驱动了人口规模的不断壮大，因此大城市的流动人口就业更加充分。大城市在就业稳定性和劳动保护方面得分高于其他类别城市，具有明显的优势。

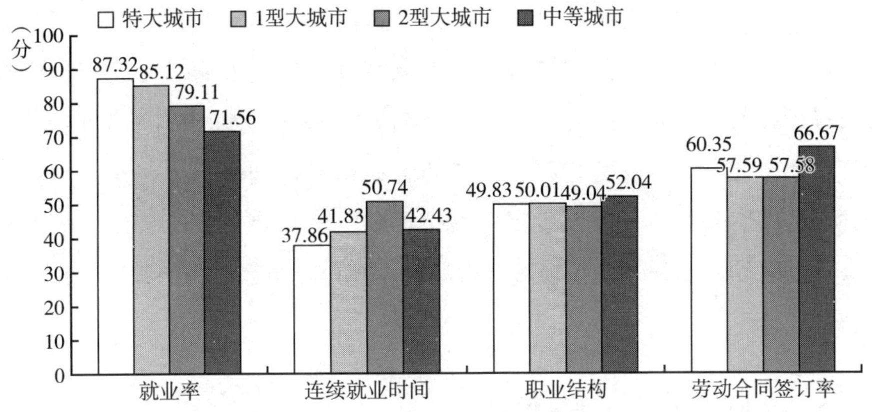


**图4　按城市规模分类的城市流动人口就业状况各项得分的均值**

4. 成熟城市群的流动人口较好地实现了就业状况

长三角城市群、珠三角城市群和京津冀城市群是我国发展较为成熟的城市群，海峡西岸城市群、山东半岛、辽中南仅次于前三大城市群，属于次成

熟城市群，而中原城市群、长江中游城市群、川渝城市群和关中城市群则是正在发展的发育中城市群。依据城市群的发展程度，成熟型的城市群在就业权利方面得分较高，发育中城市群则在收入支出和住房方面表现较好。

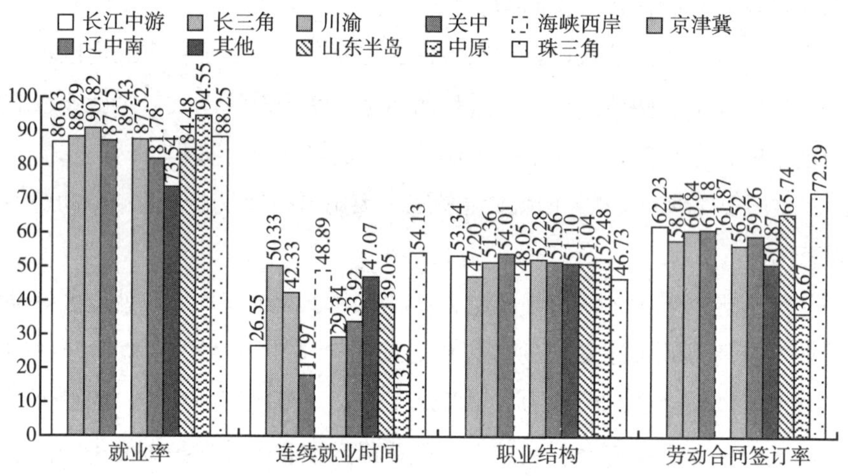


**图 5　按城市群分类的城市流动人口就业状况及各项得分的均值**

从成熟城市群在就业高得分主要源于其在“连续就业时间”和“劳动合同签订率”两项上的优异成绩，表明其劳动力市场发育较为完善。成熟城市群可以为流动人口提供稳定就业，使得流动人口逐渐从非正规就业走向正规就业，在市场完善的过程中，劳动者权益能得到保护，表现为“劳动合同签订率”较高。相反，发育中城市群的劳动力市场发育较晚，吸纳流动人口的时间也不长，非正规就业市场比正规市场更活跃，使得就业权利融合得分较低。

## （二）收入支出状况及特点

收入支出反映了流动人口在生活水平上与本地户籍居民的差异。大多数流动人口怀抱对大城市生活的向往和对改善生活状况的期待流入大城市，他们内心中期待，通过收入支出这一指标，可以测量流动人口是否拥有城市居民一样的生活水准和生活方式，进而有效地测量流动人口经济融合的效果。

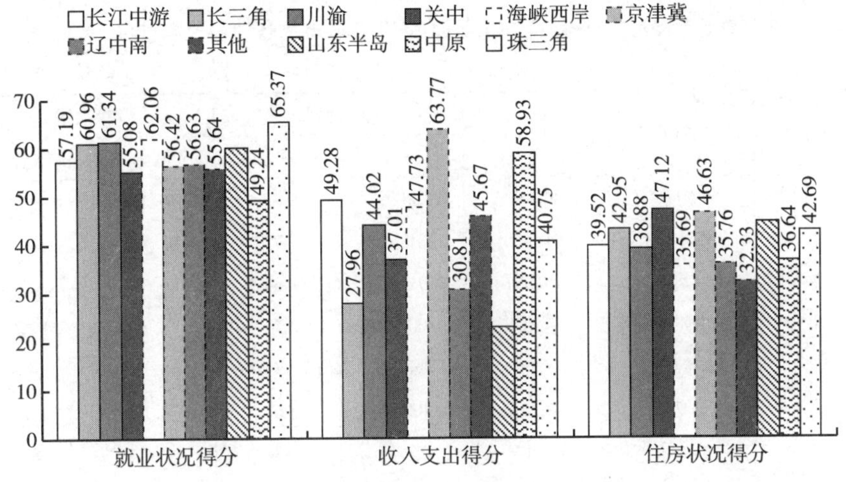


**图 6　按城市群分类的城市流动人口经济融合及各项得分的均值**

流动人口相对于本地户籍居民的收入水平和消费水平是衡量流动人口融合难易程度的指标。若流动人口的物质生活条件与本地户籍人口相当，则他们将更可能生活在本地户籍人口居多的社区中，那么生活环境、文化娱乐活动也更为接近，并有更持久的生活安定感。研究表明，收入水平对社会融合水平提高显著。总体来说，流动人口相对于本地户籍人口的收入水平和消费水平表现出较大的一致性，收入水平得分较高的城市，消费水平得分也较高。

收入支出得分排名前 5 名城市分别是石家庄、乌鲁木齐、兰州、惠州和江门。在排名前 10 位的城市中，除惠州、江门、三亚之外，其他均为中西部城市，收入水平和消费水平均偏低。惠州的收入水平得分较高，但消费水平得分一般。收入支出得分排名第 12 位的鄂尔多斯的情况较为独特，其消费水平得分排名第一，但收入水平得分倒数第三，这意味着鄂尔多斯的流动人口消费水平与本地户籍人口差不多，但两者收入水平差异较大。

收入支出得分排名后 10 名的城市既有东部沿海发达城市（常州、青岛、绍兴、佛山、台州、烟台、无锡和宁波），也有西部资源型城市（大庆和呼和浩特）。这些城市流动人口的收入水平和消费水平与本地人差异均较大。

**表 6　收入支出得分前 10 名和后 10 名城市的各项得分和排名**

单位：分

| 排名 | 城市 | 收入支出得分 | 收入水平 | | 消费水平 | |
|---|---|---|---|---|---|---|
| | | | 得分 | 排名 | 得分 | 排名 |
| 1 | 石家庄市 | 84.09 | 93.99 | 2 | 74.19 | 3 |
| 2 | 乌鲁木齐市 | 81.53 | 81.21 | 7 | 81.85 | 2 |
| 3 | 兰州市 | 78.99 | 91.24 | 3 | 66.74 | 6 |
| 4 | 惠州市 | 74.05 | 100.00 | 1 | 48.10 | 14 |
| 5 | 江门市 | 71.70 | 84.86 | 5 | 58.55 | 9 |
| 6 | 三亚市 | 69.28 | 83.97 | 6 | 54.59 | 12 |
| 7 | 长沙市 | 69.14 | 75.14 | 13 | 63.14 | 8 |
| 8 | 郑州市 | 67.03 | 77.92 | 10 | 56.13 | 11 |
| 9 | 合肥市 | 66.97 | 65.96 | 16 | 67.97 | 5 |
| 10 | 贵阳市 | 66.37 | 75.41 | 12 | 57.34 | 10 |
| 41 | 常州市 | 29.50 | 40.77 | 39 | 18.22 | 37 |
| 42 | 绍兴市 | 28.52 | 47.73 | 31 | 9.31 | 44 |
| 43 | 佛山市 | 27.47 | 41.23 | 38 | 13.70 | 41 |
| 44 | 青岛市 | 27.20 | 32.94 | 42 | 21.46 | 34 |
| 45 | 台州市 | 22.12 | 40.43 | 40 | 3.81 | 48 |
| 46 | 烟台市 | 19.75 | 27.30 | 46 | 12.20 | 42 |
| 47 | 无锡市 | 16.52 | 31.95 | 43 | 1.08 | 49 |
| 48 | 宁波市 | 14.25 | 28.50 | 45 | 0.00 | 50 |
| 49 | 大庆市 | 10.00 | 11.54 | 49 | 8.46 | 45 |
| 50 | 呼和浩特市 | 4.08 | 0.00 | 50 | 8.16 | 46 |

### 1. 中西部城市的收入、消费水平较均衡，成为流动人口融入的优势点

流动人口的经济融合程度较高的中西部城市与其在收入支出的得分较高密切相关。由图 6 可知，中部和西部城市的收入水平、消费水平相比东部城市具有明显优势，消费方面尤为明显，这是因为中西部城市本地人口的收入、消费水平均不高，流动人口便能获得相对本地人口较为均等的收入和消费，这两项得分前 10 名的城市中几乎均为中西部城市（见表 7）。

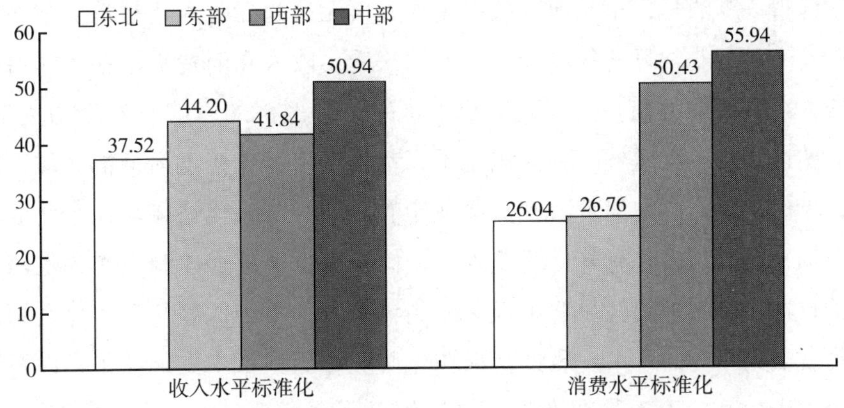


**图7 按区域分类的城市流动人口收入、消费等分项得分的均值**

**表7 收入支出及各分项得分排名前10位及后10位城市**

| 排名 | 收入水平 | 消费水平 | 收入支出得分 |
|---|---|---|---|
| 1 | 惠州市 | 鄂尔多斯 | 石家庄市 |
| 2 | 石家庄市 | 乌鲁木齐市 | 乌鲁木齐市 |
| 3 | 兰州市 | 石家庄市 | 兰州市 |
| 4 | 福州市 | 太原市 | 惠州市 |
| 5 | 江门市 | 合肥市 | 江门市 |
| 6 | 三亚市 | 兰州市 | 三亚市 |
| 7 | 乌鲁木齐市 | 昆明市 | 长沙市 |
| 8 | 唐山市 | 长沙市 | 郑州市 |
| 9 | 咸阳市 | 江门市 | 合肥市 |
| 10 | 郑州市 | 贵阳市 | 贵阳市 |
| 41 | 济南市 | 佛山市 | 常州市 |
| 42 | 青岛市 | 烟台市 | 绍兴市 |
| 43 | 无锡市 | 杭州市 | 佛山市 |
| 44 | 柳州市 | 绍兴市 | 青岛市 |
| 45 | 宁波市 | 大庆市 | 台州市 |
| 46 | 烟台市 | 呼和浩特市 | 烟台市 |
| 47 | 榆林市 | 东莞市 | 无锡市 |
| 48 | 鄂尔多斯市 | 台州市 | 宁波市 |
| 49 | 大庆市 | 无锡市 | 大庆市 |
| 50 | 呼和浩特市 | 宁波市 | 呼和浩特市 |

值得一提的是，东北地区城市流动人口无论是在收入还是消费都与本地劳动力具有非常显著的差异，从全国来看，收入和消费都排在最靠后的位置。这种格局的出现，与东北仍然深受计划经济的影响有着密切关系。东北的市场化进程缓慢，在全国来看，都属于市场化程度最低的区域，因而，无论是收入还是消费，都深深地印有计划经济时代烙印。在东北的就业市场上，体制内外有着显著差别，人们普遍也把进入体制内作为他们就业的首选。体制外的就业者难以享受到体制内的福利优厚待遇，他们的消费也就受到相应的约束。这种情形在一些资源型城市中更加突出，以石油城市大庆为例，由于长期产油，也依赖于石油资源，城市人均 GDP 非常高，因而在体制内就业的人们享有非常优厚的待遇，而收入水平的差距，显然也就决定了消费模式的悬殊差异。近年来，大量的东北人选择在冬季时前往海南岛度假或者居住，这些人大多数都是在体制内工作并享有优厚的待遇。

但是，从住房方面来看，中西部城市尽管拥有房价较低的优势，却并没有比东部城市更好地解决这一问题。因此，中西部地区的流动人口经济融合具有一定的优势，但仍然应该从政策方面着手，提高“住房公积金参与率”“劳动合同签订率”等流动人口的权益保障水平。

2. 发育中城市群的流动人口收入支出与当地户籍人口差异较小

发育中城市群的收入支出水平较高，尤其是川渝城市群和中原城市群，主要原因是这两个城市群的流动人口收入和消费水平与本地户籍人口差异不大。从流动人口人均月消费水平占当地城镇居民人均月消费支出的比例来看，川渝、中原和长江中游城市群的得分较高，而长三角、山东半岛、辽中南、珠三角城市群的得分较低。

3. 就业、收入支出、住房状况三者难以兼顾

许多城市往往不能兼顾吸纳就业和收入支出均衡、解决住房问题。发达地区的城市能为流动人口提供足够的就业岗位，在就业权利融合方面表现较好，但流动人口在收入、消费方面与本地人差异较大，以及流动人口住房状况不佳，拉低了发达地区城市的流动人口经济融合指标。而中西部城市的流

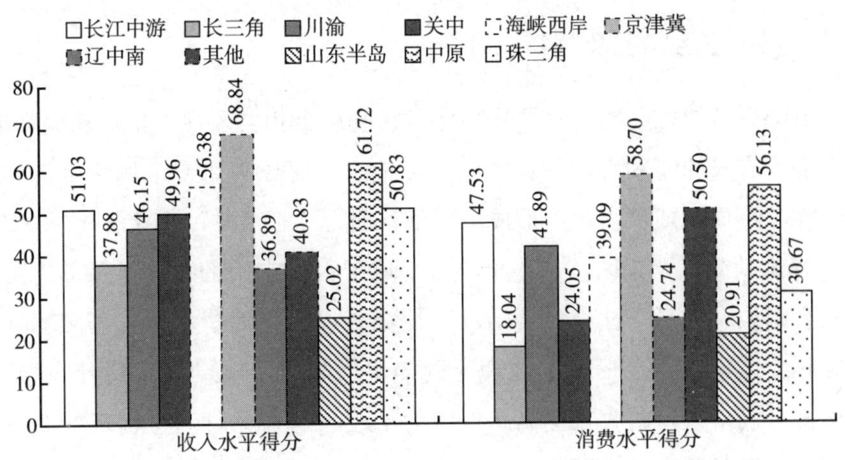


**图 8　按城市群分类的城市流动人口收入支出得分的均值**

动人口在收入或消费方面与本地人差距较小，且能较好解决流动人口住房问题，但不能实现较好的就业权利。以厦门为例，流动人口的就业权利融合状况排名第 1，但住房状况却排进第 42；石家庄的流动人口经济融合状况列第 2 位，但流动人口的就业状况仅能排在第 34 位，流动人口的就业权利保障能力十分不足。

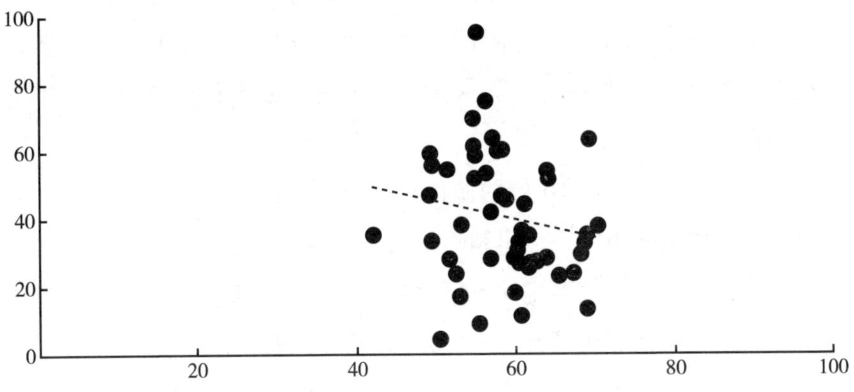


**图 9　就业状况得分与收入支出得分的散点图分布**

## （三）住房状况及其特点分析

流动人口的社会融合水平与其住房状况息息相关。在人口流动的初期，经济能力有限的流动人口往往倾向于以地缘、血缘为纽带工作和生活在一起，在工厂周边或城市边缘形成了“浙江村”“河南村”“湖北村”“安徽村”等流动人口聚集区。这些聚集区变成了大城市中的一座座孤岛，不仅在社会结构、人员交往、社会活动、社会心理等方面与本地人居多的社区存在很大差异，而且形成了地理上的隔离，阻碍了流动人口的社会融合。随着部分流动人口的收入提高，他们为了改善居住条件和生活环境搬离脏乱差的社区，迁入条件更好的社区，与本地人有更多的接触机会，生活方式与本地人也更加接近，提高了其社会融合水平。但由于数据所限，我们无法获得流动人口所居住社区的本地人比例的数据，所以本文采用了“房租收入比”指标来反映流动人口负担住房成本的能力，“参加住房公积金的比例”这一指标反映流动人口在住房方面获得的政策支持（或用人单位支持）。

住房状况得分排名前 10 位的城市包括苏州、无锡、嘉兴、常州和烟台等沿海城市，也包括咸阳、鄂尔多斯、唐山、长沙和合肥等中西部城市。苏州市流动人口参加住房公积金的比例最高，咸阳的房租收入比得分最高。嘉兴、唐山、长沙、合肥的“房租收入比”得分高，但“参加住房公积金比例”得分并不高，鄂尔多斯、无锡、常州和烟台则在这两项的得分都较高。

住房状况得分排名后 10 位的城市包括杭州、海口、杭州、三亚、厦门等沿海城市，也包括南宁、兰州和哈尔滨等中西部城市，这与房价排名呈现负相关关系，房价高企使得流动人口承担住房成本的能力下降，且由于流动人口参加住房公积金的比例普遍偏低，“房租收入比”指标的得分直接决定了住房状况得分的排名。所以，尽管大连和三亚的流动人口参加住房公积金比例排名分别列第 4 和第 8 位，但住房状况的总得分依然只能排入第 41 和第 50 位。

**表 8　住房状况得分前 10 名和后 10 名城市的各项得分和排名**

单位：分

| 排名 | 城市 | 住房状况得分 | 房租收入比 | | 住房公积金比例 | |
|---|---|---|---|---|---|---|
| | | | 得分 | 排名 | 得分 | 排名 |
| 1 | 咸阳市 | 54.65 | 100.00 | 1 | 9.30 | 12 |
| 2 | 苏州市 | 53.96 | 83.45 | 14 | 24.48 | 1 |
| 3 | 鄂尔多斯市 | 52.84 | 92.64 | 3 | 13.04 | 6 |
| 4 | 无锡市 | 51.41 | 87.38 | 7 | 15.45 | 3 |
| 5 | 嘉兴市 | 48.39 | 93.04 | 2 | 3.75 | 39 |
| 6 | 常州市 | 48.02 | 87.53 | 6 | 8.50 | 16 |
| 7 | 唐山市 | 47.81 | 89.37 | 4 | 6.25 | 25 |
| 8 | 长沙市 | 46.74 | 86.29 | 8 | 7.18 | 22 |
| 9 | 烟台市 | 46.70 | 80.69 | 16 | 12.71 | 7 |
| 10 | 合肥市 | 46.09 | 85.19 | 10 | 7.00 | 23 |
| 41 | 贵阳市 | 27.79 | 49.82 | 40 | 5.75 | 28 |
| 42 | 厦门市 | 27.55 | 45.40 | 42 | 9.70 | 11 |
| 43 | 大连市 | 27.32 | 40.24 | 47 | 14.40 | 4 |
| 44 | 昆明市 | 26.81 | 52.03 | 38 | 1.60 | 50 |
| 45 | 杭州市 | 26.36 | 44.61 | 45 | 8.10 | 17 |
| 46 | 南宁市 | 24.70 | 41.75 | 46 | 7.65 | 20 |
| 47 | 兰州市 | 24.66 | 45.27 | 43 | 4.05 | 36 |
| 48 | 海口市 | 23.81 | 37.07 | 49 | 10.55 | 10 |
| 49 | 哈尔滨市 | 20.35 | 37.46 | 48 | 3.23 | 40 |
| 50 | 三亚市 | 6.16 | 0.00 | 50 | 12.32 | 8 |

1. 住房正成为阻碍大城市流动人口经济融入的“绊脚石”

尽管解决流动人口住房问题较好的既有东部发达城市也有中西部城市，但从表 8 可知，杭州、大连、厦门等重要的流动人口流入地在住房状况得分方面排进了后 10 位，特别是“房租收入比”显著拉低了这些城市在流动人口“住房状况”方面的得分；大连、三亚、海口在“房租收入比”得分垫底正是房价、房租价高企的表现，事实上，这几个城市在“住房公积金参与率”方面有优异表现，均排名靠前，可见政府的政策支持远不能缓解流动人口的住房压力，大城市流动人口的住房问题成为流动人口经济融合的主要障碍。相反地，苏州、咸阳、鄂尔多斯、无锡等城市在“房租收入比”和“住房公积金参与率”均能取得不错成绩，使得住房状况得分靠前。

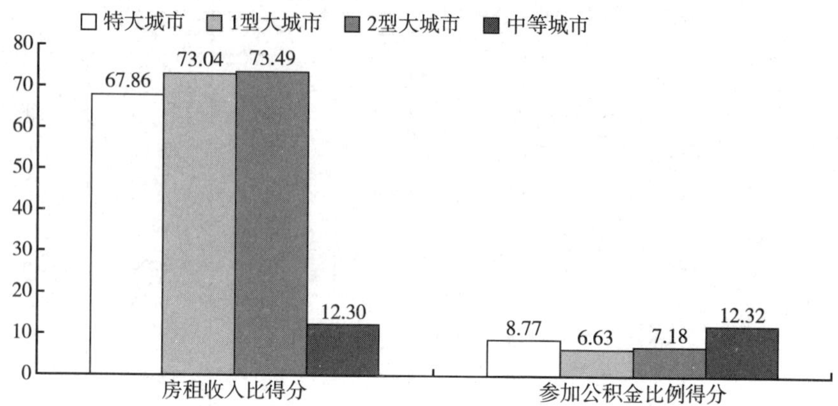


**图 10　按城市规模分类的住房状况分项得分均值**

**表 9　住房状况及各分项得分排名前 10 位及后 10 位城市**

| 排名 | 房租收入比 | 住房公积金参与率 | 住房状况得分 |
|---|---|---|---|
| 1 | 咸阳市 | 苏州市 | 咸阳市 |
| 2 | 嘉兴市 | 珠海市 | 苏州市 |
| 3 | 鄂尔多斯市 | 无锡市 | 鄂尔多斯市 |
| 4 | 唐山市 | 大连市 | 无锡市 |
| 5 | 金华市 | 郑州市 | 嘉兴市 |
| 6 | 常州市 | 鄂尔多斯市 | 常州市 |
| 7 | 无锡市 | 烟台市 | 唐山市 |
| 8 | 长沙市 | 三亚市 | 长沙市 |
| 9 | 绍兴市 | 东莞市 | 烟台市 |
| 10 | 合肥市 | 海口市 | 合肥市 |
| 45 | 呼和浩特市 | 泉州市 | 贵阳市 |
| 46 | 厦门市 | 石家庄市 | 厦门市 |
| 47 | 兰州市 | 南昌市 | 大连市 |
| 48 | 珠海市 | 榆林市 | 昆明市 |
| 49 | 杭州市 | 温州市 | 杭州市 |
| 50 | 南宁市 | 绍兴市 | 南宁市 |
| 51 | 大连市 | 大庆市 | 兰州市 |
| 52 | 哈尔滨市 | 金华市 | 海口市 |
| 53 | 海口市 | 台州市 | 哈尔滨市 |
| 54 | 三亚市 | 昆明市 | 三亚市 |

### 2. 各城市流动人口的住房公积金参与率普遍偏低，东部城市略强于中西部城市

“房租收入比”反映了流动人口对住房的承担能力，“住房公积金参与率”则反映政策对流动人口住房的支持程度。分区域来看，“房租收入比”和“住房公积金参与率”得分差异不大，各地区流动人口参加住房公积金的比例明显较低，但东部地区的两项得分均略高于中西部地区。也就是说，流动人口并没有因为东部地区的房租价格更高而降低承担住房能力，因为东部地区流动人口的收入也更高。东部城市政策对流动人口住房的支持程度略强于中西部城市，但都有待于进一步加强。

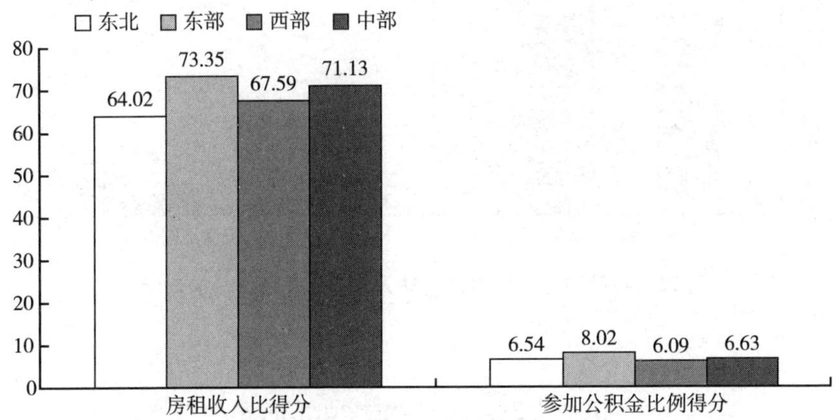


**图 11　按城市群分类的城市流动人口住房分项得分的均值**

从统计指标来看，东北地区房租收入比在全国各区域中最高，意味着相对于其他地区，东北住房成本较低，有助于流动人口的融入。但东北的住房公积金参与率则在全国各区域中最低，这又意味着在劳动力市场上的规范性不足。可见，东北地区经济的衰落，不仅对流动人口的吸引力低，而且在解决流动人口的住房问题上也显得力不从心。

### 3. 各城市群的流动人口在住房承担能力和政策支持方面均无法兼顾，仍有较大进步空间

从流动人口对住房的承担能力来看，10 大城市群可以分为两类，得分

较高类分别为关中、京津冀和山东半岛城市群；得分较低的分别为中原、辽中南和海峡西岸城市群。从政策对流动人口住房的支持程度来看，得分较高的分别为中原、辽中南和川渝城市群，得分较低的分别为京津冀和长江中游城市群。因此，没有任何一个城市群能在住房承担能力和政策支持这两项上实现均衡。

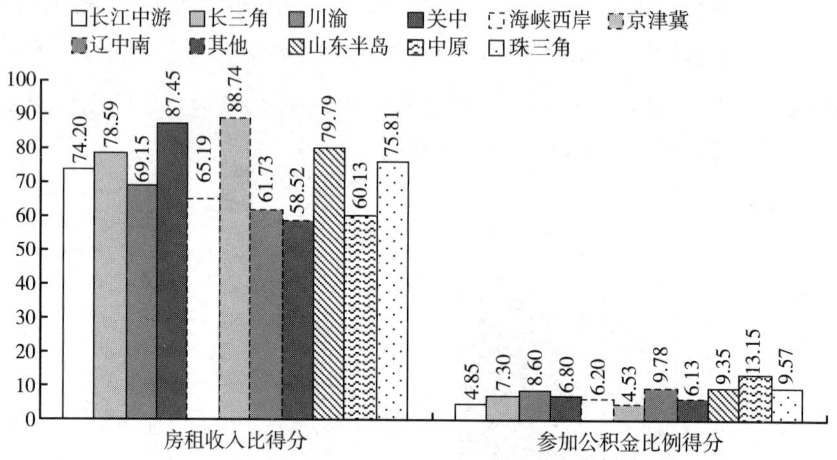


**图 12　按区域分类的城市流动人口住房分项得分的均值**

## 四　经济融合存在的问题

流动人口进入城市之后，通过自身的努力以及所在城市的制度安排等因素，已经能够在一定程度上融入城市之中，在收入、消费、居住以及社会保障等方面已经与本地居民有了很高的相似度，特别是就业模式。然而，城市制度安排依然对经济融合有着显著的影响，在经济融合过程中，存在着一些仍待解决的问题。

首先，地方经济与财政能力是影响流动人口经济融合的一个关键因素

本地和流动人口在社会保障水平方面的差距越大，意味着本地人口得到地方财政更多的支持，则流动人口越难以融入。东部城市和一线城市由于经济发展水平高，能够为户籍人口提供较高的社会保障水平，从而拉开了与流

动人口的经济状况。经济发达的城市，由于其财政资金较为充裕，因而财政对于户籍人口的支持力度也较大，表现为户籍人口能够更多地享受到地方财政为其提供的各种资源和社会保障。

图 13 表明，在城市人均 GDP 与流动人口收入水平之间，存在着明显的负相关关系，这反映了流动人口由于无法享受到地方财政的支持而无法在可支配收入水平方面与当地户籍人口相比，这也导致了在经济发达的城市，流动人口由于缺乏当地财政支持而经济融入较为困难的格局，表现在经济发达的城市，经济融合得分相对较低（见图 14）。此外，如前所述，对于东北地区而言，由于市场化进程较缓慢，至今仍深受计划经济体制的影响，流动人口无法享受到体制内的优厚待遇，使得体制内外的收入和社会保障等方面都存在显著差异，从而影响了流动人口的经济融入进程。

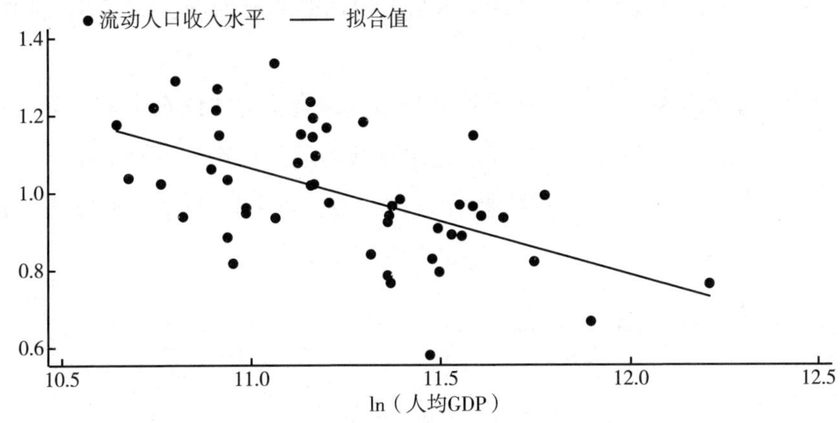


**图 13　城市经济发展与流动人口收入水平**

其次，住房成本过高是影响流动人口经济融合的一个重要障碍

对于大中城市而言，这个障碍越来越突出，由于住房价格高昂，绝大多数流动人口都难以承担，因而他们迟早会离开成本高昂的城市转向其他住房成本较低的城市。事实上，动辄数万元一平方米的房子，不仅对于流动人口难以承担，即使是大学毕业生也同样难以承担。需要指出的是，住房问题不仅在一线城市和特大城市难以解决，在许多中小城市也不容易解

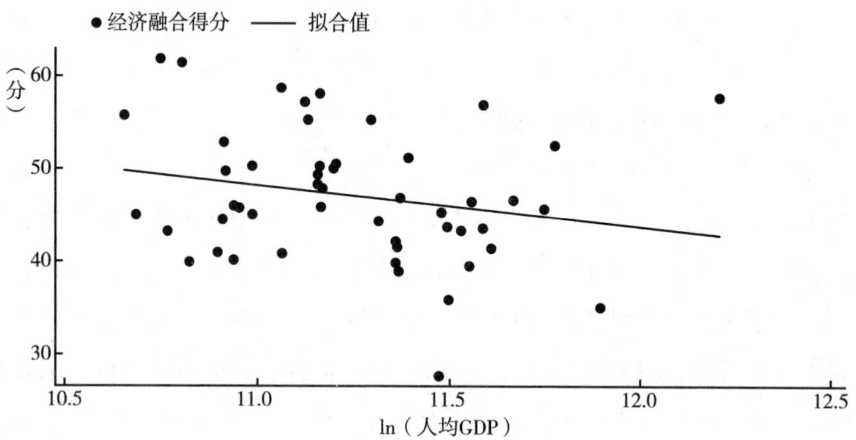


**图 14　城市经济发展与经济融合得分对比**

决。每一个城市的房价都与当地收入水平相比都明显偏高，远高出人们的支付能力。

图 15 清楚地表明，住房状况得分与经济融合得分之间存在着明显的正相关关系，图 16 则表明，房租收入比比较低的那些城市，其经济融合得分则较高，这表明，流动人口住房状况好，则他们就更能够较好地实现经济融合。

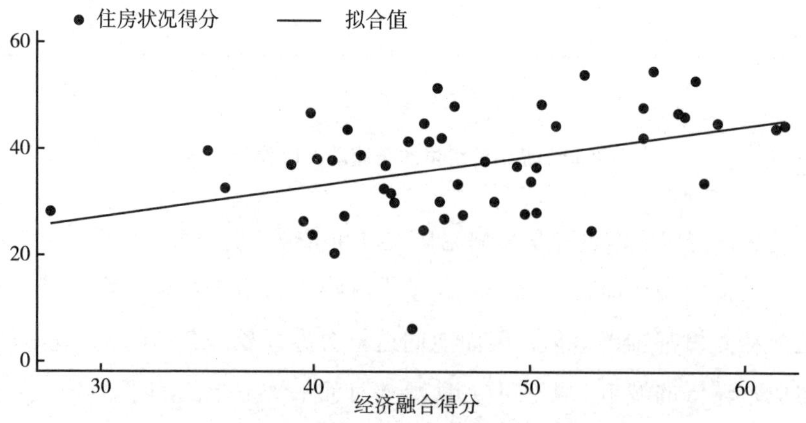


**图 15　住房状况得分与经济融合得分**

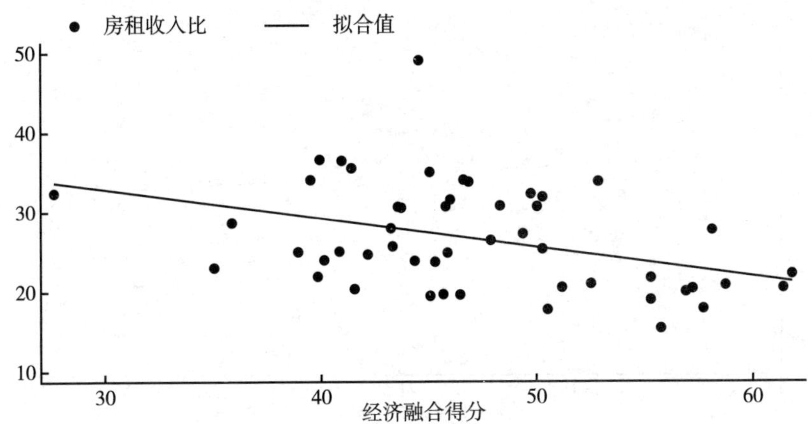


**图 16　房租收入比与经济融合得分**

最后，经济发达城市劳动力市场仍需进一步放开

出于地方保护主义的考虑，一些经济发达城市的政府对一些行业就业采取了不同程度的限制措施，限制非户籍人口进入其中，这种做法虽然有利于促进本地人口的就业，但其效率却明显受损，不利于经济的长远发展。改革开放三十多年来的实践表明，就业问题应由市场来决定，而不应受到行政的干预，政府即使要干预，也主要是给劳动力市场提供更加公平稳定的环境，而本位主义的做法，只会带来效率的损失。

当然，与过去相比，特大城市和一线城市在对流动人口就业的行业限制方面已经有了很大的改进，但限制流动人口从业的行业依然存在。图 17 的散点图表明，在经济发展水平与流动人口就业率之间，存在着明显的负相关关系，因而，从数据上也表明经济发达的城市，对流动人口的就业仍然存在一定的限制，而各地政府在制定限制性就业政策的基本出发点就是为了优先解决本地就业。

因此，要促进流动人口的经济融合，必须要减少政府对于劳动力市场的行政干预，由市场供求自主决定就业。并且也只有流动人口就业率的提高，流动人口的经济融合得分才能够提高（图 18），因为就业是流动人口生存的根本之道，没有就业，流动人口也就不可能在城市里长久居留。

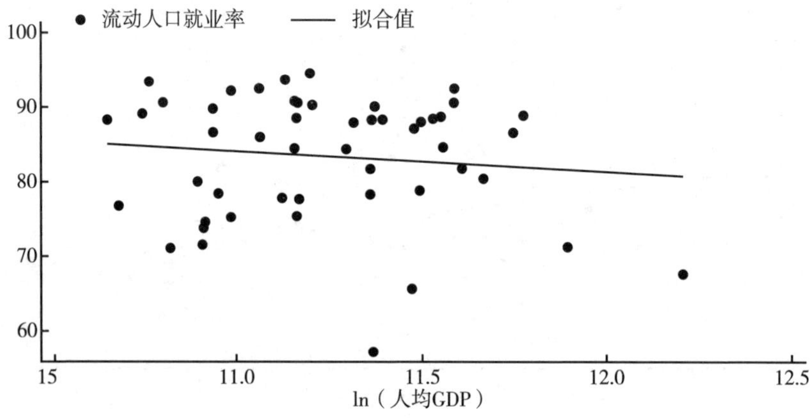


**图 17　经济发展水平与流动人口就业率**

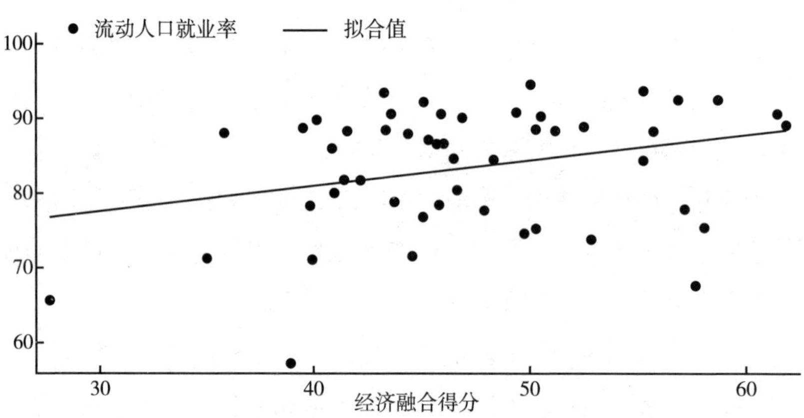


**图 18　流动人口就业率与经济融合**

## 五　提高流动人口经济融合的政策建议

流动人口的经济融合是推进市民化的重要步骤，而要提高流动人口经济融合的进程，除了城市经济保持稳定发展，提供更多就业机会以吸引流动人口以外，政府仍需采取积极的措施，提高流动人口的社会保障，解决他们的居住、教育和医疗等问题，才能促使他们更好地融入城市之中。

首先，应加大力气解决好流动人口的居住问题，促进他们的经济融合

古人云“安居乐业”，这表明，在中国人的传统里，居住是日常生活中非常重要的一项内容，如果居住得不到合理的解决，那么人们就没有归属感和安全感，因而他们对于城市的融入感自然也就下降。在当前经济下滑的形势下，通过大力推动保障房的建设，一方面，既可以解决就业，推动相关行业的需求；而且通过把保障房向流动人口开放，也可以推动流动人口住房问题的解决。目前，北京市已经放开自住型商品房的户籍限制，意味着流动人口也可以购买①，只是价格对于流动人口而言，依然高不可攀，从这个角度来说，要根本解决好流动人口的居住问题，需要进一步设法降低保障房的价格。另一方面，从降低居住成本的角度来看，考虑到大城市土地成本高昂，短期内难以平抑甚至降低住房价格，更现实的考虑是人口向外围扩散，形成以城市为核心，以若干卫星城为腹地的中心外围模式。而高昂的成本事实上已经促成大量的人口向外围扩散，以成都市为例，数据表明，超过一半的人口居住在三环以外的区域。然而，要实现劳动力的空间疏散与输送，就需要有便捷的交通网络。在这方面，无论是东京还是首尔，都有非常好的经验可值得借鉴。

目前，广州、深圳等一线城市面临的一个重要问题就是交通拥堵，影响了城乡一体化进程，劳动者很难远离城市中心，加大了他们融入城市的困难，而这与轨道交通等交通基础设施、城市规划等密切相关。

当前，我国仍处于轨道交通的快速发展时期，但与发达经济体的差距很大。当前东京圈轨道交通里长达 2705 公里，首尔圈达 1098 公里，而我国最高也仅是上海的 683 公里，成都仅 180 公里，而若考虑到交通路网密度，则我国城市与发达国家城市的差距更大（图 19）。

---

① 北京自住型商品房申请条件中规定，符合购房条件且名下无房的非京籍家庭［须持有有效暂住证，连续 5 年（含）以上在本市缴纳社保或个税，可以购买一套自住型商品房］。

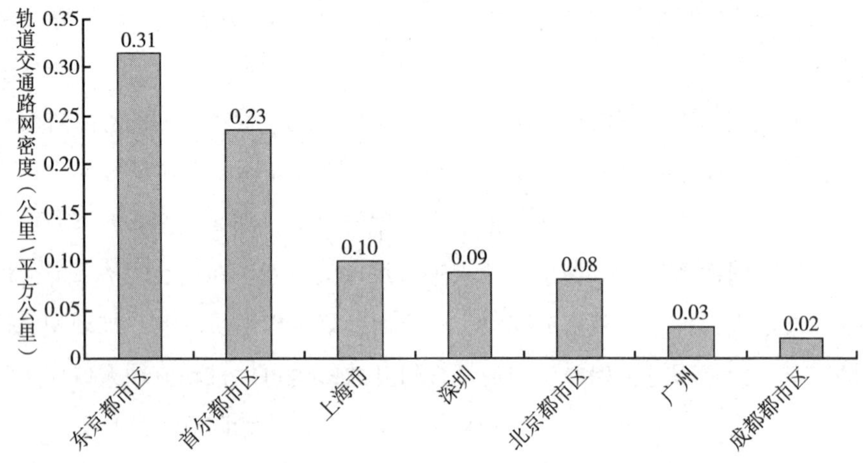


**图 19　国内外部分城市轨道交通里长比较**

资料来源：东京都市区和首尔都市区土地数据来自 OECD，轨道交通疏解来自该国相关统计部门；国内城市轨道交通运营里长数据来自中国轨道交通协会，土地数据来自各地统计局；北京都市区指除生态涵养区外的其他区域，成都都市区指不含人口发展限制区的其他区域。

随着人口的增长，未来必须大规模建设轨道交通，否则交通拥堵问题将非常严重，而轨道交通，特别是城际轨道交通的发展，将有助于城市群的成长和城乡劳动力市场一体化进程的推进。

其次，应放开行业限制，充分开放劳动力市场，给流动人口提供更多的就业机会

就业是民生之本，稳定的就业是人们获得稳定收入来源的重要保障，因而，一个城市若要吸引更多的流动人口，唯有通过提供更多的就业机会。放开行业限制，不仅有助于提高流动人口就业率，而且还能够提高行业的生产和经营效率，因为充分的市场竞争会带来效率的提高。政府应当努力减少对市场的干预，并提高治理水平，而减少就业行业的干预，就是其中一项重要内容。随着流动人口的流入，城市的规模不断扩大，对于市区人口规模在 500 万人以上的特大城市而言，人口问题变得越来越突出，主要表现在人口规模不断突破预先设定的目标，进而带来交通拥堵、职住分离和公共服务供给不足等问题。一些特大城市为了控制人口规模，设定了规

模上限[①]（张车伟、王智勇、蔡翼飞，2016），并采取了各种手段来限制人口，促进一些人口外流。无论是特大城市还是超大城市，它们都是流动人口聚集的重点城市，也是人口调控的重点区域。城市人口的膨胀均因流动人口流入而引起，而人口流动在全国来看，具有普遍相似的原因，最基本的是有较多的就业机会，流动人口进城之后能够很快找到工作，因而才会继续吸引外来人口。需要指出的是，充分认识特大城市人口问题和明确合理调控思路是制定人口调控政策的基本前提，人口调控应遵循人口变化的内在规律，结合产业结构调整等经济发展趋势和城市发展阶段等因素来进行，而不应简单地以人口规模为调控目标，尤其要避免和减少对劳动力市场的行政干预。

最后，就业和居住问题必须兼顾解决，以便更好地解决流动人口经济融合问题

就业是人们获得稳定收入的来源，而居住则是解决人们归属感的重要保障。流动人口要有机地融入城市之中，就业和居住是一个问题的两个方面，只有两者都得到有效的解决，才有可能使流动人口在城市中稳定下来。虽然鱼与熊掌不可兼得，但有部分城市能保持吸纳流动人口能力的同时，较好解决流动人口的住房问题，这些城市的经验值得借鉴。比如，苏州的流动人口就业权利得分排名第 7 位，住房状况排名第 2 位；无锡市的流动人口就业权利得分排名第 3 位，住房状况排名第 4 位；常州的流动人口就业权利得分排名第 14 位，住房状况排名第 6 位；嘉兴的流动人口就业权利得分排名第 17 位，住房状况排名第 5 位。更难得的是，这些长三角地区的城市均为物价和房价高企的城市，“流动人口在流入地参加住房公积金的比例”较高是这些城市住房状况得分较高的原因，这反映了地方政府对流动人口住房支持政策的有效开展。早在 2014 年，《江苏省新型城镇化与城乡发展一体化规划（2014～2020）》涉及的七项改革举措之一是健全

① 张车伟、王智勇、蔡翼飞：《中国特大城市的人口调控研究——以上海市为例》，《中国人口科学》2016 年第 2 期。

城镇住房制度，探索将稳定就业的进城务工人员纳入住房公积金制度覆盖范围。苏州在2010年成为国家城乡一体化发展综合配套改革试点城市。这些城市在解决就业与居住方面的有益经验可以成为其他城市学习和借鉴的榜样。

# B.6
# 流动人口公共服务融合评估报告

中国人民大学课题组*

**摘　要：**　公共服务融合是流动人口社会融合的重要方面，也是实现基本公共服务均等化的核心内容。流动人口的社会融合，根本在于基本公共服务的均等化。在新型城镇化背景下，中国流动人口面临公共管理、服务的均等享受的现实需求。对城市流动人口公共服务融合状况进行评估，不仅有利于提升城市公共服务能力，而且有助于提高城镇化质量，加快流动人口市民化进程。

**关键词：**　流动人口　公共服务　社会融合

本报告通过对2017年中国50个城市流动人口社会融合评估数据进行分析与解读，重点描述各城市在公共服务融合方面的现状、特点以及存在的问题，旨在为促进流动人口社会融合提供针对性的政策建议。

## 一　公共服务融合的内涵及指标构成

### （一）国内外相关研究综述

公共服务是指以服务形式存在的公共物品，按照其特征、水平和功能可

---

* 课题组负责人：杨菊华；课题组成员：王苏苏、周鹏、李笑涵。杨菊华，中国人民大学社会与人口学院教授，研究方向：流动人口、社会融合。

以划分为基本公共服务、非基本公共服务等不同类型的公共服务。2011年第十二个五年规划纲要明确将“公共教育、就业服务、社会保障、医疗卫生、人口计生、住房保障、公共文化、基础设施、环境保护”纳入基本公共服务范围，要求加强农业转移人口的就业能力，保障他们的基本权益。2016年“十三五”规划中，关于基本公共服务的范围有所变化，具体而言包括“公共教育、劳动就业、社会保险、卫生计生、社会服务、住房保障、文化体育、残疾人基本公共服务”。虽然两次规划中公共服务的具体内容有所变化，但基本包括了教育、就业、社保、卫生计生、住房、文化等方面。公共服务融合是指流动人口在公共服务方面的融合，是流入地包容和接纳流动人口的重要体现。

城市流动人口社会融合评估指数旨在构建一个清晰、简明且具有可比性的评估体系，为流动人口融合政策的制定和落实提供参考依据。关于社会融合评估指数，目前应用最广泛、最有影响力的是欧盟提出的“移民融合政策指数”[1]，该指数于2004年提出，先后于2007年、2011年进行两次修订，从劳动力市场准入、家庭团聚、长期居住、政治参与、入籍、反歧视和教育共七个维度，衡量每个国家在促进移民融合方面取得的成就和存在的问题，以提出未来改进的方向。国内学者在欧盟“移民融合政策指数”的基础上，结合中国国情先后提出了“流动人口社会融合政策指数”[2][3][4]、“流动人口市民化指标”[5]等评估体系（详见表1）。

**表1　社会融合政策指数构成**

| 来源 | 指标体系 |
|---|---|
| 欧盟，2011[1] | 劳动力市场准入、家庭团聚、长期居住、政治参与、入籍、反歧视和教育 |
| 黄匡时，2011[2] | 劳动力市场、子女教育、户籍融合、社区参与、反歧视 |
| 中国流动人口发展报告2012[3] | 劳动就业、权益保障、子女教育、社区接纳、身份融合、融合项目 |
| 中国流动人口发展报告2014[5] | 社会保障、子女教育、卫计服务、社区接纳、入籍资格 |
| 悦中山、李树茁，2016[4] | 劳动就业、社会保障、子女教育、卫计服务、政治参与、落户政策 |

目前社会融合政策指数研究中虽然都有提及社会保障、子女教育、卫生计生服务等领域，但并未明确纳入公共服务融合这一维度。而在个体层面的社会融合指数研究中，虽然有部分学者将公共服务作为融合的重要维度，但由于数据和研究意图不一，公共服务融合的测量维度在不同年份有明显差异（见表2）。

**表2　公共服务融合指数的定义**

| 来源 | 流动人口社会融合指标体系 | 公共服务融合指数 |
| --- | --- | --- |
| 中国流动人口发展报告2010[6] | 经济地位、社会保障、公共服务、行为意愿 | 政府办事、医疗卫生、居住服务、子女就学、教育培训、社会保险 |
| 中国流动人口发展报告2011[7] | 公共服务、经济地位、社会保障、社区参与、身份认同 | 求职就业、子女就学、住房提供 |
| 中国流动人口发展报告2012[3] | 公共服务、经济地位、社会保障、社区参与、身份认同 | 求职就业、子女就学、住房提供 |

从表2中历次《中国流动人口发展报告》来看，尽管由于关注重点的不同，“流动人口动态监测”在调查地区、调查对象、问卷设计等方面不断变化，但流动人口社会融合指标体系的分析结果比较稳定，公共服务融合最终涵盖了求职就业、子女就学、住房提供三方面。

## （二）评估指标体系的构成

本研究中，公共服务融合将主要从卫生计生、教育、社会保险三个维度来衡量。每个维度下辖若干具体指标，每个维度的得分基于各城市在各个二级指标的实际完成比例，分值在0～100，值越大表明融合状况越好。具体指标分布、指标解释和资料来源见表3。

卫生计生包含儿童计划免疫、孕产妇服务、免费孕优、计划生育技术服务四个方面。儿童计划免疫测量流动儿童是否接种目前年龄应该接种的所有国家规定的疫苗；孕产妇服务指标由产前检查比例、产后访视比例、产后健康检查比例构成；免费孕优考察流动妇女是否在流入地接受过免费孕前检查；计划生育技术服务指标测量流动人口是否免费获得（包括个人垫付全

**表3　本研究公共服务融合的各级指标解释及主要资料来源**

| 一级指标 | 二级指标 | 指标解释 | 资料来源 |
| --- | --- | --- | --- |
| 卫生计生 | 儿童计划免疫 | 流动儿童在流入地接种国家规定疫苗的比例 | 各省、直辖市、自治区卫生计生委(局)年度统计数据;2015 年流动人口动态监测数据 |
| | 孕产妇服务 | 孕妇产前检查比例、产后访视比例、产后健康检查比例 | |
| | 免费孕优 | 接受免费孕前优生健康检查的比例 | |
| | 计划生育技术服务 | 流动人口在本地获得免费计划生育技术服务的比例(孕/环情检查、避孕套/药、人工流产、上环手术、取环手术、皮埋放置、皮埋取出、结扎) | |
| 教育 | 随迁子女学前教育阶段在学比例 | 随迁子女在流入地接受学前教育(3~6岁)的比例 | 各省、直辖市、自治区教育局(厅)年度统计数据;2013 年流动人口动态监测数据 |
| | 随迁子女义务教育阶段在学比例 | 随迁子女在流入地接受义务教育(6~15岁)的比例 | |
| | 随迁子女高中教育阶段在学比例 | 随迁子女在流入地接受高中教育(15~18岁)的比例 | |
| | 随迁子女义务教育阶段读公立学校的比例 | 随迁子女义务教育阶段(6~15岁)在流入地读公立学校的比例 | |
| 社会保险 | 失业保险 | 流动人口参加失业保险的比例 | 各省、直辖市、自治区统计局年度统计数据;2014 年流动人口动态监测数据 |
| | 养老保险 | 流动人口参加城镇职工养老保险或城镇居民养老保险的比例 | |
| | 医疗保险 | 流动人口参加城镇职工基本医疗保险或城镇居民基本医疗保险的比例 | |
| | 工伤保险 | 流动人口参加工伤保险的比例 | |

报，不包括部分免费）避孕套/药、孕/环情检查、上环手术、取环手术、皮埋放置、皮埋取出、结扎、人工流产等服务。

教育涵盖流动人口随迁子女的学前教育、义务教育、高中教育以及义务教育阶段就读公立学校的情况，各二级指标等权处理。根据随迁儿童的就学情况分为在学和不在学两类，将其所在学校分为公立、私立和打工子弟三类，分别求得相对应的学龄儿童的在学比例。按照现有学制，3~6岁为学前教育阶段，6~15岁为义务教育阶段，15~18岁为高中教育阶段。

社会保险由失业保险、养老保险、医疗保险和工伤保险四个二级指标构成，等权处理。流动人口不论是参加城镇职工养老保险还是参加城镇居民养老保险，都视为参与了流入地的养老保险。同理，流动人口不论是参与城镇职工基本医疗保险还是参与城镇居民基本医疗保险，都视为参与了流入地的医疗保险。

## 二 公共服务融合现状与特点

### 1. 流动人口公共服务融合水平总体不高，各城市仍需持续有效加大公共服务供给并提升服务水平

50 个被评估城市流动人口公共服务融合的平均得分为 57.29 分，标准差为 5.41 分。62% 的城市得分在 50 ~ 60 分，仅有 30% 的城市得分在 60 分以上。随着基本公共服务均等化的不断推进，城市接纳、服务流动人口的能力和范围相应提升，但即使排名第一的厦门，得分也仅有 70.75 分，可见，各城市在流动人口公共服务融合方面仍须持续有效推进。

从各城市的具体排名来看（见表 4），公共服务融合最好的是东部地区的厦门市、济南市、青岛市、苏州市、无锡市、珠海市，以及中西部的成都市、长沙市等；厦门、苏州、无锡等地的经济社会发展水平较高，同时，也

**表 4 部分城市公共服务融合得分及排名情况**

单位：分

| 城市 | 得分 | 得分排名 | 城市 | 得分 | 得分排名 |
|---|---|---|---|---|---|
| 厦门市 | 70.75 | 1 | 沈阳市 | 53.27 | 41 |
| 济南市 | 67.37 | 2 | 绍兴市 | 52.98 | 42 |
| 青岛市 | 66.92 | 3 | 呼和浩特市 | 52.91 | 43 |
| 成都市 | 64.57 | 4 | 榆林市 | 52.62 | 44 |
| 苏州市 | 64.48 | 5 | 南昌市 | 51.90 | 45 |
| 无锡市 | 64.33 | 6 | 乌鲁木齐市 | 51.60 | 46 |
| 长沙市 | 63.13 | 7 | 昆明市 | 46.63 | 47 |
| 珠海市 | 62.62 | 8 | 金华市 | 46.39 | 48 |
| 东莞市 | 62.27 | 9 | 温州市 | 46.32 | 49 |
| 鄂尔多斯市 | 61.87 | 10 | 台州市 | 45.97 | 50 |

是流动人口卫生计生基本公共服务均等化试点以及流动人口社会融合示范试点城市，在流动人口基本公共服务与社会融合的促进方面积极探索，取得了较好的成效。公共服务融合水平相对较低的是浙江省的金华市、温州市、台州市，以及中西部地区经济发展水平相对较低的昆明市、乌鲁木齐市等。

2. 地区之间公共服务融合水平差距不大，东部少数城市亟须提升公共服务融合水平

不同地区的城市公共服务融合水平差异甚小，在统计上不显著（P > 0.1），各区域城市平均得分均在 56 ~ 58 分，得分最高的东北地区（57.96 分）与得分最低的西部地区（56.27 分），相差不到 2 分（见表 5）。

**表 5　分区域的公共服务融合得分**

单位：分

| 区域划分 | 东北 | 东部 | 西部 | 中部 | 平均得分 | F 值 | P 值 |
|---|---|---|---|---|---|---|---|
| 公共服务融合 | 57.96 | 57.49 | 56.27 | 57.86 | 57.29 | 0.19 | 0.9007 |

从各城市具体情况来看，东部地区的金华市、温州市和台州市在公共服务融合方面明显落后于其他城市，得分只在 46 分左右；西部地区的乌鲁木齐市融合水平也较低，但略高于前述三市；东北地区和中部地区则表现出梯次下降的特点，各城市差距较小。

3. 三大城市群之间公共服务融合水平差距较小，长三角城市群内部差距较大

京津冀、长三角和珠三角三大城市群，对全国经济社会发展具有重要的引领和支持作用。京津冀城市群以首都为核心，是全国经济、文化、政治中心，由于数据限制，分析中只纳入了唐山市和石家庄市；长三角城市群是“一带一路”与长江经济带的重要交汇，是全国吸纳外来人口最多的区域之一；珠三角城市群集中了深圳、珠海等经济特区，是全国乃至亚太地区最具经济活力的地区之一。

从表 6 中的数据来看，三大城市群之间的差异较小，得分最高的珠三

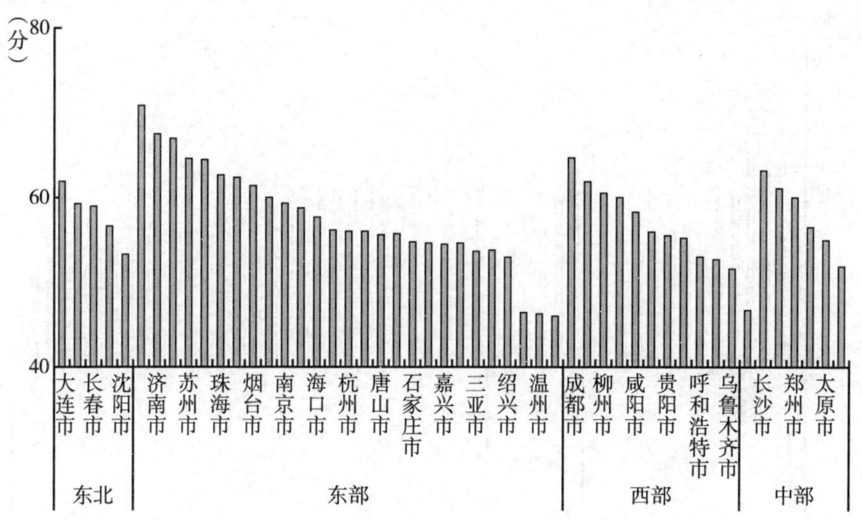


**图1　分区域的各城市公共服务融合得分**

角地区与得分最低的京津冀地区，相差不到4分。长三角地区作为全国主要经济中心、流动人口最为密集的地区之一，其公共服务融合只有55.23分左右。

**表6　不同城市群的公共服务融合得分**

单位：分

| 城市群 | 京津冀 | 长三角 | 珠三角 | 其他 | 平均得分 |
|---|---|---|---|---|---|
| 公共服务融合 | 55.17 | 55.23 | 59.07 | 57.90 | 57.29 |

从各城市具体情况来看，各城市群内部城市得分分布差异较大。京津冀地区的唐山市和石家庄市差异较小，珠三角和其他城市基本按照线性分布，而长三角地区则明显分为四类，第一类是江苏省的苏州市和无锡市，得分在65分左右；第二类是合肥市和南京市，得分在60分左右；第三类是杭州市、常州市、宁波市、嘉兴市和绍兴市，除常州市以外，其余四个城市均属于浙江省，得分在50～60分；第四类是金华市、温州市和台州市，同样都属于浙江省，得分仅在45分左右（见图2）。

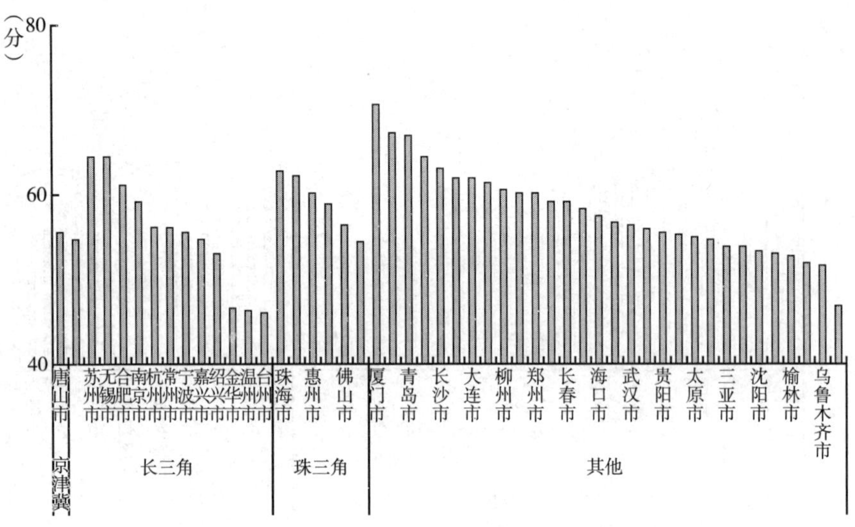


**图 2　分城市群的各城市公共服务融合得分**

4. 特大城市在公共服务融合方面具有比较优势

2014 年，国务院根据城区常住人口将城市划分为五类七档，本报告以此为依据，根据数据将武汉市、成都市、东莞市、佛山市、哈尔滨市、杭州市、南京市、沈阳市、苏州市和西安市等 10 个城市划为特大城市，其余城市归为大中城市。

从表 7 中的数据来看，公共服务融合平均得分较高的是特大城市（58.75 分），较低的是大中城市（56.93 分）

**表 7　分城市规模的公共服务融合维度和各个分项得分**

单位：分

| 城市规模 | 特大城市 | 大中城市 | 平均得分 |
|---|---|---|---|
| 公共服务融合 | 58.75 | 56.93 | 57.29 |

从各城市具体情况来看，公共服务融合情况最好的是厦门市，融合情况最差的是台州市，从城市规模来看，二者都属于大中城市，且同处于东部沿海地区（见图 3）。

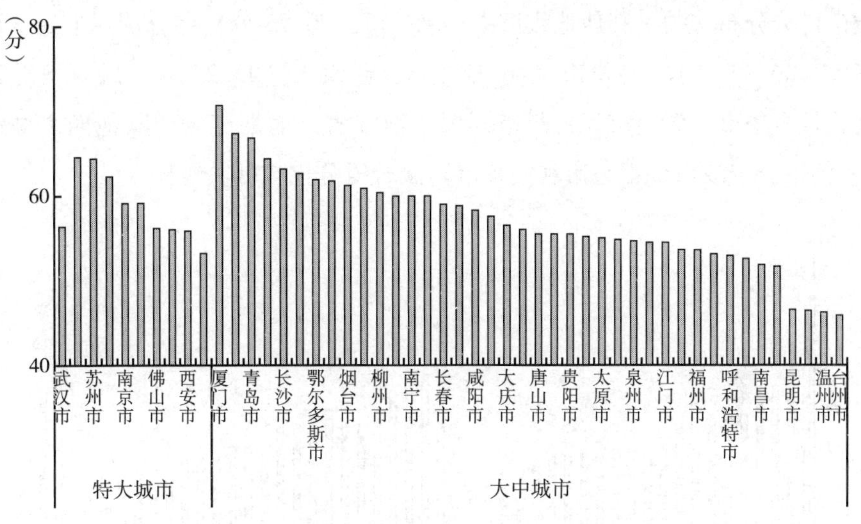


**图3　分城市规模的各城市公共服务融合得分**

5. 从城市行政类别来看，直辖市和计划单列市高于其他类别的城市

计划单列市意味着独特的政治、经济、文化地位，拥有较高级别的经济管理权限、良好的经济社会发展机会和较为完善的公共服务体系。城市类型的差异在一定程度上代表着公共资源和公共服务供给的差异，而流动人口的公共服务融合必然与流入地自身的公共服务供给和公共服务能力相关。从表8反映的数据来看，计划单列市的公共服务融合得分最高，为61.44分，而省会城市的得分最低，仅有56.92分，相差近5分。

**表8　分城市类别的公共服务融合维度和各个分项得分**

单位：分

| 城市类别 | 省会城市 | 其他地级市 | 计划单列市 | 平均得分 |
|---|---|---|---|---|
| 公共服务融合 | 56.92 | 57.12 | 61.44 | 57.29 |

具体来看，各类型城市公共服务融合情况相当。但是，融合情况最好的城市和融合情况最差的城市存在明显的“一枝独秀”的特点。省会城市中，得分最高的是济南市（67.37分），得分最低的是昆明市（46.63分），其余

城市得分分布均匀；其他地级市中，厦门市（70.75 分）融合情况最好，金华市（46.39 分）、温州市（46.32 分）、台州市（45.97 分）融合情况最差，且金华市、温州市和台州市同属于浙江省，而浙江省的其他四个城市（杭州市、宁波市、嘉兴市和绍兴市）融合得分也较低（见图 4）。

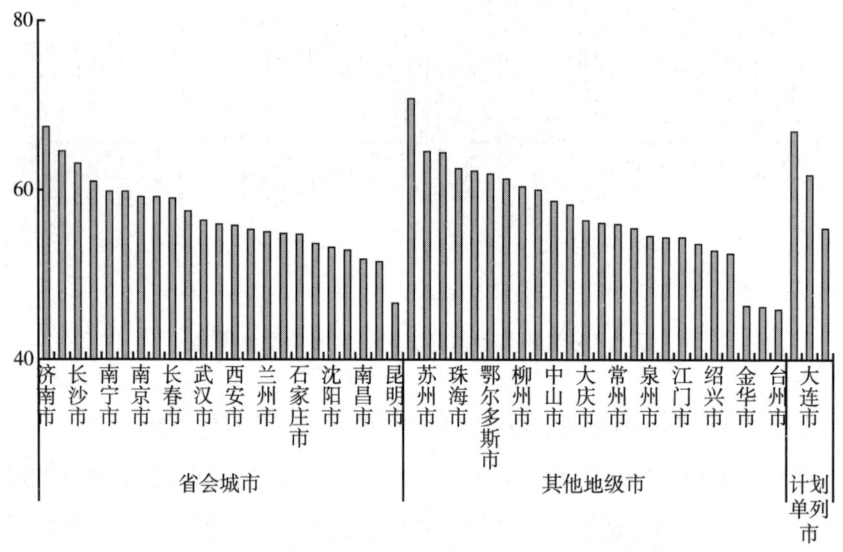


**图 4　分城市类别的各城市公共服务融合得分**

## 三　流动人口公共服务融合各维度状况分析

### （一）卫生计生服务总体水平较高，孕产妇服务和免费孕优服务有待加强

1. 卫生计生维度中，流动人口孕期服务有待加强

健康是流动人口的重要资本，卫生计生服务的投入有助于流动人口健康状况的维持与改善，有助于人口素质的提升，从而有利于优化地区的人口结构，促进人口的长期均衡发展。总体而言，各城市在卫生计生维度得分较高，接近 70 分，其中儿童计划免疫和计划生育技术服务更是超过 90 分，近

乎全覆盖。但在孕产妇服务和免费孕优方面得分较低，说明各城市对孕期健康服务的关注和投入仍然较少（见表9）。

**表9　卫生计生维度各分项的具体得分情况**

单位：分

| 指标 | 得分 |
| --- | --- |
| 卫生计生 | 69.92 |
| 儿童计划免疫 | 96.23 |
| 孕产妇服务 | 59.19 |
| 免费孕优 | 31.71 |
| 计划生育技术服务 | 92.57 |

卫生计生服务既反映了流动人口在卫生计生方面的行为参与亦反映了流入地计划生育工作的执行情况，与流入地生育文化密切相关。卫生计生得分排名前十的城市（如青岛市和济南市）几乎均是计划生育工作表现突出的地区，而得分最低的城市（温州市）是生育偏好最为强烈的地区之一（见表10）。

**表10　部分城市卫生计生得分及排名情况**

单位：分

| 城市 | 卫生计生 | 得分排名 | 城市 | 卫生计生 | 得分排名 |
| --- | --- | --- | --- | --- | --- |
| 青岛市 | 87.25 | 1 | 海口市 | 63.47 | 41 |
| 济南市 | 87.22 | 2 | 榆林市 | 63.08 | 42 |
| 长沙市 | 81.37 | 3 | 呼和浩特市 | 62.89 | 43 |
| 贵阳市 | 80.37 | 4 | 东莞市 | 62.50 | 44 |
| 郑州市 | 78.25 | 5 | 金华市 | 62.45 | 45 |
| 哈尔滨市 | 77.97 | 6 | 沈阳市 | 60.59 | 46 |
| 南宁市 | 77.08 | 7 | 南昌市 | 59.95 | 47 |
| 烟台市 | 76.59 | 8 | 台州市 | 59.76 | 48 |
| 成都市 | 75.71 | 9 | 乌鲁木齐市 | 59.06 | 49 |
| 厦门市 | 75.06 | 10 | 温州市 | 56.29 | 50 |

2. 卫生计生服务区域之间差距较小，但内部差距较大呈现三级分布的特征

各区域城市卫生计生服务融合差异较小，平均得分在70分左右；得分

最高的是中部地区为72.31分；其次是东北地区和东部地区，分别为70.23分和69.53分；最后是西部地区，平均为69.48分（见表11）。

**表11　分区域的卫生计生得分**

单位：分

| 区域划分 | 东北 | 东部 | 西部 | 中部 | 平均得分 |
|---|---|---|---|---|---|
| 卫生计生 | 70.23 | 69.53 | 69.48 | 72.31 | 69.92 |

四个类型的区域中，卫生计生得分都呈现出三级分布的特征。东北地区，哈尔滨市得分最高，长春市、大庆市和大连市次之，沈阳市最低。东部地区的这种梯度差异最为明显，融合最好的青岛市和济南市得分接近90分，而得分最低的台州市和温州市，不到60分。西部地区和中部地区的最高分和最低分分值相近，分别在80分和60分附近，但中部城市在第二梯度的融合水平略高于西部城市（见图5）。

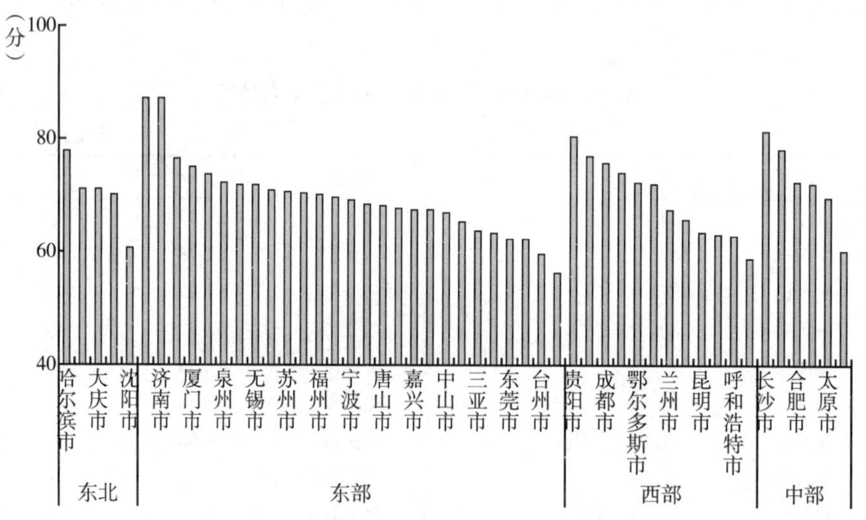


**图5　分区域的各城市卫生计生得分**

3. 计划单列市卫生计生服务明显优于其他类别的城市

从不同行政级别的城市来看，各类城市之间差距较大，计划单列市卫生计生得分高，接近75分，其他地级市得分较低，仅为68.56分，但各类别城市卫生计生服务融合情况的差异并未达到统计上的显著（见表12）。

**表12　分城市类别的卫生计生得分**

单位：分

| 城市类别 | 省会城市 | 其他地级市 | 计划单列市 | 平均得分 | F值 | P值 |
|---|---|---|---|---|---|---|
| 卫生计生 | 70.62 | 68.56 | 74.54 | 69.92 | 1.72 | 0.1898 |

如图6所示，在省会城市和其他地级市，卫生计生服务融合的得分差异较小，几乎呈线性下降趋势。而在直辖市和计划单列市中，天津市和青岛市一枝独秀，明显高于其他同类型城市。但总体上，计划单列市总体水平较高，青岛市得分更是位列全国第一，得分高达87分，说明十个流动人口中有九个都享受到流入地的卫生计生服务（见图6）。

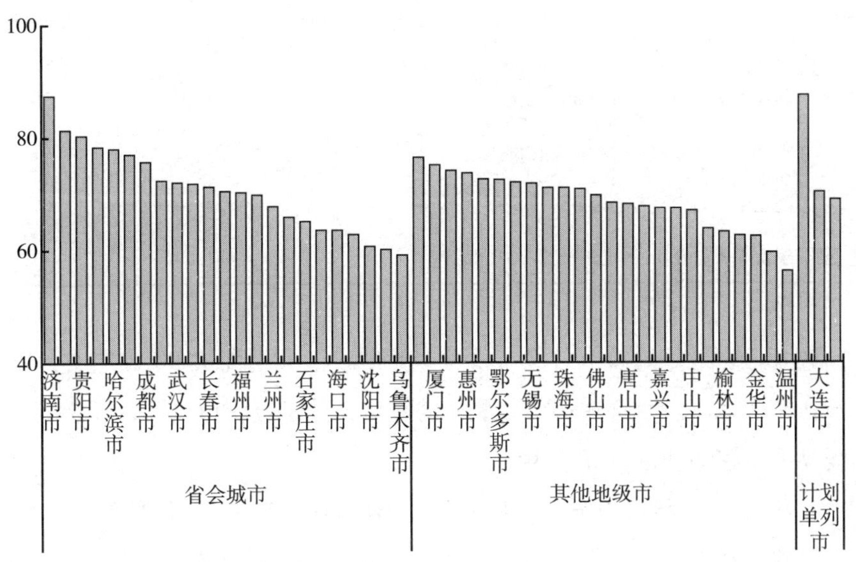


**图6　分城市类型的各城市卫生计生得分**

## （二）流动人口随迁子女义务教育阶段在学比例高，非义务教育阶段在学比例较低，区域差距显著，行政级别高的城市具有明显优势

1. 流动人口随迁子女教育融合水平总体较好，但非义务教育阶段在学比例低

研究显示，随着流动人口规模的逐渐增加和人口流动过程的不断深化，家庭流动是未来趋势之一。因此，是否能够保障随迁子女接受公平的教育，将成为流入地社会融合评估的重要指标之一。表 13 中的数据表明，各城市在教育维度的平均得分较高，超过 80 分，但不同阶段的教育融合情况差异较大。随迁子女义务教育阶段在学的比例明显高于学前教育阶段和高中教育阶段。

**表 13　教育维度各分项的具体得分情况**

单位：分

| 指标 | 得分 |
| --- | --- |
| 教育 | 81.58 |
| 随迁子女学前教育阶段在学比例 | 73.00 |
| 随迁子女义务教育阶段在学比例 | 97.62 |
| 随迁子女高中教育阶段在学比例 | 74.70 |
| 随迁子女义务教育阶段读公立学校的比例 | 81.00 |

教育融合最好的前十名城市得分差距较小，得分都在 90 分左右，主要分布在东北地区。教育融合得分最低的城市，除了昆明市以外，其余均为东部流动人口密集地区（见表 14）。

2. 东北和中西部地区好于东部地区，东部地区城市之间差距显著

虽然流动人口随迁子女的教育融合整体情况较好，但分区域来看，不同地区在教育方面差异略大，东部地区（77.62 分）与东北地区（89.45 分）相差超过 10 分，且差异达到统计上的显著（见表 15）。

**表 14　部分城市教育得分及排名情况**

单位：分

| 城市 | 教育 | 得分排名 | 城市 | 教育 | 得分排名 |
|---|---|---|---|---|---|
| 西安市 | 93.32 | 1 | 绍兴市 | 73.99 | 41 |
| 长春市 | 90.75 | 2 | 佛山市 | 73.62 | 42 |
| 石家庄市 | 90.52 | 3 | 中山市 | 72.41 | 43 |
| 大连市 | 89.96 | 4 | 惠州市 | 71.80 | 44 |
| 鄂尔多斯市 | 89.53 | 5 | 宁波市 | 71.21 | 45 |
| 哈尔滨市 | 89.47 | 6 | 杭州市 | 71.19 | 46 |
| 青岛市 | 89.46 | 7 | 昆明市 | 69.41 | 47 |
| 济南市 | 89.34 | 8 | 温州市 | 69.06 | 48 |
| 沈阳市 | 89.21 | 9 | 台州市 | 66.67 | 49 |
| 合肥市 | 89.21 | 10 | 金华市 | 64.64 | 50 |

**表 15　分区域的教育得分**

单位：分

| 区域划分 | 东北 | 东部 | 西部 | 中部 | 平均得分 | F 值 | P 值 |
|---|---|---|---|---|---|---|---|
| 教育 | 89.45 | 77.62 | 84.56 | 86.91 | 81.58 | 8.51 | 0.0001 |

由图 7 可知，东北地区和中部地区的教育得分都在 80～90 分，城市差异小，而东部城市和西部城市差异大。从图 7 中反映的数据来看，东部地区，除石家庄市、青岛市、济南市、烟台市、无锡市、厦门市、海口市和唐山市，其余城市教育得分均在 80 分以下，而且温州市、台州市和金华市更是低于 70 分。相较而言，西部城市中除了乌鲁木齐市、贵阳市和昆明市，其余城市的教育得分均在 80 分以上。

3. 京津冀和其他城市群流动人口随迁子女教育融合水平高于长三角和珠三角城市群

从主要城市群来看，教育维度的差异也达到统计上的显著，差异主要体现在长三角（75.11 分）、珠三角（74.80 分）两大城市群和其他城市（85.27 分）间，但是，差异的方向与城市经济发展水平、流动人口规模却

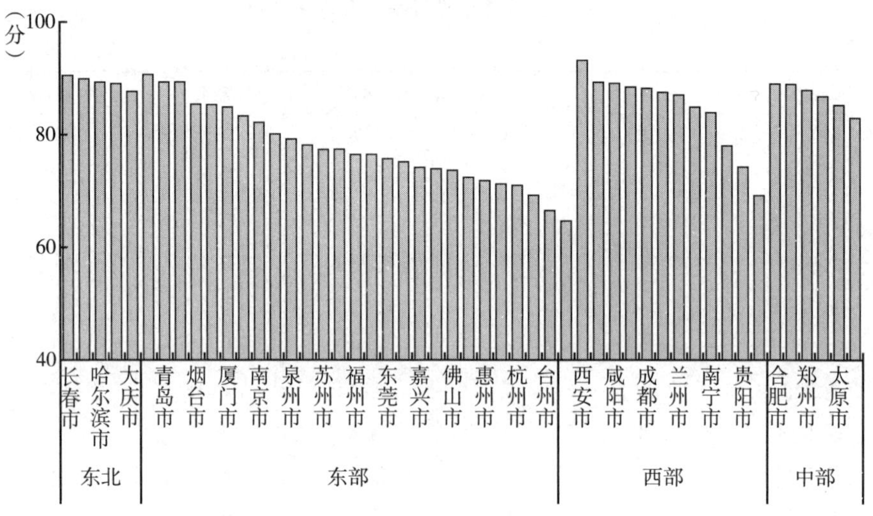


**图 7　分区域的各城市教育得分**

表现出相反的趋势，经济发展较好、流动人口规模更大的长三角、珠三角地区，教育融合水平反倒不高（见表 16）。

**表 16　分城市群的教育得分**

单位：分

| 城市群 | 京津冀 | 长三角 | 珠三角 | 其他 | 平均得分 | F 值 | P 值 |
|---|---|---|---|---|---|---|---|
| 教育 | 84. 40 | 75. 11 | 74. 80 | 85. 27 | 81. 58 | 11. 53 | 0. 0000 |

虽然从平均得分来看，城市群之间差异显著，但进一步分析各城市群内部的教育融合状况会发现，差异变化较大。珠三角和其他城市群内部，各城市教育得分差距非常小。

4. 直辖市、省会城市和计划单列市流动人口随迁子女教育融合水平好于一般地级市

虽然不同行政类型城市间教育融合得分差别不大，整体处于较高水平，但其他地级市在教育维度显现出明显的劣势，得分仅为 78. 52 分，远远低于平均水平（见表 17）。

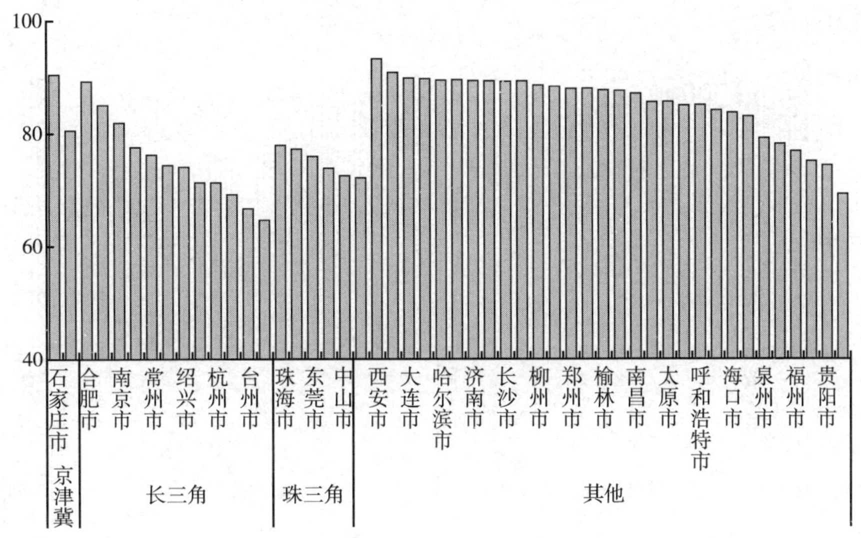


**图 8　分城市群的各城市教育得分**

**表 17　分城市类别的教育得分**

单位：分

| 城市类别 | 省会城市 | 其他地级市 | 计划单列市 | 平均得分 | F 值 | P 值 |
|---|---|---|---|---|---|---|
| 教育 | 84.52 | 78.52 | 83.54 | 81.58 | 4.27 | 0.0197 |

与卫生计生服务融合情况略有差异，教育融合在城市间的分布较为均衡，表现在两方面，一是三种类型城市的平均差异较小，得分最高的省会城市（84.52 分）和得分最低的其他地级城市（78.52 分）相差仅 6 分。二是各个类型城市内部差异较为一致。如图 9 所示，不论是省会城市，还是其他地级市和计划单列市，教育融合最好的城市与教育融合得分最低的城市之间差距都较小，教育融合最差的金华市也达到 60 分以上。

## （三）流动人口社会保险参与水平总体较低，且城市间差异较大

### 1. 流动人口社会保险参与水平总体比较低，只有15.22%的流动人口参加了失业保险

社会保险作为流动人口的重要权益之一，其参保情况亦是城市社会融合

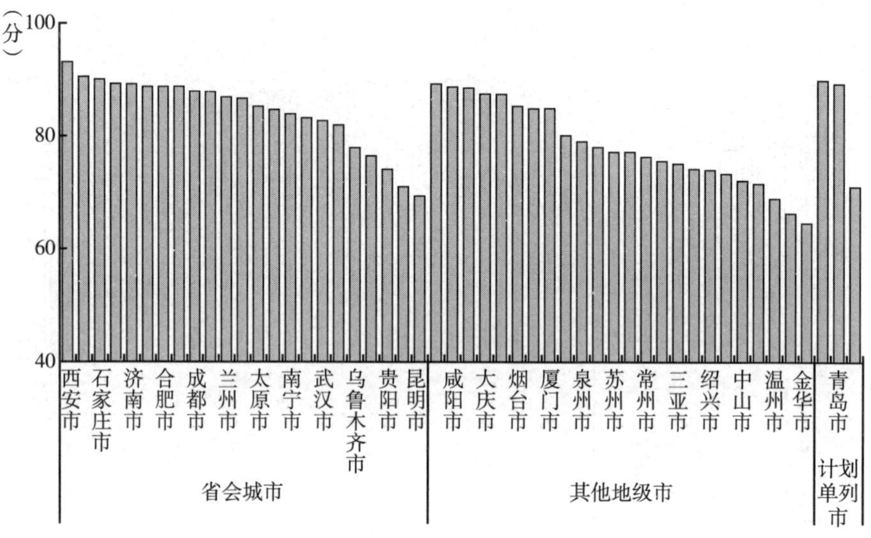


**图 9　分城市类型的各城市教育得分**

评估的重要指标之一。由表 18 中数据可以看出，流动人口的各类社会保险参保率都极低，平均只占 20% 左右，换言之，五个人中只有一个人参与了社会保险。而失业保险的参保率最低，只有 15.22%。

**表 18　社会保险维度各分项的具体得分情况**

单位：分

| 指标 | 得分 |
|---|---|
| 社会保险 | 20.37 |
| 失业保险 | 15.22 |
| 养老保险 | 23.84 |
| 医疗保险 | 23.14 |
| 工伤保险 | 19.28 |

从表 19 中反映的城市排名来看，得分最高的厦门市也仅为 52.08 分，也就是说，只有一半的流动人口参加了社会保险。而得分最低的城市流动人口的社会保险参保率不到 10%，十个人当中仅有不到一个人参加了社会保险。

**表 19　部分城市社会保险得分及排名情况**

单位：分

| 城市 | 社会保险 | 得分排名 | 城市 | 社会保险 | 得分排名 |
|---|---|---|---|---|---|
| 厦门市 | 52.08 | 1 | 大庆市 | 10.61 | 41 |
| 东莞市 | 48.56 | 2 | 兰州市 | 10.59 | 42 |
| 苏州市 | 45.24 | 3 | 哈尔滨市 | 10.08 | 43 |
| 珠海市 | 38.88 | 4 | 沈阳市 | 10.00 | 44 |
| 中山市 | 37.10 | 5 | 太原市 | 9.69 | 45 |
| 无锡市 | 35.93 | 6 | 南昌市 | 8.88 | 46 |
| 惠州市 | 34.58 | 7 | 石家庄市 | 8.50 | 47 |
| 成都市 | 29.88 | 8 | 西安市 | 8.44 | 48 |
| 宁波市 | 26.31 | 9 | 榆林市 | 7.18 | 49 |
| 海口市 | 25.68 | 10 | 昆明市 | 6.98 | 50 |

2. 东部地区流动人口社会保险水平高于中西部地区

各区域之间和区域内部各城市之间在社会保险方面的差异都较大，且不同区域的社会保险平均参保率都较低，得分最高的东部地区，其社会保险参保率也仅在1/4左右（见表20）。

**表 20　分区域的社会保险合得分**

单位：分

| 区域划分 | 东北 | 东部 | 西部 | 中部 | 平均得分 | F值 | P值 |
|---|---|---|---|---|---|---|---|
| 社会保险 | 14.21 | 25.33 | 14.77 | 14.37 | 20.37 | 5.11 | 0.0039 |

整体而言，东部地区由于流动人口规模大、自身诉求高，加之经济社会发展较好，其社会保险水平相对较高。而东北地区、西部地区和中部地区，由于主要是流动人口的流出地，经济发展、产业结构都不完善，其社会保险参与率较低。但四类地区的数据都表明，流动人口的参保水平在各个城市差异明显。尤其是东部地区，厦门市（52.08分）与石家庄市（8.50分）的差距超过五倍（见图10）。

3. 珠三角城市群流动人口社会保险水平高于其他类型城市群

各主要城市群在社会保险维度的差异也较大，差异则主要体现在珠三角

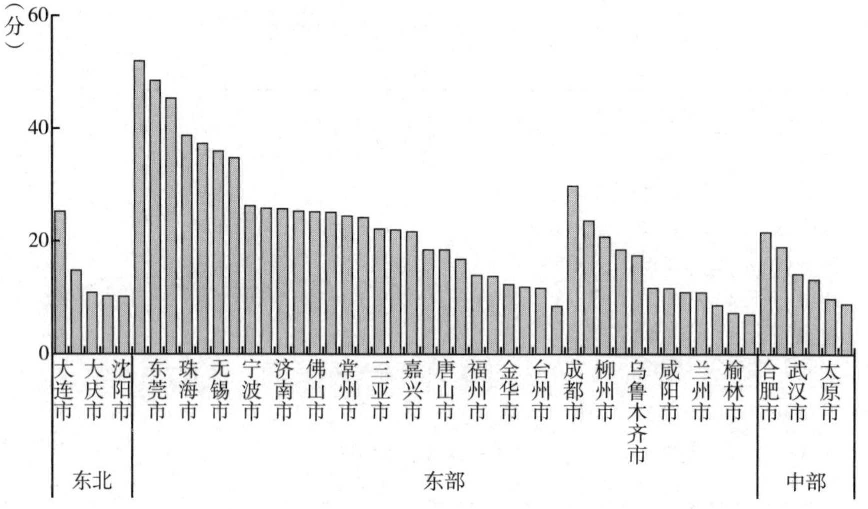


**图 10　分区域的各城市社会保险得分**

(33.50 分）城市群和其他城市（17.61 分）间。长三角、珠三角城市群，从改革开放之初起，一直是我国流动人口聚集的主要地区，有相对成熟的城市用工制度和社会保障制度，因此，流动人口社会保险的参与率相对较高（见表 21）。

**表 21　分城市群的社会保险得分**

单位：分

| 城市群 | 京津冀 | 长三角 | 珠三角 | 其他 | 平均得分 | F 值 | P 值 |
|---|---|---|---|---|---|---|---|
| 社会保险 | 13.38 | 23.23 | 33.77 | 17.02 | 20.37 | 5.90 | 0.0017 |

从各城市的具体情况来看，各城市群内部的差异也极为明显。京津冀地区的天津市社会保险参与水平最高，达到 21.17 分，而得分最低的石家庄市仅有 8.50 分；长三角地区，苏州市流动人口参与社会保险的比例达到 45%，但其他地区均不到 40%，珠三角城市群和其他城市也表现出类似的特点（见图 11）。

4. 城市人口规模与城市流动人口参保水平呈倒 U 形关系

从城市规模来看，城市间社会保险参与水平与城市规模表现出正相关关

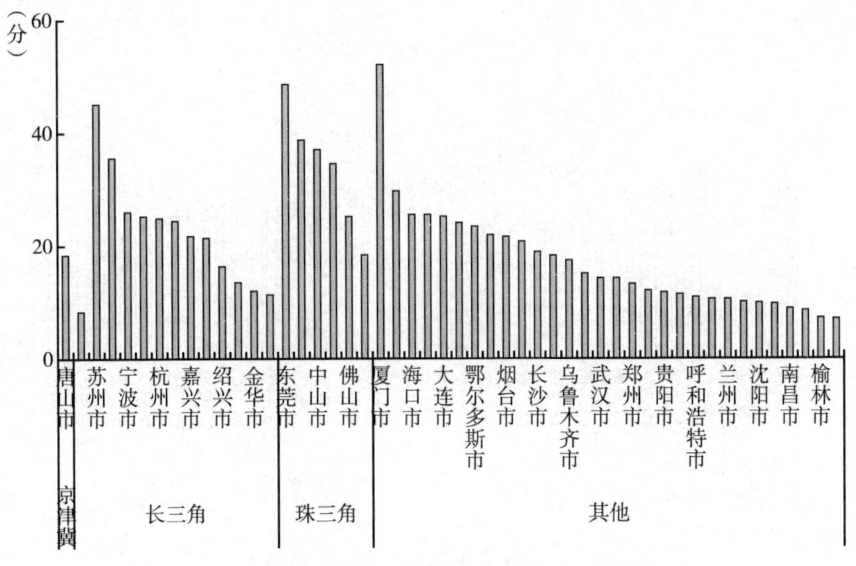


**图 11　分城市群的各城市社会保险得分**

系，特大城市的流动人口参与社会保险的比例较高，但差异在 P =0.1 水平上不显著（见表 22）。

**表 22　分城市规模的社会保险得分**

单位：分

| 城市规模 | 特大城市 | 大中城市 | 平均得分 | F 值 | P 值 |
|---|---|---|---|---|---|
| 社会保险 | 24.18 | 19.42 | 20.37 | 1.55 | 0.2190 |

从各城市的具体得分来看，特大城市和大中城市表现出明显的三级跳跃式分布的特征。特大城市中，东莞市和苏州市属于第一级，流动人口社会保险参与率超过 40%；成都市、南京市、佛山市和杭州市属于第二级，社会保险参与率在 20% ~30%；哈尔滨市、沈阳市和西安市属于第三级，参与社会保险的流动人口比例仅在 10% 左右。大中城市中，厦门市独领风骚，得分达到 52 分；其次是珠海市、中山市、无锡市和惠州市，得分在 30 ~40 分；其余城市中，流动人口的社会保险参与率均不到 30%（见图 12）。

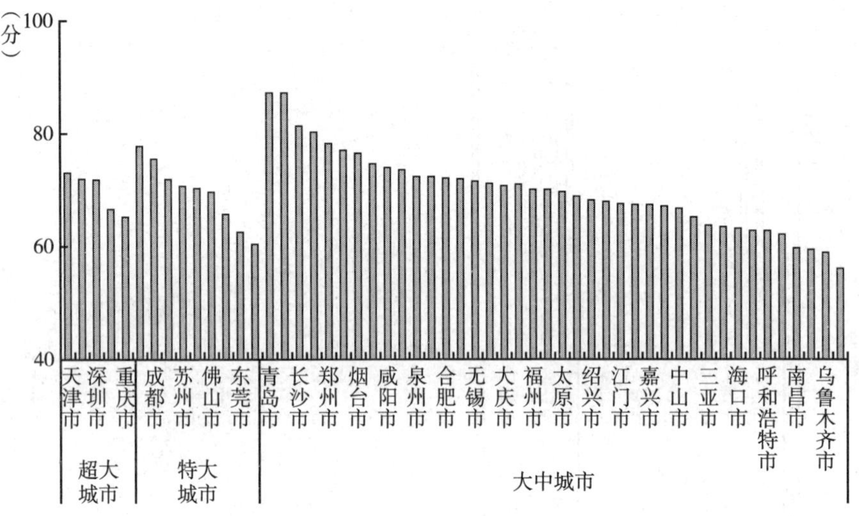


**图 12　分城市规模的各城市社会保险得分**

5. 计划单列市城市流动人口社会保险参与水平高于其他类型城市

从城市行政类别来看，计划单列市的社会保险得分最高，达到 25. 24 分，也就是说，有 1/3 的流动人口参加了社会保险；省会城市得分最低，仅为 15. 64 分，表明只有 1/6 左右的流动人口有社会保险（见表 23）。

**表 23　分城市类别的社会保险得分**

单位：分

| 城市类别 | 省会城市 | 其他地级市 | 计划单列市 | 平均得分 | F 值 | P 值 |
|---|---|---|---|---|---|---|
| 社会保险 | 15. 64 | 24. 30 | 25. 24 | 20. 37 | 5. 24 | 0. 0031 |

公共服务融合的三个指标中，社会保险的平均得分最低，得分最高的厦门市也仅为 52. 08 分，而得分最低的昆明市不到 7 分，二者差距超过六倍。虽然计划单列市整体的社会保险参与水平较高，但三个城市的得分都在 25 分上下（见图 13）。

总体而言，公共服务融合在各区域、城市间的差异都不显著，但若着眼于各具体维度，可以发现，教育和社会保险在各城市间的差异都非常显著，

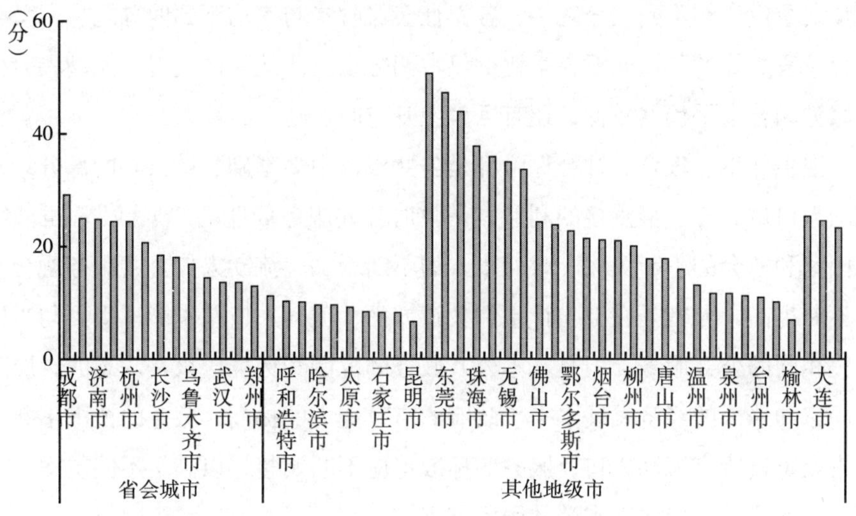


**图 13　分城市类型的各城市社会保险得分**

而且社会保险的参与水平相对较低，这将是未来公共服务融合的重点和难点所在。

## 四　公共服务融合存在的主要问题及原因分析

### （一）存在的主要问题

近年来，随着国家对流动人口基本公共服务的高度重视，流动人口公共服务融合的水平有了显著提高，但从以上分析可以看出，各城市在满足流动人口公共服务基本需求方面仍存在较大问题，具体表现在以下几方面：

1. 流动人口公共服务融合水平总体较低，有待进一步提高

随着人口流动进程的不断深入，流动人口规模的不断增加，国家对流动人口公共服务融合的重视不断加强。数据显示，各城市流动人口随迁儿童计划免疫比例超过 96%，计划生育技术服务覆盖率超过 92%，随迁子女义务教育阶段在学人数超过 97%。但在这些成绩背后不可忽视的是，流动人口

的免费孕优比例不到三分之一，各类社会保险参与率均不到四分之一，义务教育阶段之外的随迁儿童在学比例仅占四分之三。从整体上看，流动人口公共服务融合水平仍然较低，还有巨大上升空间。

卫生计生、教育、社会保险都是公共服务中最基础、最核心的部分，是流动人口最关心、最直接的利益，是政府公共服务职能的“底线”。虽然随着国家和社会的不断关注、政府投入的不断增加，流动人口公共服务融合水平不断提高，尤其是在卫生计生和教育方面，流动人口基本能享受到与当地居民相同的公共服务。但是基本公共服务的范围和标准应该是动态的，应随着国家和地区的经济发展水平、政府的市政能力的提高，服务的范围不断扩大直至覆盖所有流动人口，服务的标准也应不断调整，以满足不同层次、不同类型的流动人口的基本公共服务需求。

2. 公共服务融合各维度、各指标之间差异大，服务能力参差不齐，存在明显的“短板”效应

现阶段流动人口公共服务融合还存在明显的不均等现象，存在明显的短板效应。从公共服务融合维度下的各指标来看，卫生计生服务和教育的融合情况都较好，而社会保险的参与率整体较低。在社会保障领域，由于相当一部分流动人口主要集中在一些基层的行业，如在餐饮、运输和中介服务行业工作；或者在一些经营不正规的企业就业，游离在城市监管的灰色空间；或者自己零星创业，在街边经营小摊。流动人口普遍面临着工作场所卫生条件差、雇主用工不规范、无工作合同、居住手续不完备等问题，从而无法参加流入地的社会保险，更无法享受到流入地政府提供的各类政策优惠和公共服务。上海的一份调查显示，当地流动流动人口中有31.4%的经营小生意，20.3%的是临时工人，而合同制工人的比例仅为29.1%，不到三分之一[8]。受教育程度低、谋生手段单一、法律意识和权利意识淡薄是流动人口的主要特征；就业层次低，收入微薄且不稳定、缺乏社会保障，是他们面临的共同困难，他们为城市建设付出了巨大艰辛，但却生活、工作在缺乏保障的状态。

具体到城市来看，贵阳市虽然卫生计生排名第四，但因教育和社会保险

排名靠后，公共服务融合排到第 32 名。而哈尔滨市虽然卫生计生（第六）和教育（第六）都排名靠前，但由于社会保险参与率低，公共服务融合仅为第 19 名。为此，需要针对各城市的发展规划、主体功能、产业发展方向、人口承载能力等具体情况加强公共服务各维度的关注与投入，合理配置公共服务资源，尤其加强对流动人口社会保险的重视。

3. 不同城市类型间公共服务融合水平差异大

流动人口公共服务融合的不均等现象还表现在区域不平衡、各城市融合水平不一。就区域划分而言，虽然整体上，不同地域间差异较小，但在分项指标上仍存在一定差距，尤其是社会保险指标上，东部城市明显优于其他地区的城市。以教育为例，东北和中部城市流动人口随迁子女的教育融合情况明显优于东、西部地区。从城市类别来看，省会城市和其他地级市公共服务供给不足，流动人口公共服务融合水平有待提升，排名处于最后十名的城市（台州市、温州市、金华市、昆明市、乌鲁木齐市、南昌市、榆林市、呼和浩特市、绍兴市、沈阳市）均属于此二类城市。

东部地区由于经济发展水平高、社会开放，公共服务能力和水平在全国均处于领先位置。但是，由于户籍制度、地域以及流动人口就业状态等因素的限制，东部发达城市的公共服务供给几乎仅对本地居民开放，除了少数社会经济地位相对较高的流动人口，流入本地的外来人口如需享受流入地的公共服务必须跨越诸多门槛。以教育资源为例，东部沿海城市的教育资源总体上在全国处于领先水平，拥有我国大多数高质量的教育机构，其中包括基础教育机构和高等教育机构。但是，对于流动人口而言，由于存在语言障碍、政策门槛，以及部分地区存在的有形或无形的社会偏见、文化冲突等诸多问题，流动人口随迁子女难以进入当地教育系统。即使有机会进入当地学校，由于教材与教学进度的不一致，流动儿童在学习上衔接困难，加之语言不通，教学过程中难以与老师和同学互动，更甚至，可能会面临本地家长、同学的诸多歧视和阻挠，这些都为随迁儿童享受流入地的教育资源提出了挑战。

中、西部地区虽然有国家政策的扶持，但整体而言，仍以外出流动为主，流入人口规模较小。2009 年，国务院批复了《中国图们江区域合作开

发规划纲要——以长吉图为开发开放先导区》，长吉图地区成为迄今唯一一个国家批准实施的沿边开发开放区域。但是，受东北地区地理环境、气候、人文以及基础经济发展水平的影响，吉林省人口仍以净迁出为主，且在短时期内不会改变。为了“把东部沿海地区的剩余经济发展能力，用以提高西部地区的经济和社会发展水平、巩固国防。”2000 年，国务院成立西部地区开发领导小组，由时任国务院总理朱镕基担任组长。2006 年，国务院常务会议审议并通过《西部大开发“十一五”规划》，旨在实现西部地区经济又好又快地发展，人民生活水平持续稳定提高，促进西部地区教育、卫生等基本公共服务均等化。2011 年，国家“十二五”规划再次重申西部大开发战略，但是至今我国人口和经济的地域分布格局并未改变，流动人口的公共服务也表现出明显的地域不均衡。

### （二）影响公共服务融合的因素

1. 城市经济发展和人口规模是影响流动人口在流入地公共服务融合情况的重要原因

上述分析结果表明，不同城市类型、不同区域之间公共服务融合表现出明显差异。通常而言，社会经济发展较好的城市，对流动人口的接纳和服务能力较强，公共服务融合较好。从表 24 中反映的相关关系来看，流动人口在流入地的公共服务融合情况确实与流入地的经济发展和人口规模有关，公共服务融合总指标与流入地人均生产总值的相关系数接近 0. 35，而社会保险指标与流入地生产总值之间的相关性达到 0. 36。相关分析结果还表明，各维度之间也存在一定的相关性，卫生计生维度和教育维度的相关性更是达到 0. 39。

从图 14 中反映的数据来看，社会经济发展较好的城市，对流动人口的接纳和服务能力较强，公共服务融合较好。卫生计生、教育等公共资源，按照其管理层次，可以分为国家资源、地方资源和个人资源，其中地方资源与城市的经济发展密切相关，城市发展越好的地区，对公共资源的投入也相应较多。

表 24　公共服务融合各维度与城市经济、人口变量相关分析

| | 卫生计生 | 教育 | 社会保险 | 公共服务融合 |
|---|---|---|---|---|
| 卫生计生 | 1 | | | |
| 教育 | 0. 391 ** | 1 | | |
| 社会保险 | 0. 732 ** | 0. 521 ** | 1 | |
| 公共服务融合 | 0. 2032 | -0. 1624 | 0. 678 ** | 1 |
| 地区生产总值 | 0. 318 * | 0. 1308 | 0. 368 ** | 0. 2617 |
| 人均 GDP | 0. 1874 | 0. 1442 | 0. 378 ** | 0. 348 * |
| 常住人口 | 0. 2467 | 0. 1446 | 0. 1574 | -0. 0181 |
| 户籍人口 | 0. 279 * | 0. 288 * | 0. 0376 | -0. 317 * |

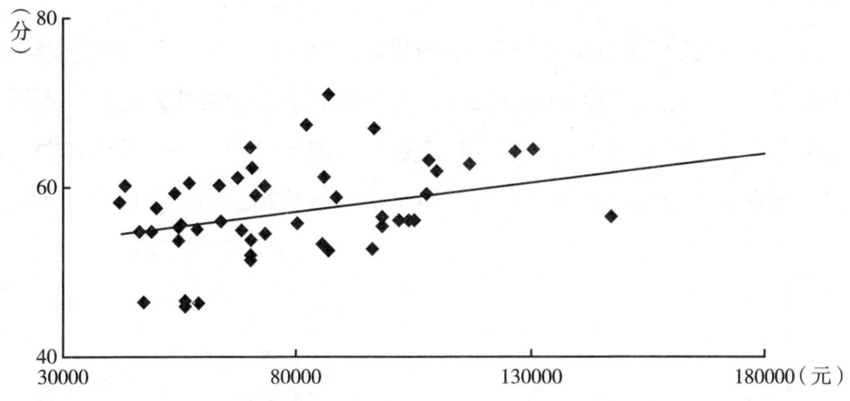


图 14　各城市公共服务融合得分与人均 GDP 相关趋势

同教育资源一样，卫生计生等其他公共资源均以当地相应的人口规模为参考进行设置和划分，以满足各类人群的基本公共服务需求。因此，一般而言，城市常住人口较多的地区，对公共资源的投入越多，从而流动人口能够享受到的服务越充分（见图 15）。

但经济发展和人口规模并非唯一决定因素，公共服务融合的影响因素复杂多样，如温州市，虽然经济发展较好，但因其特殊的生育文化和小商品产业，存在卫生计生服务提供不足、社会保险重视程度不够等问题，从而导致整体公共服务融合水平较低。

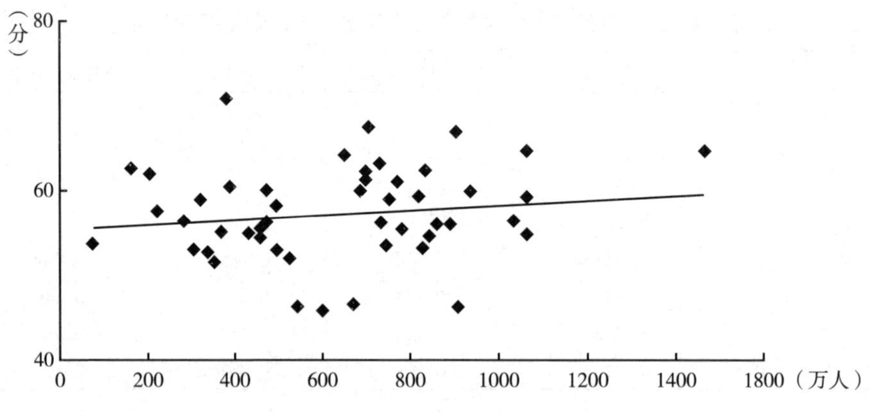


**图 15　各城市公共服务融合得分与常住人口相关趋势**

从表 24 中的相关分析和图 16 中的数据，都可以看出，公共服务融合的各维度之间并非相互排斥、各自独立，而是互相关联、协调发展的关系。卫生计生和教育有明显的正向关系，社会保险和卫生计生、教育关系较弱，其原因可能在于社会保险在地区之间的衔接性、转移接续的难度更大。

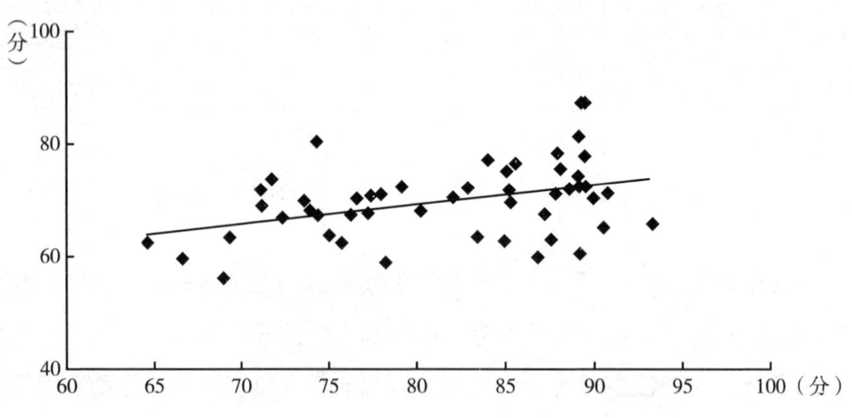


**图 16　各城市卫生计生得分与教育得分相关趋势**

2. 对基本公共服务知晓率低、缺乏健康意识是卫生计生服务融合水平低的重要因素

2001 年，国务院颁布《中国儿童发展纲要（2011～2020 年）》，提出要

建立和完善儿童服务机制，积极推进户籍制度和社会保障制度的改革，逐步将流动儿童纳入流入地经济社会发展规划，提高儿童的健康水平，从而促进我国儿童健康发展，进而推进基本公共服务均等化，保障流动人口享受流入地公共服务资源的权益。

研究发现，北京、上海和广东地区，有48.0%的育龄女性流动人口不知道需要建立《孕产妇保健手册》。而流动儿童建立《预防接种卡》的比例虽高，但存在本地和老家两地重复建卡的情况，在一定程度上浪费了医疗资源，也不利于信息的同步更新与共享，其主要原因在于流动人口对此缺乏正确的认识[9]。另有调查发现，主动意识淡薄导致仍有部分适龄流动儿童未接种免费疫苗[10]。整体而言，卫生计生服务的获得情况还受到年龄、户口性质、户籍地、流动范围、流动时间等因素的影响。

3. 户籍门槛和现有教育体制限制是影响流动人口随迁子女就学的主要障碍

以往研究表明，影响流动人口子女接受教育的因素主要有两点，一是二元户籍制度，二是“地方负责，分级办学”的义务教育财政体制。东部沿海城市等经济社会较为发达的地区重视教育投入（如：2008年北京市小学生和初中生公用经费支出标准分别是江西省的11.7倍和9.9倍），聚集了大量高质量的教育机构，处于全国领先水平。但流动人口子女入学有非常高的政策门槛，以上海为例，2014年，非上海市户籍流动人口随迁子女可以在上海参加中考报名的资格标准一共有八类，但仍旧仅对取得户籍的优势阶层流动人口开放。

户籍制度是我国特有的政治制度，户籍地点将流入地人群区分为本地人和外来人；户籍类型将流动人口划分为城城流动人口和乡城流动人口，乡城流动的流动人口处于双重弱势的地位，其公共服务权益格外值得关注。户籍制度的功能也非常丰富，在户籍制度的基础上异化出控制人口自由迁移等作用。李强曾指出“户籍制度是中国社会具有独特迁移控制功能的一项基本制度，构成了城乡二元经济结构的制度基础，是当前农业转移人口‘经济接纳，社会拒入’的制度根源”[11]。我国现有教育体制对流动人口的排斥与拒纳，在一定程度上也应归因于二元的户籍制度。具有隔离性质的户籍制度促成了一些城市居民的“一等公民”身份，助长了其优越感，却强化了农业转移人口在城市社会中遇到的排斥与歧视，阻碍了他们融入城市社会、争取平等公共服务的梦想。

4. 手续复杂、转移接续难度大是流动人口社会保险参与率低的主要原因

一方面，部分流动人口由于就业层次较低或就业于非正规企业，就业、居住手续不完备，无法获得相应劳动权利，无法参与社会保险。另一方面，由于地区社会经济发展水平不平衡和社会保险统筹层次低的双重约束，流动人口再次跨省流动时，所参与的社会保险难以转移、接续，从而出现频繁参保、退保的现象。最后，部分流动人口只能回到流出地参与养老、医疗等社会保险。

总体而言，社会保险的转移接续难可以概括为两方面，一是社会保险的跨地区难。现有社会保险制度下，封闭式的工作形式导致各地政府社会保险资金无法统筹合并，以致大部分流动人口在跨区域流动过程中不得不被迫中断社会保险。二是多样化的社会保险之间的转移接续难。不论是医疗保险还是养老保险，都区分为城镇职工、城镇居民、农村居民等若干类别，各类别之间因为资金来源、支付水平等差异，注定目前情况下无法顺利转移。

## 五　政策建议

公共服务融合是解决流动人口在流入地长期居留问题的瓶颈，是流动人口“进得来”之后“留得下”的重要保障。根据目前各城市在流动人口公共服务融合方面存在的问题，为促进各地公共服务体系的完善和发展，保障流动人口的基本权益，本报告建议从以下几个方面予以考虑：

### （一）加大政府统筹力度，强化部门分工协作

流动人口的公共服务涉及多个维度、多个部门，卫生计生服务的全覆盖不能代表流动人口公共服务融合一定好，需要依靠多个部门协同合作，共同促进流动人口的公共服务融合。但在实际工作中，流动人口公共服务的综合

服务格局还未完全形成，流动人口基本信息共享平台还未建立。一是根据各部门职责，统筹安排流动人口公共服务工作；二是加快数据开放共享，整合资源，简化办事手续。

## （二）增加经费投入，保障流动人口公共服务资金需求

中央和地方财政部门应根据各地实际情况，全面了解流动人口的类型、特征，统筹安排流动人口社会保障、公共卫生、随迁子女教育等基本公共服务的财政投入，为流动人口平等享受公共服务提供经费保障。相关数据显示，2009 年，对流动人口人均投入最高的是广东省，与最低的西藏差距接近 20 倍。为此，不仅需要增加各地财政投入，而且需要缩小各地差距。

## （三）加强卫生计生服务，尤其是孕期服务，促进妇女、儿童全面发展

随着国家卫生、计生部门的合并，全面两孩政策的放开，计划生育服务正面临转型升级。落实流动人口卫生计生服务是计划生育服务工作的重要考核内容。虽然总体而言，流动人口享受卫生计生服务的比例较高，但不同指标、不同城市间差异较大。一是加快实现医疗保险异地报销，简化保险手续；二是基于生命历程视角，从健康教育、优生优育咨询，到孕前筛查、孕期检查、产后服务，实行全覆盖；三是转变卫生计生观念，加大卫生计生服务投入，提升服务供给能力；四是落实登记制度，合理分配卫生计生资源，不断扩大流动人口公共服务范围和标准。

## （四）加快基本公共教育均衡发展，解决流动人口随迁子女入学难的问题

“十三五”规划提出“鼓励普惠性幼儿园发展，加强农村普惠性学前教育，实施学前教育三年行动计划，学前三年毛入园率提高到 85%。普及高中阶段教育，率先从建档立卡的家庭经济困难学生实施普通高中免除学杂

费，高中阶段教育毛入学率达到90%以上”，这实际上也是流动人口公共服务融合的重要方向。首先，应均衡配置教育资源，促进流入地教育公平，这是流动人口在流入地获得教育资源的重要前提；其次，需全面部署各层次、各类型的教育，满足流动人口切实需要；最后，需加大教育经费投入，在满足基本需求的基础上提高随迁儿童教育条件。

### （五）完善社会保障筹资机制，解决流动人口社会保险转移接续问题

针对流动人口社会保险参保率低的问题，一是从全国层面建立统筹机制，合理制定费率、参保条件与享受待遇，加强风险管理，提高流动人口社会保险的投资回报率，鼓励流动人口积极参与社会保险；二是加强地方合作，完善社会保险的信息化平台建设，加大社会保险的知晓率，解决转移接续难的问题；三是坚持就业优先，重视流动人口的失业保险和工伤保险，保障他们的生命与经济安全。深圳市在维护流动人口权益方面率先实践，取得了良好效果。1993 年深圳市颁布了《深圳经济特区劳务工条例》，是全国第一部专门为保护流动人口权益而专门制定的条例。2009 年，国家人力资源和社会保障部颁布了《农民工参加基本养老保险办法》，开始从全国层面实施有关管理流动人口社会保险的政策和法规。

### （六）扩大宣传，增加流动人口参与、享受流入地公共服务的途径和渠道

在流动人口公共服务融合方面，既需要流入地不断增大公共服务的供给，亦需要通过广泛宣传，提高流动人口对公共服务的知晓率，发挥流动人口的积极性，鼓励流动人口参与其中，保障自身基本权益。流动人口通过不断享有公共服务，消除“局外人”意识，增强其融入意愿，从而促进流动人口社会融合。一方面可以通过短信、微信等平台，向流动人口宣传、介绍各类公共服务的功能、参与方式；另一方面可以通过搭建互动平台，鼓励流动人口参与社区管理，表达其诉求。

## （七）推广公共服务融合先进城市，缩小地区差异

虽然我国流动人口规模巨大，且与日俱增，但关于流动人口社会融合的研究最近几年才逐渐增多，而对于城市社会融合评估的实证研究更是缺乏。可以基于本报告对50个城市公共服务融合情况的细致描述与评估，选择各项融合程度较好的代表城市，如厦门市、济南市、青岛市、成都市等地，将其在流动人口公共服务方面的经验进行推介；亦可以选择融合水平不高的城市，如台州市、温州市、金华市、昆明市等，总结经验和不足，不断完善各地流动人口公共服务与设施，以缩小公共服务融合的地区差异。

## 参考文献


Huddleston, Thomas. Migrant Integration Policy Index (MIPEX). *Journal of Ultrasound in Medicine*, 2011, 31 (11): 1859－1862.

黄匡时:《流动人口社会融合指数：欧盟实践和中国建构》,《人口与社会》2011年第1期。

国家人口和计划生育委员会流动人口服务管理司:《中国流动人口发展报告》，中国人口出版社，2012。

悦中山、李树茁:《中国流动人口融合政策评估——基于均等化指数和落户指数的分析》,《中南财经政法大学学报》2016年第6期。

国家卫生和计划生育委员会流动人口司:《中国流动人口发展报告》，中国人口出版社，2014。

国家人口和计划生育委员会流动人口服务管理司:《中国流动人口发展报告》，中国人口出版社，2010。

国家人口和计划生育委员会流动人口服务管理司:《中国流动人口发展报告》，中国人口出版社，2011。

高向东，李伟民:《上海市外来少数民族服务与管理长效机制研究》,《民族法学评论》，2010。

郭静、翁昊艺、周庆誉:《流动人口基本公共卫生服务利用及影响因素分析》,《中国卫生政策研究》2014年第8期。

吴亚琴、郭静、范慧、薛丽萍、翁昊艺、周庆誉：《2013年流动儿童计划免疫现状及影响因素分析》，《中国健康教育》2016年第12期。

李强：《当前我国城市化和流动人口的几个理论问题》，《江苏行政学院学报》2002年第1期。

# B.7 流动人口心理文化融合评估报告

中国人民大学课题组*

**摘　要：** 心理文化融合是流动人口社会融合的重要维度，是包含身份认同、文化融入等多方面的综合体现。本报告首先对流动人口心理文化融合的概念与指标体系进行了阐述，在此基础上，采用50个城市流动人口社会融合评估指数数据库，对流动人口心理文化融合的现状、特点及城市层面呈现的问题进行了全面描述分析，进而提出相应的对策建议。

**关键词：** 流动人口　心理文化　社区参与　生活习俗　社会网络

流动人口的心理文化融合直接反映了流动人口对流入地的主体感知和评价，并将之作用于流动人口的社会行为中，是流动人口社会融合的关键环节。本报告采用50个城市流动人口社会融合评估指数数据库，在总结梳理前人相关研究的基础上，全面描述分析流动人口心理文化融合现状，并总结归纳流动人口心理文化融合在城市层面体现的特征及呈现的问题，进而提出相应的政策建议。

## 一　理论概念与指标体系的构成

流动人口的心理文化融合不仅包括流动人口在社会文化层面的适应和调

---

* 课题组负责人：宋月萍，课题组成员：谢卓树、宋正亮、陈丽月、张婧文。宋月萍，中国人民大学社会与人口学院副教授，研究方向：人口流动。

整，也包括其在心理和情感上对自己的社会成员的身份和归属的认同上发生变化的现象（悦中山、李树茁、费尔德曼，2012）。

## （一）流动人口心理文化融合的概念

心理文化融合是移民或流动人口社会融合的重要维度，是包含身份认同、文化融入等多方面的综合体现，是流动人口对流入地城市和居民的主观感受、看法和态度，体现为认同感、归属感、安全感、幸福感（王丽、原新，2016）。

心理与文化的融合是西方学者探究移民问题的焦点，尽管西方融合理论为我国流动人口心理融合研究带来了启发，但中国与西方国家相比，面临的心理融合问题有其特殊性和复杂性。由此，我国学者针对我国流动人口的特殊性对心理文化融合问题进行了探讨与发展。

在社会融合的大框架下，文化心理融合作为社会融合的一部分，区别于经济、制度融合，是最高层次的社会融合（李平，2015）。心理文化融合是建立在经济融合、社会融合上的（田凯，1995；朱力，2002），身份认同是社会融合的最终阶段（杨菊华，2009）。

除了将心理融合看成社会融合的高级阶段，学者们还进一步细化了心理文化融合的维度，形成了较为全面的心理文化融合体系，包括心理融合、文化融合和行为接纳。其中文化融合是指对当地语言的掌握程度、对风俗和价值观念的接受程度（张文宏，2008；杨菊华，2009）；心理融合是指对当地生活的满意度和对当地身份的认同程度（张文宏，2008；周皓，2012）；行为接纳则是人际交往、社会网络、婚育行为、生活习惯（如：衣着打扮、饮食习俗、闲暇方式、消费行为）、社区参与、健康和教育行为等一系列行为。

基于上述研究，我们认为，流动人口的心理文化融合是流动人口基于自身在流入地政治、经济等方面的状况并与之与本地居民进行比较后的结果，涉及社会行为和主观感受两个层次，包含社区参与、社会习俗、社会网络、认同感、归属感和幸福感六个维度。心理文化融合状况是流动人口个体主观认知改变的过程，不同于制度融合、经济融合的外力驱动，流动人口的个人心理文化融合意愿的变化主要依赖于个体感受和认知的内在变化，其将滞后于客观外部环境的变化，因而心理文化融合具有多样性、复杂性和长期性的特征。

### （二）流动人口心理文化融合现状的判断

现有研究普遍认为，目前我国流动人口的心理文化融合程度总体较低，与经济等维度的社会融合得分相比存在明显差异。余运江等（2012）对上海新生代乡城流动人口的研究指出，其文化与心理融合维度的得分最低，与得分最高的社会接纳维度相差 12.2 分。也有研究认为流动人口的心理文化融合相比经济融合和社会融合而言得分更高（张文宏，2008；杨菊华，2015），制度约束和结构排斥使得经济和社会方面的融入进程严重滞后于文化和心理方面的融入，凸显融入的差异性（杨菊华，2015）。可见由于没有统一的框架，不同学者得出的结论难以进行横向、纵向对比。另外，很多学者利用的是地区的抽样调查数据，样本较小可能存在抽样误差。基于此，本研究融合了前人研究，提出了更为全面的流动人口心理文化融合测量框架，并利用城市流动人口社会融合评估数据库中 50 个城市的数据，分析流动人口心理融合现状及面临的问题。

### （三）流动人口心理文化融合影响因素的研究

学者们不仅对心理文化融合的现状进行了测量，还从不同层面探究心理文化融合的影响因素，从而厘清了心理文化融合的形成机制，为提出相应的政策建议提供更有针对性的方向指导。通过对不同学者的研究结论进行梳理，影响因素主要分为流动人口个体因素和流入地社会因素两方面。

流动人口个体因素主要包括流动人口的基本社会统计学特征，如年龄、教育程度、婚姻生育状况、政治面貌、收入与就业。其中，年龄越轻（张文宏，2008；汪明峰等，2015）、教育程度越高（王芮、梁晓，2003；周敏、林闽钢，2004)、已婚未育（李平，2015)、拥有中国共产党党员身份(张文宏，2008)、收入高且就业稳定（余运江等，2011）的人往往心理文化融入状况越好。这类人心态更加开放，更愿意接受城市文化，也往往更有能力得到当地居民的接纳与认可。

流入地社会因素包括公共服务覆盖面、户籍制度、城镇化水平、当地社会网络、社区参与、语言等。很多学者都将社会网络与社会资本作为影响心理融合的重要因素（王春光，1999；赵延东、王奋宇，2002；赵定东、许洪波，2004)。以初级群体为基础的社会网络往往会阻碍流动人口对城市的认同与归属，而与当地人建立的新社会网络则会促进流动人口的心理融合(朱力，2002；吕青，2005；张文宏，2008)。户籍是融合的障碍之一，难以获得当地户籍使移民在心理上有意识地保持与城市居民的距离，从而逐渐远离主流社会（李强，1995)。公共服务的普及对心理文化融合有促进作用。如拥有居住证、办理社会保险、签订劳动合同、满意基本公共服务与社会融合度都存在正相关关系，特别是社会保险的相关度最高（余运江等，2011)。忽视流动人口利益的粗放式城镇化难以提升进城农民工与城里人的交往意愿，不利于心理融合，也难以推进进城农民工的城市认同、本地认同，不利于身份融合（陈云松、张翼，2015)。积极参与社区（杨菊华，2015）则是促进心理、文化融合的有效途径。

可见，心理文化融合的影响因素不仅来源于微观的个人层面，还来源于社区与宏观社会制度层面，需要考虑心理文化融合与经济、制度、公共服务等融合维度的互动。这也为本研究不同城市的心理文化融合得分的分析与规律探究提供了理论基础。

### （四）流动人口心理文化融合的评估指标构成

流动人口的心理文化融合是流动人口基于自身在流入地政治、经济等方面的状况并与之与本地居民进行比较后的结果，涉及主观感受和社会行为两个层次，包含认同感、归属感和幸福感、社区参与、社会习俗、社会网络六个维度。

流动人口主观感受方面，认同感指标主要统计流动人口中愿意转为城镇户口的比例。归属感主要评价流动人口对“我喜欢我现在居住的城市”、“我关注我现在居住城市的变化”、“我很愿意融入本地人当中，成为其中一员”三个命题的认可程度。幸福感指标统计流动人口中认为在本地生活比在老家生活更幸福的比例。

流动人口社会行为三个维度中，社区参与指标考察流动人口当年在本地社区文体活动、公益活动、计划生育协会活动、业主委员会活动中的参与情况。生活习俗指标主要评价流动人口的休闲娱乐方式和生活方式与城市居民的差异大小。社会网络主要考察流动人口业余时间与流入地当地居民来往的密切程度。

依据流动人口心理文化融合概念及特征，本报告将从认同感、归属感、幸福感、生活习俗、社会网络和社区参与六个方面具体评价不同城市流动人口心理文化融合的状况及相对地位（见图1）。

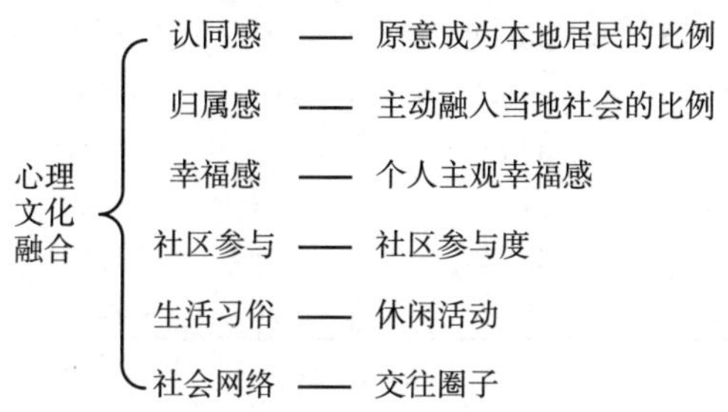


**图1　流动人口心理文化融合测度维度及主要指标**

## 二　流动人口心理文化融合总体状况分析

心理文化融合反映了不同于制度、经济和公共服务融合，是一个漫长而复杂的过程，融合水平受主客观多重因素的影响。当前我国流动人口心理文化融合水平仍待提高，不同城市的融合状况存在差异，主要表现为如下特征。

## （一）流动人口心理文化融合水平整体偏低，成为流动人口社会融合的掣肘

50 个被评估城市流动人口心理文化融合平均得分为 44.57 分（满分为 100 分），其中，心理文化融合排名前十位城市依次为厦门市、大连市、哈尔滨市、大庆市、武汉市、柳州市、太原市、青岛市、成都市和长春市，排名后十位城市依次为东莞市、泉州市、海口市、嘉兴市、榆林市、咸阳市、绍兴市、石家庄市、金华市和温州市（见表 1）。

**表 1　心理文化融合前 10 名和后 10 名城市及得分**

| 前十名 | 城市 | 心理文化融合得分 | 后十名 | 城市 | 心理文化融合得分 |
|---|---|---|---|---|---|
| 1 | 厦门市 | 54.93 | 41 | 东莞市 | 41.13 |
| 2 | 大连市 | 54.03 | 42 | 泉州市 | 40.88 |
| 3 | 哈尔滨市 | 53.96 | 43 | 海口市 | 40.32 |
| 4 | 大庆市 | 53.01 | 44 | 嘉兴市 | 40.14 |
| 5 | 武汉市 | 50.90 | 45 | 榆林市 | 39.48 |
| 6 | 柳州市 | 50.57 | 46 | 咸阳市 | 38.80 |
| 7 | 太原市 | 49.63 | 47 | 绍兴市 | 38.01 |
| 8 | 青岛市 | 49.59 | 48 | 石家庄市 | 37.95 |
| 9 | 成都市 | 49.29 | 49 | 金华市 | 37.11 |
| 10 | 长春市 | 49.08 | 50 | 温州市 | 35.05 |

流动人口心理文化融合得分中位数为 43.96，其中 50% 的城市得分集中于 41.62 ~47.47 分，得分近似对称分布。整体上流动人口心理文化融合状况较差，28 个城市的心理文化融合得分低于平均水平，其中 6 个城市得分不足 40 分（见图 2）。

流动人口的心理融合是社会融合的高级环节，建立在制度、经济等维度的社会融合之上，在其他维度的融合水平整体不高的情况下，流动人口的心理融合水平更为受限。同时，和制度、经济以及公共服务相比，心理文化融合状况是流动人口个体主观认知改变的过程。和制度从无到有、服务供给从少到多、经济发展从低到高的外力驱动型变化不同，个人心理文化融合意愿

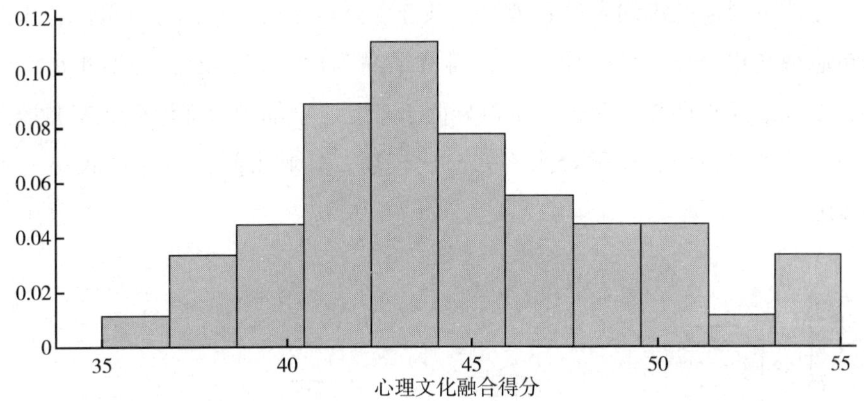


**图 2　50 城市流动人口心理文化融合得分分布**

的变化主要依赖于个体感受和认知的内在变化，其将滞后于客观外部环境的变化。因此，流动人口心理文化融合将是一个缓慢的过程。

## （二）东北地区流动人口心理文化融合程度较好，东部地区城市心理文化融合水平差异较大

从空间上看，东部、中部和西部地区城市之间融合水平差异很小，东北地区城市的流动人口心理文化融合程度最好。东北地区城市的流动人口心理文化融合平均得分为 51. 17 分，较东部地区高出 7. 98 分（见图 3）。

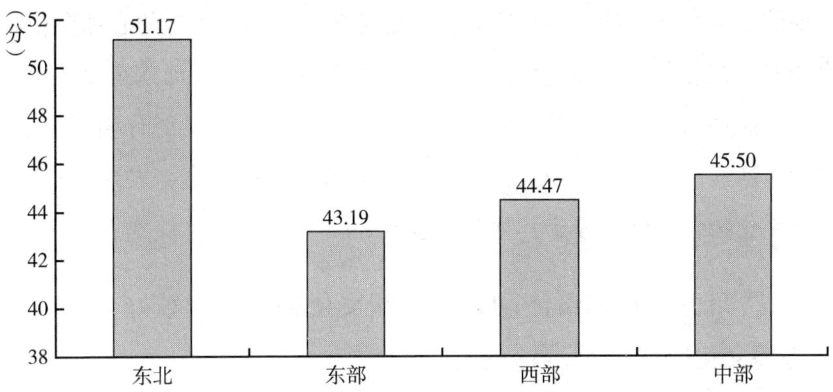


**图 3　不同区域流动人口心理文化融合水平**

比较不同地区流动人口心理文化融合得分的分布情况，可以看出，东部城市心理文化融合水平差异最大，得分最高为厦门市，最低为温州市。此外，东部地区心理文化融合中位得分低于东北、中部和西部地区。东北地区城市流动人口心理文化融合水平普遍比较高，且城市间得分差异较小（见图4）。

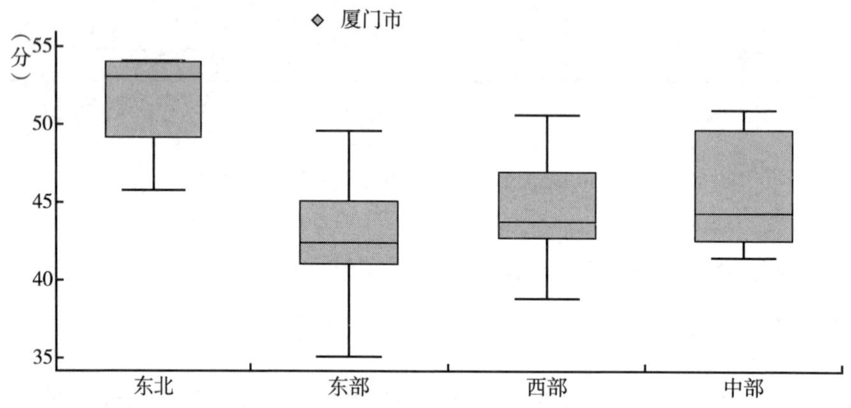


**图4　不同区域流动人口心理文化融合得分分布**

流动人口的心理文化融合水平受到其在流入地的社会关系网络的影响，而流动人口在流入地的社会关系网络的建构是其原生社会网络体系与在本地拓展的社会关系的综合。流动人口在流入地的亲缘、地缘关系网络越广，对流入地的主流文化环境接触越容易、了解越多，其在流入地的心理融合状况也会越好。东北地区的各大城市，其流动人口多是省内流动或东北区域内流动人口，流动人口所拥有的熟人网络更广，与流入地居民拥有相同的语言，文化同质性强，因而在心理上也更易适应流入地城市社会，表现在指标上，其心理文化融合程度相较于其他地区也更好。

## （三）珠三角城市群流动人口心理文化融合程度较好，长三角城市群心理文化融合水平差异较大

经济发展水平较高的三大城市群中，珠三角城市群的心理文化融合水平

最好，为43.24分。长三角城市群和京津冀城市群心理文化融合得分分别为41.82和41.52分，流动人口心理文化融合水平尚有较多提升空间（见图5）。

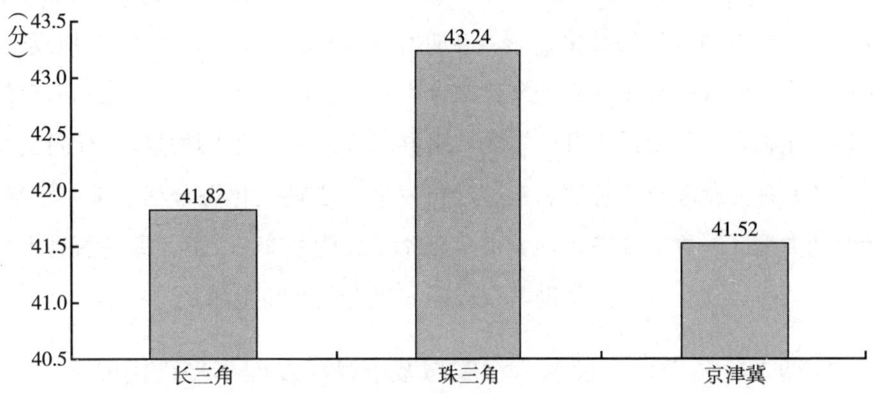


**图5　三大主要城市群流动人口心理文化融合水平情况**

京津冀城市群中，唐山市流动人口心理文化融合得分为45.08分，石家庄市流动人口心理文化融合得分仅为37.95分，城市间融合水平差异较大。比较长三角和珠三角流动人口心理文化融合的得分分布，珠三角城市群流动人口心理文化融合得分均在40分以上，且分布较为集中，城市间差异不足6分，长三角城市间融合水平差异明显（见图6）。

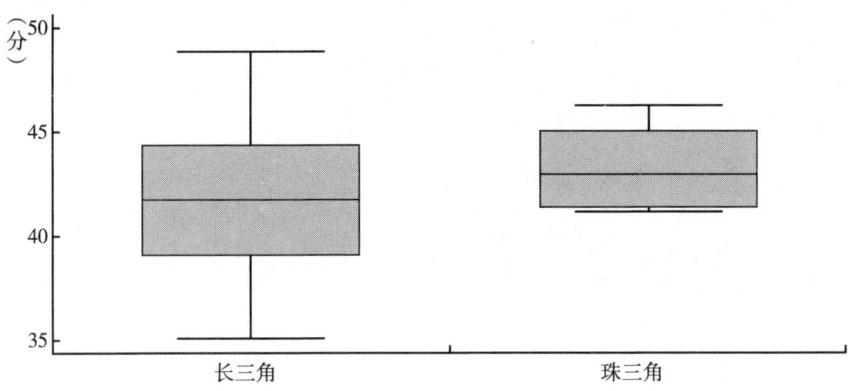


**图6　三大主要城市群流动人口心理文化融合分布**

长三角地区特别是江浙一带的城市群有其独特的地域文化氛围，尽管这些城市的经济发展水平很快，就业机会也很多，劳动收入也较高，吸引了大量人口流入，但其特有的地方语言环境和传统文化习俗在一定程度上加深了外来人口和本地人口的文化区隔，再加上生活方式的差异，流动人口心理文化适应难度较大，体现在心理文化融合程度上，长三角地区城市流动人口的心理文化融合指数要低于其他主要城市群。这说明，流入地地缘文化对流动人口的心理文化融合有重要影响，经济发展了心理文化融合程度不一定高。针对此类地区，更需要流入地城市政府关注流动人口，尤其是跨省流动人口的心理调适、文化需求，帮助其积极融入当地社区和生活。

## （四）流动人口心理融合程度与城市经济发展水平正相关

城市经济发展水平与流动人口的心理融合程度存在正相关关系，人均地区生产总值越高的城市，流动人口心理融合越好（见图7）。同时，流动人口的心理融合程度存在一定的城市规模递次差异。经济发展水平较高、规模较大的城市，就业发展机会也更多，文化更为多元，流动人口在一个更为开放多元的环境中更容易适应社会，对城市也更容易产生归属感和认同感。而在规模较小的城市，就业机会比较匮乏，再加上流动人口规模较小，其参考的群体往往是当地居民，流动人口能够感受到更大的经济社会差距，因而实现心理上的社会融入更难。

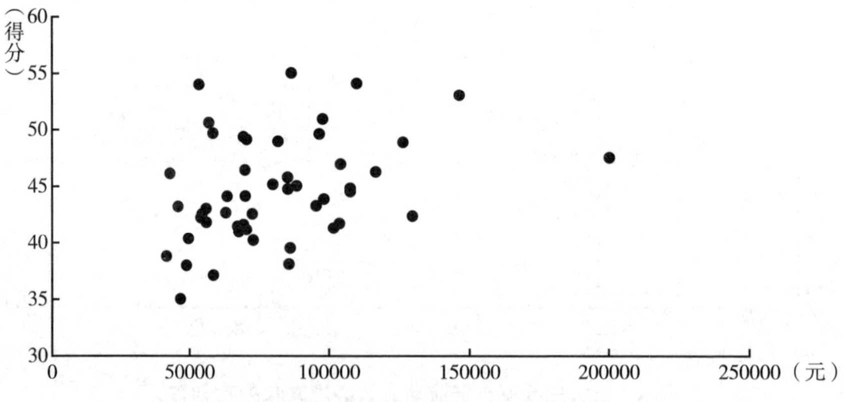


图7　不同经济发展水平城市流动人口心理文化融合水平

当前，我国大力推行新型城镇化战略，强调城镇化的质量和效益，逐步进入以推进深度人口城镇化为特征、促进城乡一体化的新阶段。在这个过程中，随着城市规模的扩大，社会经济发展水平的提高，流动人口将获得更多的就业机会。同时，随着城镇化率的提高，流动人口在流入地城市的社会结构将会改变，流动人口的集聚程度会更高，群体之间的歧视与排斥会逐渐弱化，这些将有助于流动人口的身份认同。包容性、和谐式的城镇的建设将有效促进流动人口的心理融合。

## 三　流动人口心理文化融合各维度状况分析

### （一）东部地区流动人口生活习俗得分较高，就业和教育的保障对生活习俗的“城市化”有促进效应

生活习俗是心理文化融合的一个重要指标，反映了流动人口的日常休闲活动（如读书、锻炼、逛街等）与城市人口的相似程度。流动人口到一个城市，工作是其社会融合的基础，而生活才是其社会融合的体现。在工作之余，其“如何打发闲暇时间”是反映其在日常生活中是否与本地人交流、交融、趋同的关键指标。本研究发现，流动人口生活习俗的总体得分不高，平均分为 30. 78（满分为 100 分）。其中，东莞市得分最高，为 41. 67 分；而贵阳市的得分为 26. 13 分，得分最低（见表 2）。

**表 2　生活习俗指标前 10 名和后 10 名城市及得分**

单位：分

| 前十名 | 城市 | 生活习俗得分 | 后十名 | 城市 | 生活习俗得分 |
|---|---|---|---|---|---|
| 1 | 东莞市 | 41. 67 | 41 | 福州市 | 28. 58 |
| 2 | 金华市 | 36. 06 | 42 | 无锡市 | 28. 54 |
| 3 | 中山市 | 35. 59 | 43 | 武汉市 | 28. 49 |
| 4 | 厦门市 | 35. 58 | 44 | 哈尔滨市 | 28. 39 |
| 5 | 佛山市 | 34. 31 | 45 | 呼和浩特市 | 27. 19 |
| 6 | 鄂尔多斯市 | 34. 10 | 46 | 南昌市 | 26. 93 |
| 7 | 青岛市 | 33. 84 | 47 | 榆林市 | 26. 92 |

续表

| 前十名 | 城市 | 生活习俗得分 | 后十名 | 城市 | 生活习俗得分 |
|---|---|---|---|---|---|
| 8 | 大庆市 | 33.81 | 48 | 绍兴市 | 26.44 |
| 9 | 南宁市 | 33.74 | 49 | 合肥市 | 26.36 |
| 10 | 大连市 | 33.40 | 50 | 贵阳市 | 26.13 |

进一步比较流动人口生活习俗得分排名前十名和后十名的城市，发现了以下特征：

1. 生活习俗得分前十名城市的人均地区生产总值、城镇居民人均可支配收入更高

“仓廪足而知礼仪”，城市经济越发达意味着其拥有更多的休闲娱乐资源，可提供更多的业余生活选择。同时，生活习俗排名靠前的城市就业权利和社会保险的得分也高于其他城市，这说明这些城市能为流动人口提供更为稳定的就业与生活，使其具备享受城市生活方式的物质基础。这也表明维护流动人口就业权利，提供充足的社会保障能有效促进流动人口的心理文化融入。另外，对于流动人口而言，更高的可支配收入意味着更高的支付能力，可以负担休闲活动所需的花费。流动人口收入越高，其支配个人生活的能力也越强，更可能像城市人一样生活，因而人均地区生产总值和可支配收入越高的城市流动人口生活习俗得分越高。

2. 东部地区城市的流动人口生活习俗得分较高，排名较为靠前

按城市群来看，珠三角地区在数量上占绝对优势，前十中占有三席。东部地区较为开放，与外界交流频繁，尤其珠三角地区与港澳毗邻，在文化与生活方式上更受现代城市文化的影响。同时，东部地区一直是全国流动人口的最主要流入地，集聚了全国超过七成的流动人口，移民文化浓厚。另外，前几名的城市基本具有较高的城市级别。城市规模大意味着文化更为多元，城市包容性也更强，流动人口也更能适应城市生活。

### （二）各城市流动人口社区参与情况差异较大，基层社区共建政策有助于促进流动人口社区参与

流动人口的心理文化融合首先发生在社区层面。流动人口社区参与的平均

得分为24.61（满分为100分），其中厦门最高，得分为65分，超过半数的流动人口参与过至少一项社区活动。得分最低的为温州，仅为6.54分（见表3）。

**表3　社区参与指标前十名和后十名城市及得分**

| 前十名 | 城市 | 社区参与得分 | 后十名 | 城市 | 社区参与得分 |
|---|---|---|---|---|---|
| 1 | 厦门市 | 65.00 | 41 | 常州市 | 16.56 |
| 2 | 成都市 | 49.95 | 42 | 福州市 | 15.31 |
| 3 | 惠州市 | 49.38 | 43 | 沈阳市 | 14.71 |
| 4 | 哈尔滨市 | 41.21 | 44 | 苏州市 | 13.49 |
| 5 | 武汉市 | 37.13 | 45 | 榆林市 | 12.48 |
| 6 | 台州市 | 37.07 | 46 | 绍兴市 | 10.56 |
| 7 | 济南市 | 35.49 | 47 | 呼和浩特市 | 10.55 |
| 8 | 郑州市 | 35.07 | 48 | 三亚市 | 9.18 |
| 9 | 柳州市 | 34.01 | 49 | 金华市 | 8.17 |
| 10 | 长沙市 | 33.99 | 50 | 温州市 | 6.54 |

流动人口在不同城市的社区参与差距明显，呈现出以下特征：

1. 社区参与得分前十名城市的流动人口基本公共卫生服务覆盖率比较高，制度政策环境相对宽松

社区不仅是流动人口获取生活信息、享受城市服务的重要平台，也是其与当地居民沟通交流的重要通道。完善的社区服务在保障流动人口基本权益的同时，也有助于流动人口在享受服务的过程中进一步了解生活环境，培养其城市主人翁意识，积极参与社区活动和社区建设。分析发现，社区参与得分高的城市，拥有更高的卫生计生服务的覆盖率。很多基层卫生计生服务，如孕产妇检查、计划生育技术服务等是根植于社区基层的。因此卫生计生服务越普及的城市，居民越会参与更多的社区活动。同时，社区参与得分排名前十的城市的户籍制度开放程度更高，外地人落户的比例也要显著高于其他城市。这说明了只有真正破除户籍壁垒，流动人口才能长期稳定地在流入地生活，从而为更频繁、更深入的社区参与创造条件。

2. 社区参与得分与不同地区的社区政策密切相关

2013年厦门实施“美丽厦门・共同缔造”的战略行动，以城乡社区的

发展实现区域愿景与城市目标，积极开展各类社区规划，以自下而上的方式提供社区参与的途径。厦门基层的社区营造活动有效地促进了流动人口的社区参与，促使厦门市的流动人口社区参与得分排全国之首。由此可见，鼓励社区自治、社区共建的政策对于促进社区参与十分重要。

3. 社区参与同归属感呈正向相关

社区参与度较高的地区，流动人口越倾向于对流入地产生归属感。因此流动人口的社区参与本身是促进流动人口在城市落地生根、融入当地社会的重要途径。

**表 4　社区参与得分与其他心理维度相关度**

| | 认同感 | 归属感 | 幸福感 | 生活习俗 | 社会网络 | 社区参与 |
|---|---|---|---|---|---|---|
| 认同感 | 1 | | | | | |
| 归属感 | 0.27 | 1 | | | | |
| 幸福感 | 0.12 | 0.61 * | 1 | | | |
| 生活习俗 | 0.12 | -0.07 | -0.14 | 1 | | |
| 社会网络 | -0.00 | 0.61 * | 0.31 * | -0.21 | 1 | |
| 社区参与 | 0.17 | 0.29 * | 0.02 | 0.15 | 0.17 | 1 |

## （三）社会网络得分的地区差异较大，城市人口构成和社会文化是影响社会网络得分的主要因素

社会网络是流动人口获取本地社会资源、融入流入地主流文化环境的基础。50 个城市流动人口的社会网络平均得分为 55.69 分（满分为 100 分），在心理融合中处于偏上水平。其中得分最高的是哈尔滨市，为 75.25 分，最低的为台州市，仅有 35.53 分，差距较大。得分在 50 ~ 60 之间的城市最多，占比为 44%。

分地区来看，东北地区的流动人口社会网络得分最高，为 68.34 分，东部地区最低，为 51.23 分；三大主要城市群中，京津冀城市群的社会网络得分最高，为 63.16 分。

城市人口结构和城市社会文化是影响社会网络得分的两大因素。其中，

城市的人口构成是影响流动人口社会交往圈子的客观因素，常住流动人口占常住人口比例高的地方，流动人口之间交往的机会更多，业余时间就可能与流动人口、而非与本地人交往，因此社会网络本地化的程度可能较低。从图8可以看出，常住流动人口比例越高的城市，其社会网络得分越低，且两者呈显著负相关。

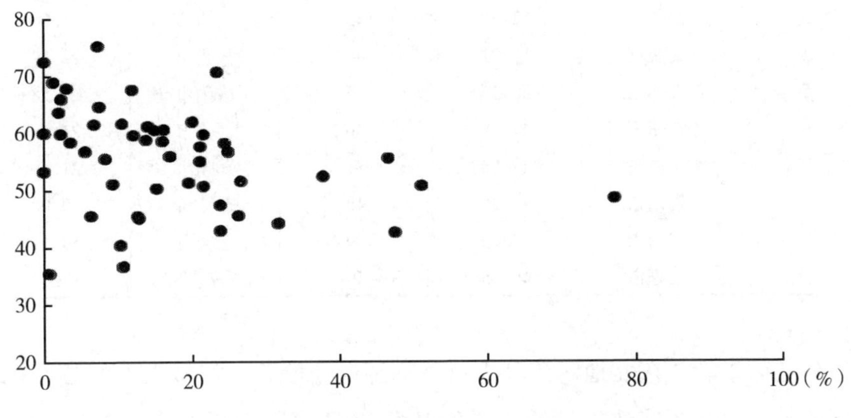


**图8　社会网络得分与流动人口比例相关趋势**

此外，社会文化的同质性对于社会网络的构建具有重要影响。东北地区的人口流动多是省内或东北区域内流动，流动人口于流入地居民的文化同质性较强，拥有相同的语言，更易在流入地搭建社会网络；而长三角和珠三角地区多有独特的方言其特有地方文化，流动人口与本地人交往、融入本地人生活的难度更大。

### （四）流动人口的幸福感较低，社会网络与就业状况影响流动人口的幸福感

幸福感是流动人口做出流动决策、进一步融入本地社会生活的心理基础。50个被评估城市的幸福感平均得分为36.77分，即36.77%的流动人口认为自己在流入地工作和生活更加幸福。不同城市流动人口的幸福感评价差异较大，鄂尔多斯市、无锡市、柳州市、大庆市和大连市有超过半数的流动人口认为在本地生活更幸福，而西安市和石家庄市流动人口认为本地生活更幸福的比例不足20%（见表5）。

**表 5　幸福感前十名和后十名城市及得分**

单位：分

| 前十名 | 城市 | 幸福感得分 | 后十名 | 城市 | 幸福感得分 |
|---|---|---|---|---|---|
| 1 | 鄂尔多斯市 | 54.74 | 41 | 温州市 | 27.95 |
| 2 | 无锡市 | 53.13 | 42 | 三亚市 | 27.50 |
| 3 | 柳州市 | 52.39 | 43 | 惠州市 | 25.00 |
| 4 | 大庆市 | 52.21 | 44 | 泉州市 | 23.60 |
| 5 | 大连市 | 50.36 | 45 | 咸阳市 | 21.88 |
| 6 | 常州市 | 49.58 | 46 | 兰州市 | 21.48 |
| 7 | 宁波市 | 47.58 | 47 | 郑州市 | 21.20 |
| 8 | 贵阳市 | 47.36 | 48 | 东莞市 | 20.00 |
| 9 | 江门市 | 47.19 | 49 | 西安市 | 19.11 |
| 10 | 长春市 | 46.25 | 50 | 石家庄市 | 17.02 |

分地区来看，东北地区流动人口幸福感得分最高，西部地区次之，中部地区流动人口幸福感评价最低，得分仅为 33.24 分（见图 9）。流动人口幸福感与其在流入地城市的社会网络的特征显著相关，流动人口的日常交往圈子越趋于本地化，其感受到的流入地城市对其的包容接纳越强，有助于提升流动人口在本地生活的自信心和安全感。东北地区文化同质性较强，且流入人口多为地区内流动，其更容易建立与流入地居民的交往联系，幸福感评价较高。

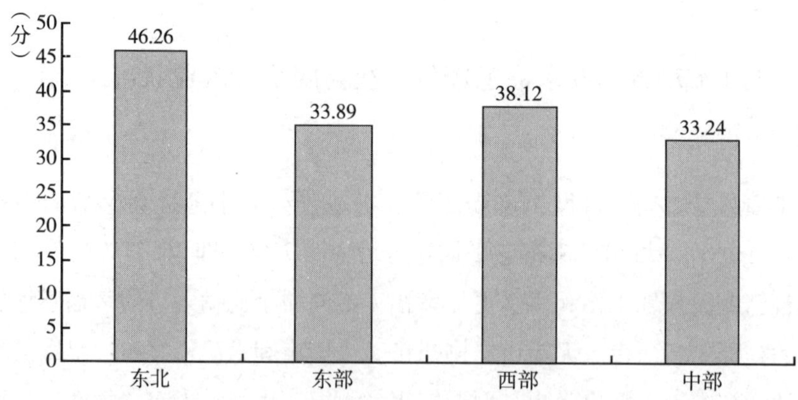


**图 9　不同地区城市流动人口幸福感得分**

流动人口幸福感得分与其月收入存在负相关关系，两者相关系数为 -0.4019（P=0.0038）。人口从农村流动到城市，在一定程度上改善了物质生活条件，然而，当前流动人口幸福感整体偏低，表明经济回报的提高并没有带来流动人口幸福感水平的相应提升。这可能与他们从事的工作大多强度大、时间长，工作环境和居住环境都比较差，再加上背井离乡远离亲友，缺乏情感和精神上的支持有较大的关系。

幸福感是持续流动的心理基础，也影响流动人口进一步融入流入地的意愿。幸福感与归属感相关系数为 0.61，呈显著正相关，说明流动人口认为在流入地生活更幸福，则其社会融合的意愿会更强，更愿意融入本地生活且成为其中一员，追求在流入地的长期居留与发展。幸福感与连续就业时间呈正相关，在流入地连续就业时间越长，幸福感越高，进而影响其归属感。因此一个城市若能够让其流动人口稳定就业，可以有效增进流动人口的幸福感。

### （五）流动人口认同感总体不高，且地区间差异较大，城市居留时间和社会保障水平影响流动人口对市民身份的认同

认同感主要衡量流动人口对流入地城镇居民身份的认同程度，是流动人口基于其城市生活体验做出的评价。总体上流动人口的认同感得分并不高，仅有 35.7% 的流动人口表示愿意成为本地居民。流动人口认同感与其在城市的居留时间相关，在城市生活时间较长的流动人口更倾向于获得本地居民身份。但目前流动人口在城市仍以短期务工为主，在流入地有三年以上生活经历的流动人口不足 40%，近四分之一的流动人口居留时间不足一年。由于工作和生活的流动性比较强，流动人口对城镇居民的身份认同感也相对较低。

根据认同感得分情况将 50 个被评估城市分为三类（见表 6），认同感得分在 50 分及以上的为Ⅰ类城市，得分低于 50 分但不低于 30 分为Ⅱ类城市，得分不足 30 分的为Ⅲ类城市。

流动人口认同感的城市间差异比较大。流动人口认同感得分在 50 分以上的城市共 8 个，其中大连和珠海得分超过 60 分；认同感得分低于 30 分的

城市有17个，榆林市和鄂尔多斯市不足15分。榆林和鄂尔多斯属于资源型城市，早期资源型工业的发展形成大量劳动力需求，但在产业转型的背景下也出现人口外流趋势，流动人口在本地生活时间短，流入与流出变动制约了城市融入，因此难以形成流动人口对市民身份的认同。

**表6　54个城市流动人口认同感得分分组**

| 类别 | 城市 |
| --- | --- |
| Ⅰ类城市（认同感得分≥50） | 大连市、珠海市、无锡市、太原市、大庆市、武汉市、厦门市、哈尔滨市 |
| Ⅱ类城市（30≤认同感得分<50） | 常州市、乌鲁木齐市、西安市、苏州市、南京市、青岛市、三亚市、烟台市、济南市、中山市、沈阳市、兰州市、福州市、佛山市、呼和浩特市、台州市、柳州市、咸阳市、泉州市、杭州市、郑州市、嘉兴市、绍兴市、长春市、东莞市 |
| Ⅲ类城市（认同感得分<30） | 温州市、宁波市、江门市、惠州市、昆明市、南宁市、南昌市、长沙市、金华市、唐山市、石家庄市、海口市、成都市、合肥市、贵阳市、榆林市、鄂尔多斯市 |

## （六）流动人口有较高的归属感，地区间归属感差异主要受地域文化的影响

流动人口的归属感反映流动人口能否积极主动地融入城市：是否愿意与本地居民交往、是否积极关注城市动态并主动融入城市日常生活。流动人口归属感平均得分约83.92分（满分为100分），各城市间差异不大，说明大多数流动人口都愿意主动融入城市生活。从得分的分布情况来看，东北和西部城市归属感得分较高，其中哈尔滨的流动人口归属感得分超过90分，而得分较低的城市主要集中在东部，特别是广东、福建和浙江三省（见表7）。地区间流动人口归属感的差异受地域文化的影响较大，东南沿海各省地域文化特征明显，外来人口特别是跨省流入人口面临文化适应的难题，语言沟通的不便又进一步限制了他们与本地人的接触和交流，因此相比于其他地区，东部城市流动人口融入难度更大。体现在认同感和归属感的分野上，东部地

区流动人口虽然非常认同当地居民身份的价值，但是面对不同地域文化和语言的环境，其内心却难以产生较强的归属感。因此，如何帮助流动人口实现跨越文化型的融合，从心底对流入地社会产生真正的归属感，是东部沿海地区城市在促进流动人口社会融合中需要进一步思考的。

**表 7　归属感得分城市排名**

单位：分

| 前十名 | 城市 | 归属感得分 | 后十名 | 城市 | 归属感得分 |
|---|---|---|---|---|---|
| 1 | 哈尔滨市 | 90.17 | 45 | 绍兴市 | 80.72 |
| 2 | 鄂尔多斯市 | 89.97 | 46 | 台州市 | 80.51 |
| 3 | 大连市 | 89.02 | 47 | 嘉兴市 | 80.40 |
| 4 | 柳州市 | 88.89 | 48 | 江门市 | 80.29 |
| 5 | 成都市 | 88.43 | 49 | 金华市 | 79.32 |
| 6 | 宁波市 | 88.17 | 50 | 惠州市 | 79.11 |
| 7 | 青岛市 | 87.80 | 51 | 东莞市 | 78.38 |
| 8 | 南宁市 | 87.64 | 52 | 咸阳市 | 78.02 |
| 9 | 大庆市 | 87.40 | 53 | 泉州市 | 77.28 |
| 10 | 三亚市 | 86.89 | 54 | 温州市 | 76.74 |

## 四　流动人口心理文化融合面临的主要问题

随着流动人口社会融合问题的日益显现，政府采取了一系列政策旨在促进流动人口社会融合，构建包容共享的和谐社会，但在这个过程中，对流动人口的心理文化融合的重视还不够，再加上其他因素的影响与制约，使得流动人口的心理文化融合面临诸多问题。具体而言，目前我国流动人口的心理文化融合具有以下问题：

### （一）流动人口与城市居民心理文化隔阂大，是阻碍流动人口的社会融合的关键因素

无论是与各城市其他三个维度的社会融合分布状况进行比较，还是对不

同地区、城市群和城市规模的心理融合得分进行比较，可以发现，各城市流动人口心理文化融合得分较低，是整体社会融合的短板。

生活在同一个社会环境中，不同人群之间的心理文化隔阂若持续存在，会造成心理失衡。流动人口，尤其是跨省跨地区的流动人口的生活习性、语言文化背景与当地人之间存在差异，长期处于边缘底层地位，再加上经济下行，城市生活成本逐年提高，收入差距继续存在，如不加强对流动人口心理文化建设的重视，将会加大流动人口尤其是新生代流动人口对城市居民情感和心理上的隔阂，如若管理不当，甚至会激化矛盾，影响社会和谐。

### （二）流动人口心理融合的结构失衡，呈现出“高归属感、低认同感、低幸福感”的特征，难以真正融入城市

从心理融合的各个维度看，流动人口对流入地有较高的归属感，归属感得分达到83.92分，表明其有较高的主观融入意愿，但流动人口的认同感和幸福感均较低（见图10）。这反映出一方面，流动人口虽然对城市有较强的融入意愿，愿意继续生活在城市，但由于制度隔阂、职业隔离、刻板印象等因素，流动人口在流入地生存发展、社会融合的成本较高，因此难以从内心真正认同城市居民身份，甚至削弱了其主观幸福感受。另一方面，这也说明，对大部分流动人口来说，城市虽好，但生活成本高，并不认为城市能有其一席之地，流动的最终目的并非为了身份转变成城市居民，其在城市就业的目的仍是赚取更多收入后返乡后更好地生活，甚至以忍受暂时的家庭分离，牺牲“老婆孩子热炕头”的幸福感为代价。因此，看到高归属、低幸福的心理融合结构也不足为怪。

### （三）流动人口日常生活的“城市化”水平低，社会网络过于封闭

流动人口的心理文化融合不仅仅体现在对流入地的认同与归属等主观评价上，还体现在日常行为的同化中，即与当地居民有类似的生活方式。流动人口的生活习俗得分为30.78分，这表明流动人口还不能很好地按照“城市

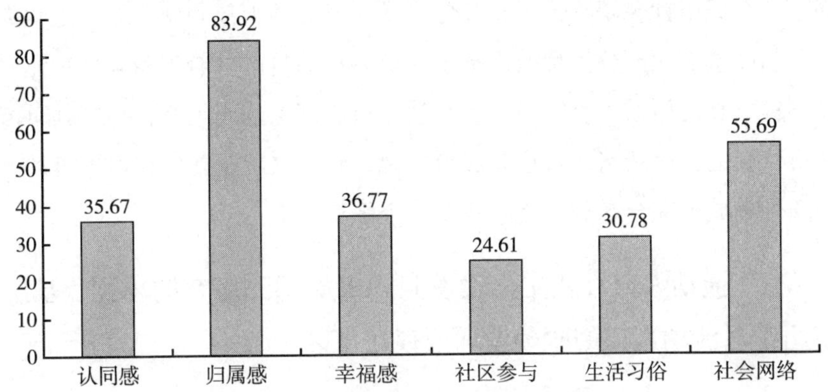


**图10　心理文化融合维度下各分项指标比较**

人”的方式生活，难以真正实现“生活方式的城市化”。同时，虽然流动人口的社会网络得分相对较高，但其社会网络结构单一封闭。流动人口的流动过程使其脱离了原生的社会网络，流动人口在流入地的社会网络建构多建立在血缘或地缘关系上，交际范围多局限在流动人口群体，难以与本地居民建立关系网络，社会网络结构单一性、封闭性强，这也制约了其日常生活的“城市化”和认同感的提升。

## （四）部分地区针对流动人口管理失当、服务不到位，不利于流动人口心理文化融合

在人口流动加剧的背景下，流动人口成为各大城市的一个重要且特殊的群体。一方面，其在从初来乍到到安家落户的过程中，需要流入地城市提供就业、医疗、教育等各方面的服务，也需要接受各方面的管理，不可避免会接触各个城市管理部门，和相关部门人员打交道。另一方面，流动人口总体上以农民工为主，受教育程度较低，接受消化新事物新信息的能力也不如城市居民，在对流入地社会从陌生到熟悉的过程中，更依赖流入地政府，需要城市管理服务机构和人员的帮助。而目前部分城市和地区无论是在行政执法还是日常服务管理中对流动人口仍存在偏见，管理方式过于简单，服务意识差，服务内容也缺乏对其心理文化需求的关注，使流动人口对城市居民缺乏

认同感，对城市社会缺乏公平感，也容易激发流动人口和城市居民之间的矛盾。在制度层面，部分大型城市基于人口调控的目的，给流动人口就业生活居住设置较高的门槛，更容易加大流动人口心理上的不平衡，加剧其对流入地城市社会的负面情绪，对这些城市来说，重中之重是如何在促进流动人口心理融合和城市综合承载力之间找到一个平衡点。

### （五）流动人口心理文化建设问题未能得到应有的重视，基层党团群组织对流动人口的服务管理还存在盲区

流动人口社区参与得分只有24.61分，在心理融合各个维度中得分最低，这反映出了社区还没有充分将流动人口纳入到服务框架内，基层组织对流动人口的作用也没有充分发挥。由于离开户籍地，大部分流动人口客观上游离于户籍地党团组织管理之外，缺乏正常的党团组织生活；同时，目前企事业单位工会组织中流动人口入会率较低，尚不能完全适应流动人口参与政策过程实现其权益的要求；流动人口自身没有形成完备的组织机构与支持系统，缺乏利益表达和权益维护的渠道和载体。这使流动人口的心理文化需求得不到合理的引导和满足，同时也削弱了党和团组织在这一群体的基础，不利于其舆情掌控和组织动员能力，特别是在引导流动人口合理表达诉求，理性参与社会管理方面欠缺有力抓手，难以及时把握该群体的心理动态和主要需求，难以提供有针对性的组织服务，不利于促进流动人口的心理文化融合。

## 五　促进流动人口心理文化融合的相关建议

针对上述流动人口心理文化融合存在的问题，本研究提出如下建议：

### （一）流入地政府要高度重视流动人口心理文化融合问题，要促进其健康融入城市社会

当前政府对流动人口社会融合的经济等层面关注较多，对流动人口心理

文化融合的重视程度还不够，在推进流动人口社会融合中应逐渐把心理文化融合纳入到政策考虑框架中，完善相关政策，积极有效地促进流动人口融入城市社会。对流入地政府来说，应逐步消除政策壁垒，加强流动人口对流入地社会的认同感；在流动人口市民化的过程中，健全流动人口公共服务提供，降低流动人口生活成本，进一步提高流动人口幸福感；畅通流动人口利益诉求表达渠道，促进流动人口真正融入城市社会、参与城市社会管理和建设。

### （二）对社会进行宣传引导，营造开放包容的城市氛围，实现城市居民接纳和流动人口融入的互动

流动人口的心理文化融合不是流动人口单方面的融合，更需要流入地居民对流动人口的心理认同和积极接纳。城市居民对于流动人口的接纳意愿影响甚至决定着流动人口的融入意愿和行为。因此，流入地政府应积极对流动人口的正面宣传，肯定流动人口对城市发展做出的贡献，打破对流动人口群体的刻板印象，增强城市居民对流动人口的接纳意愿，营造开放包容的社会氛围，搭建平台促进流动人口与本地居民的社会网络建构，实现跨群体的人际交流和互动。只有城市居民真正从心理和情感上接纳和认可了流动人口，流动人口才会从心理上认可城市社会，真正成为城市的一员。

### （三）构建社区共建机制，有效引导流动人口的社区参与

社区是社会的基本组成部分，具有社会组织功能，对于促进社会融合、维护社会稳定具有重要作用。良好的社区参与有助于流动人口社会资本的构建，促进流动人口与居民之间的情感交流，加强流动人口的归属感，提高其对本地身份的认同。因而，政府应该加强社区共建，拓宽流动人口社区参与途径，并引导流动人口积极参与到社区活动中。一是逐步放宽社区选民资格限制，将流动人口纳入到城市的选举体系中，扩大流动人口的政治参与，畅通流动人口的利益表达渠道。二是积极组织开展社区活动，鼓励本地居民和流动人口的共同参与，通过丰富的娱乐、社交活动促进流动人口与当地居民

的多维度互动，为流动人口构建跨群体的社会网络创造条件。三是构建流动人口从社区融入城市社会的路径体系，充分发挥社区多元作用，建立健全针对流动人口的多元支持网络。

### （四）加强流动人口党群组织建设，增加流动人口组织归属感

要加强对流动人口，尤其是农民工的党群组织和管理，让他们在脱离了户籍地党群组织与管理的背景下，在城市里能够得到组织的关心。要加强流入地社区基层党组织建设，积极发挥基层党组织在流动人口服务和管理工作中的重要作用。在流动人口较为密集的基层社区建立流动人口服务协会、在雇用流动人口较多的企业建立工会组织，以充分发挥这些组织和团体在为流动人口提供服务、化解矛盾的方面的核心作用。

### （五）关注流动人口精神文化需求，提供适合流动人口的文化产品，引导积极健康的文化消费方式

流动人口的文化休闲生活应当得到流入地政府和社会的重视，并在政策上能够采取有效措施，提高流动人口文化休闲活动的参与度，丰富流动人口的精神文化生活。首先从政策上保障流动人口参加文化休闲生活的资金和时间。其次从舆论上引导流动人口在业余时间里参与健康、文明的文化活动。同时还要从文化设施上为流动人口参加文化休闲活动提供保障条件。

城市居民和以农民工为主的流动人口的生存状况有较大差别，对文化产品的需求也有很大差别。文化产品必须要更有针对性，更好地满足这种多元化需求。尤其是对流动人口这一特殊群体，必要的文化产品若能反映他们的心声和生活历程，引起情感共鸣，引导他们的健康精神生活方式，将有利于促进社会和谐稳定。

同时，要引导宣传积极健康的文化消费方式。相较于农村地区，城市的生活节奏较快，工作压力较大，众多流动人口的文化消费的层次较低，如上网、看电视等。提升流动人口的文学消费层次，能够扩大知识面、陶冶情操、放松身心、提高工作效率，从某种意义上讲是一种人力资本投资。因此

城市媒体要引导健康、积极的文化消费方式。尤其是对于部分青少年流动人口过分依赖电脑网络的现状，要加强引导（比如开展相应的专题宣传活动），使他们少上网，少玩手机，多去社区文化中心、图书馆、博物馆等文化消费场所。

### （六）为流动人口提供心理健康相关服务，促进其从心理上适应城市生活，积极融入城市

流动人口在融入城市社会的过程中，往往会遭遇歧视、不公平对待等问题，会带来心理压力，不利于其从心理上融入城市生活，而且如果不及时化解心理压力，会导致心理健康问题。因此，针对流动人口建立心理疏导机制，加强对流动人口的心理健康教育非常必要。而要解决流动人口的心理问题，促进流动人口的心理健康，提高其承受挫折、适应环境的能力，就需要建立健全针对流动人口的心理健康服务体系。首先，需要构建针对流动人口的心理健康服务平台，通过购买服务等形式引导社会组织、社会工作者和志愿者积极参与流动人口心理健康服务，提供适合流动人口心理特点的心理咨询；其次，要在中小学教育以及职业教育培训中增加心理健康教育内容，通过心理健康教育提高流动人口的心理适应能力和解决问题的能力；最后，在流动人口集中的企事业单位中应依托工会、人力资源部门、卫生计生办等机构，增设专业心理咨询服务，培养心理健康服务人员，对流动人口开展心理健康教育、为流动人口提供心理健康咨询等服务，以及时发现流动人口心理问题，增进流动人口心理健康，促进流动人口心理文化融入。

## 参考文献

陈云松、张翼：《城镇化的不平等效应与社会融合》，《中国社会科学》2015 年第 6 期。

崔岩：《流动人口心理层面的社会融入和身份认同问题研究》，《社会学研究》2012 年第 5 期。

黄匡时：《社会融合视野下的北京市流动人口政策研究》，中共北京市委党校，2009。

李平、朱国军、季永宝：《转型期异质性流动人口的社会融合影响因素研究——来自山东省流动人口调研数据的经验证据》，《东岳论丛》2015年第1期。

任远、乔楠：《城市流动人口社会融合的过程、测量及影响因素》，《人口研究》2010年第2期。

任远、邬民乐：《城市流动人口的社会融合：文献述评》，《人口研究》2006年第3期。

唐丹：《流动人口社会融合心理测量方法与数据的使用——基于2013年流动人口动态监测》，《人口与经济》2015年第5期。

田凯：《关于农民工的城市适应性的调查分析与思考》，《社会科学研究》1995年第5期。

汪明峰、程红、宁越敏：《上海城中村外来人口的社会融合及其影响因素》，《地理学报》2015年第8期。

王丽，原新：《流动人口社会交往对心理融合影响的研究》，《天府新论》2016年第1期。

杨菊华：《从隔离、选择融入到融合：流动人口社会融入问题的理论思考》，《人口研究》2009年第1期。

杨菊华：《中国流动人口的社会融入研究》，《中国社会科学》2015年第2期。

余运江、高向东、郭庆：《新生代乡－城流动人口社会融合研究——基于上海的调查分析》，《人口与经济》2012年第1期。

悦中山、李树茁、费尔德曼：《农民工社会融合的概念建构与实证分析》，《当代经济科学》2012年第1期。

张文宏、雷开春：《城市新移民社会融合的结构、现状与影响因素分析》，《社会学研究》2008年第5期。

张运红：《中国流动人口社会融合的治理研究》，《城市观察》2015年第2期。

周皓：《流动人口社会融合的测量及理论思考》，《人口研究》2012年第3期。

朱力：《论农民工阶层的城市适应》，《江海学刊》2002年第6期。

# 实践报告

Practice Reports

# B.8
# 中国流动人口社会融合实践模式及政策分析报告

李晓壮　宁颖丹*

**摘　要：** 中国流动人口总量持续保持在高位，且期盼融入城市社会生活的愿望和诉求越发强烈。研究发现，宏观层面的顶层设计、中观层面的户籍制度改革和基本公共服务、微观层面的示范试点创新以及成渝全国统筹城乡综合配套改革试验，即“4+1”杠杆性因素对促进流动人口社会融合起至关作用，取得一定成效，初步形成以制度导向型、服务融合型、载体支撑型、主体协同型的实践模式。通过对现存的四种流动人口社会融合实践模式总结分析，发现其中既有可借鉴推广的实践元素，

* 李晓壮，北京市社会科学院社会学研究所副研究员，社会学博士，研究方向：人口、城市社会治理；宁颖丹，国家卫生健康委流动人口服务中心干部，理学硕士，研究方向：流动人口社会融合。

也存在缺乏统筹城乡观点、户籍改革难落实、融合政策“碎片化”、流动人口家庭发展能力较弱等亟待解决的问题。为此，建议以统筹城乡为基础，进一步深入推进户籍制度改革，构建社会融合政策体系，建立以家庭政策为基本单元的社会政策取向，加快形成政府主导、社会和企业协同、流动人口主动参与的流动人口社会融合格局，以推进流动人口社会融合向更高质量阶段迈进。

**关键词：** 流动人口　社会融合　城市

当前中国经济社会发展进入新的成长阶段，作为中国人口重要组成部分的流动人口正在经历人类历史上规模最大的人口流动迁移，且随着总量持续保持高位的同时，期盼能够在流入地落地生根的愿望和诉求越发强烈，已对新常态下的中国基本公共服务供给、新型城镇化等国家重大发展战略产生重要影响。如何促使如此大规模的流动人口在城市获得均等的发展机会，公平享受均等化的基本公共服务和权利，全面参与城市政治、经济、社会和文化生活，最终融入城市社会已成为摆在各级政府面前的重大课题。同时，流动人口社会融合问题的解决，也有助于中国经济结构的转型、社会结构的优化、文化结构的交融；有助于中国新型城镇化向更高质量阶段迈进；有助于中国改革成果更加公平惠及全体人民，使百姓有更多的获得感。正是在这种背景下，有必要对中国流动人口社会融合实践取得成绩及影响因素等进行总结和分析，归纳流动人口社会融合实践模式。在此基础上，研究当前中国流动人口社会融合实践存在的问题以及对策建议，以满足流动人口日益增长的社会融合需求。

## 一　中国流动人口社会融合实践总体进展情况

从城镇化发展规律看，未来一二十年，中国仍将处于城镇化快速发展阶段。预计到2030年，中国城镇化率将接近70%，到时约有2.3亿人将从农村转移到城镇，流动人口总量将从2016年的2.45亿人上升到2030年的3.1亿人。规模宏大的流动人口是在快速城镇化推进过程中形成的，同时，规模宏大的流动人口融入城市社会生活也需要在快速城镇化推进过程中加以解决。实践表明，进入21世纪以来，中国流动人口总量、流向、结构以及诉求发生深刻变化，党和国家高度重视流动人口社会融合问题，出台了一些促进流动人口社会融合的相关政策措施，针对流动人口的社会融合示范试点工作也取得了一定成效。同时，一些地方政府重大体制性改革举措，都对中国流动人口融入城市社会具有重要推动作用。综合梳理认为，宏观顶层设计、中观户籍制度改革和基本公共服务、微观示范试点创新以及成渝全国统筹城乡综合配套改革试验区的成功实践，即“4+1”的杠杆性因素对促进流动人口社会融合实践起着至关重要作用。

### （一）宏观层面：顶层设计

十八大以来，以习近平同志为核心的党中央高度重视中国流动人口社会融合问题[①]。党的十八大报告提出，“加快改革户籍制度，有序推进农业转移人口市民化，努力实现城镇基本公共服务常住人口全覆盖[②]”。党的十八届三中全会，明确提出“推进农业转移人口市民化，逐步把符合条件的农业转移人口转为城镇居民[③]”。党的十八届五中全会，明确提出“推进以人为核心的新型城镇化。深化户籍制度改革，促进有能力在城镇稳定就业和生活的农业转移人口居家进城落户，并与城镇居民有同等权利和义务。实施居住证制度，努力实现基本公共服务常住人口全覆盖。健全财政转移支付同农业转移人口市民化挂钩机制，建立城镇建设用地增加规模同吸纳农业转移人

① 肖子华：《习近平流动人口社会融合思想研究》，《人口与社会》2016年第3期。
② 《十八大报告辅导读本》，人民出版社，2012，第23页。
③ 《中共中央关于全面深化改革若干重大问题的决定》，人民出版社，2013，第25页。

口落户数量挂钩机制①。”从以上方面看，顶层设计透露出的关键词是解决农业转移人口市民化问题、户籍制度改革问题以及基本公共服务常住人口全覆盖问题。因此，我们认为解决农民进城落户，解决流动人口融入城镇，已经形成具有“四梁八柱”性质的流动人口社会融合“顶层设计”，推进流动人口社会融合路线图已经确立，这必将为中国流动人口社会融合实践整体推进进一步指明方向。

## （二）中观层面：户籍制度改革和基本公共服务均等化

户籍制度改革、基本公共服务均等化是影响中国流动人口社会融合这一问题的两个核心问题。也就是说，户籍制度是解决农业转移人口或流动人口进城问题，而基本公共服务常住人口全覆盖是保障进城农业转移人口或流动人口能够在城市获得均等化的发展机会，能够公平享受均等化的基本公共服务的权利与资源。需要指明的是，中国户籍制度不仅具有户籍登记管理功能，同时，还是基本公共服务以及基本公共服务获得机会的直接载体。所以，在探讨户籍制度改革时，往往附带着基本公共服务获得的权利和机会的实现。随着户籍制度进一步深化改革以及城镇化进一步深入推进，人民日益增长的美好生活需求进一步提高，原有基本公共服务概念外延不断扩大。

基于“顶层设计”主线，户籍制度改革、基本公共服务在流动人口群体覆盖面方面取得了一定积极进展。2014 年 7 月 30 日，国务院颁布《国务院关于进一步推进户籍制度改革的意见》，意见中规定取消农业户口与非农业户口性质区分，统一登记为居民户口，充分体现了户籍制度的人口登记管理功能。不过，意见尽管突出户籍制度人口登记管理的功能，但是，户籍制度的社会福利、社会权利等功能并未随之消失，而是通过居住证制度来承接（2016 年 1 月 1 日实施的《居住证暂行条例》）。中国户籍制度改革具有显著的渐进性质，因此《居住证暂行条例》的出台，是通过居住证制度来保障

① 《中共中央关于制定国民经济和社会发展第“十三个五年”规划的建议》，人民出版社，2015，第 27 页。

基本公共服务和便利常住人口全覆盖，保证人民群众合法权益，促进社会公平正义，推进新型城镇化健康发展。也就是说，户籍制度附带的社会福利、社会权利等功能并未与户籍真正脱钩。2016 年 9 月 30 日，国务院办公厅关于印发《推动 1 亿非户籍人口在城市落户方案》进一步拓宽落户通道，突出了重点群体，使有能力在城镇稳定就业、生活的农业转移人口可以举家进城落户。

“户籍新政”的主要贡献是，打破了农业户口与非农业户口的二元身份，统一称为居民，人们不再有标签化的社会身份区隔。居住证制度，实际表明基本公共服务和便利的供给面扩大，即将非本地户籍且居住半年以上的流动人口纳入基本公共服务保障范围，保障流动人口与流入地户籍人口能够享有均等化基本公共服务的权利和机会。“推动 1 亿非户籍人口落户”，明确地提出了落户目标、规模以及流动人口中重点群体。“户籍新政”目标导向明确，这为加速农业转移人口的市民化，尤其是居住在流入地半年以上的流动人口能够较快融入城市社会奠定了制度性基础，同时，也为顺利实现国家新型城镇化战略目标任务奠定了坚实基础。

### （三）微观层面：示范试点创新

在促进流动人口融合过程中，除了顶层设计、户籍制度改革和基本公共服务全覆盖之外，需要特别指出的是，原国家卫生计生委专门就流动人口社会融合这个专题开启示范试点工作新路。原国家卫生计生委主导的流动人口社会融合示范试点工作的初衷，一方面是为推动中国流动人口社会融合理论和政策研究成果落地；另一方面是从试点城市实践中总结提炼流动人口社会融合工作机制。2013 年，原国家卫生计生委确定武汉等 8 个城市进行流动人口社会融合理论和经验成果试点实验。2014 年，原国家卫生计生委专门下发《关于开展提高流动人口家庭发展能力促进流动人口社会融合示范试点工作的通知》，明确大连市等全国 15 个城市为开展“提高流动人口家庭发展能力，促进流动人口社会融合”示范试点城市，2016 年，新增拉萨等 7 个示范试点城市，总计 22 个。随着中国流动人口社会融合的示范试点工作不断深入推进，流动人口社会融合示范试点的内容、区域范围不断拓展。与此同时，流动人口社会融合示范试点城市的服务覆盖、信息管理、网点建设以及社区融合等方面工作也取得了良好成效。

### （四）成功实践：成渝全国统筹城乡综合配套改革试验区

根据目前的经济发展速度、城市竞争力、城乡差距等几个方面综合指标[①]以及中国流动人口社会融合指数测量反映出的结果表明，成渝经济发展速度超出预期，社会发展向好的有利条件逐渐显现。我们认为成渝全国统筹城乡综合配套改革试验区所取得的成绩，是改革开放以来在中央统一部署下一次较为成功的地方性改革实验[②]。主要表现在以下几个方面：系统性，改革涉及各个领域的体制改革全面推进；关键性，在重点领域和关键环节率先取得突破；动力性，以破除城乡二元经济体制为核心，建立了较为成熟的社会主义市场经济体制和社会体制；效果性，增强经济社会发展动力，缩小了城乡区域差距，实现了城乡社会公平共享改革的发展成果。最终，保障了农村居民和进城务工人员及其务工人员家属在不同方面享有与城市居民平等的权利、均等化的公共服务以及同质化的城市生活便利条件。需要指出的是，成渝全国统筹城乡综合配套改革试验区制度设计以及重要政策举措，虽然未专题推进流动人口的社会融合工作，但其本质已为流动人口融入城市社会奠定基础和条件。成渝全国统筹城乡综合配套改革试验区所取得的成功经验，不仅对当今中国流动人口社会融合实践工作具有重要参考价值，同时，对中国新型城镇化发展战略目标任务同样具有借鉴意义。

---

① 中国城市竞争力研究会公布2016年城市竞争力排名，在中国方面成都第12、重庆第6；2016年成都市GDP达到7.5%左右，重庆市GDP达到10.7%左右。

② 2007年6月7日，国务院批准设立的重庆市和成都市（成渝）全国统筹城乡综合配套改革试验区。

## 二 中国流动人口社会融合实践模式的分析

当前，中国流动人口流量、流向和结构等方面发生深刻变化，流动人口的诉求日趋多元化，这对推进流动人口社会融合工作带来新的挑战。为应对流动人口社会融合实践新挑战，有必要在梳理流动人口社会融合实践基础上，总结流动人口社会融合工作的好经验、好做法、好成效，以为下一步深入推进中国流动人口社会融合提供可以参考和推广的实践经验。基于以上论述，从制度、服务、载体、主体四个方面对当前我国流动人口社会融合实践模式进行总结，包括：制度导向型、服务融合型、载体支撑型、主体协同型。

特别需要强调的是，制度导向型模式，主要以统筹城乡发展，破除城乡二元结构体制为基点，论述其在促进流动人口社会融合方面发挥的作用，在这里以成渝全国统筹城乡综合配套改革试验区为例。服务融合型模式，主要以基本公共服务常住人口全覆盖为基点，论述其在保障流动人口享有均等化基本公共服务方面发挥的作用，在这里以福建厦门为例。载体支撑型模式，主要从制度、服务落地的载体角度考虑，包括实体社区载体、虚拟社会载体两个方面，论述其在促进流动人口社会融合方面发挥的作用，在这里分别以成都市、合肥市为例。主体协同型模式，主要指共同作用于流动人口社会融合的各方参与主体以及流动人口自身，他们之间的相互协作与配合在促进流动人口社会融合方面发挥的作用，包括政府主导型、政社合作型、政企合作型以及流动人口主动参与型，在这里分别以福建泉州市、苏州太仓市、山东青岛市、浙江杭州市为例。还需要特别说明的是，这四个方面的实践模式，只是某一个地区或区域的突出实践做法，在具体实践中，也会有一定交叉。因此，需用辩证的思维理解流动人口社会融合实践模式，取其可取之处。

### （一）制度导向型

长期以来，城乡二元分割的制度体系深刻影响着我国经济社会的协调发展，深刻影响着工业化、城镇化、农业现代化的协调推进，深刻影响着城乡居民公平共享改革发展成果，当然也深刻影响着规模庞大的流动人口，尤其深刻影响着流动人口中的大部分农民工市民化。流动人口流入城市，看似城市问题，实际是农村问题；看似工业问题，实际是农业问题；看似市民问题，实际是农民问题。解决中国流动人口社会融合，问题在城市，根在城乡二元结构体制。因此，我们认为统筹城乡发展，实现城乡一体化发展是破解城乡二元经济社会体制的根本出路①，也是破解流动人口融入城市社会的根本途径。成渝全国统筹城乡综合配套改革试验区，正是在党中央提出的“五个统筹”的顶层设计引导下，遵照统筹城乡发展基本要求，推进制度设计与创新，探索改变中国城乡二元经济结构，形成统筹城乡发展的新体制新机制。

2007 年 6 月，成渝被确定为全国统筹城乡综合配套改革试验区，一场统筹城乡差别、平衡城乡利益、重建城乡社会的改革试验在成渝“试水”。试验以来，成渝城乡统筹取得积极进展。重庆经验主要体现在 3 大制度创新②：一是建立新型城乡统筹开放关系；二是建立新型城乡分配关系；三是建立新型城乡平等关系。在制度创新的第三个方面，通过“创新地票交易与土地流转模式；城乡全覆盖的养老保险制度；打破城乡分割，全面推进户籍制度改革；城乡统筹的教育与文化制度”“四位一体”的城乡统筹制度框架，为全面推进城乡公平起到至关重要作用。成都经验主要体现在 3 个方面制度创新③：一是推进“三个集中”，即农民向城镇集中、工业向集中发展区集中、土地向规模经营集中；二是推行“六个一体化”，即城乡产业发展、城乡规划、城乡公共服务、城乡基础设施、城乡市场体制、城乡管理体制；三是实施“四大基础工程”，即农村新型基层治理机制建设、村

① 陆学艺：《统筹城乡发展，农村要进行第二次改革》，《经济学家》2008 年第 2 期。

② 李敬等：《制度创新与统筹城乡发展——来自重庆统筹城乡综合配套改革试验区的经验》，《农业经济问题》2012 年第 6 期。

③ 钟华林：《成都：在统筹城乡中加快经济发展方式转变》，《经济日报》2010 年 3 月 30 日。

级公共服务和社会管理改革、农村产权制度改革、农村土地综合整治等农村。

成渝地区在统筹城乡方面取得的成就归结起来，主要是按照中央关于统筹城乡经济社会发展的精神，进行较为周全的制度设计，明确以破除城乡二元结构体制为导向，深化城乡各个领域的体制改革，加快了城乡一体化进程。成渝地区统筹城乡实践表明，通过制度创新，统筹城乡，着力解决“三农”问题，把农业抓好了，工业发展反而更好了；把农村抓好了，城市发展反而更好了；把社会抓好了，经济发展反而更好了。同时，把本地城乡内部问题解决好了，也为化解由流动人口带来的外部问题提供了宝贵经验，进而为解决流动人口，主要是农民工群体融入城市生活的奠定了基础性制度条件，最终达到促进流动人口社会融合。

### （二）服务融合型

流动人口从“流”转变为“留”，最关键因素是能否使流动人口得到“全要素”均等的基本公共服务供给。这需要在以流动人口为基本公共服务供给对象的前提条件下，进一步明确供给流动人口哪些基本公共服务，而且要防止提供的基本公共服务“碎片化”，形成“拳头”，保障服务供给合力，实现服务融合，以破解流动人口生存、生活以及后顾之忧，保证有意愿、有条件、有能力、可融入城市社会。

基本公共服务是指，建立在一定社会共识基础上，由政府主导提供，与经济社会发展水平和阶段相适应，保障人民群众生存和发展基本需求的服务①。我们认为，保障和实现居住在城镇半年以上的流动人口基本公共服务均等化应包含就业、教育、住房保障、社会保障等领域的公共服务，而且应系统供给，而不应仅供给某一方面或少数方面。也就是说，是各基本公共服务构成要素的融合和共同给力，简称“服务融合”。在我们考察中，福建厦

① 《国家基本公共服务体系“十二五”规划》（2012 年 7 月 11 日　国发〔2012〕29 号）。

门流动人口基本公共服务融合实践具有一定参考价值。

近年来，在厦门市委、市政府高度重视下，厦门市流动人口社会融合实践工作取得积极成效，流动人口社会融合一些关键指标位居前列，尤其是公共服务融合排名第一。

在教育方面，促进流动人口随迁子女融入学校。一是公平公正地招收符合积分入学条件的流动人口适龄子女进入小学一年级就读，对派位到公办、民办学校就读的流动人口的子女学费全免。二是2015年非厦门市的随迁子女参加中考达11415人，占比41%。三是免费开设社区“四点钟学校”、来厦探亲“留守流动儿童快乐成长营”、“儿童之家”、夏令营、冬令营活动及舞蹈、唱歌、美术等培训班，让流动人口子女享受教育公平，感受艺术的熏陶与启蒙。

在就业方面，促进流动人口融入工作。一是办好“外来务工人员夜校”，提升流动人口就业技能、文化知识、法律意识和自我保护意识。二是开通农民工诉讼“绿色通道”，专人处理其诉讼维权、立案、文书送达等工作，开展农民工“讨薪维权”法律援助专项行动。在社会保障方面，出台《厦门市人民政府关于修改〈厦门市城镇职工基本医疗保险规定〉的决定》（厦门市政府令第163号），目前已与9个省内市，6个跨省市实现即时异地结算，推行流动人口医保异地结算制度。

在卫生计生方面，一是城乡社区卫生服务中心免费给流动人口建立健康档案。二是把流动人口中的育龄妇女和7岁以下儿童的医疗保健服务纳入公共卫生服务体系，实施国家扩大免疫规划项目，全市一类疫苗常规免疫接种覆盖6个年龄组儿童，基础免疫和加强免疫单苗报告接种率均达98%以上，新生儿乙肝疫苗首针及时接种率≥99%。三是做好流动孕产妇产后访视、儿童体检等妇幼保健服务。创新畅通避孕药具发放渠道，配置新型二代身份证识别的免费药具发放机，启动药具网上下单快递送货工作模式，药具免费发放实现便捷化、人性化和均等化。四是将流动人口基本公共卫生计生服务目标人群覆盖率达提高到占流动人口群体的85%。

在社会救助方面，一是提升“爱心网校”、“爱心园愿”、“爱心课堂”“爱心超市”等服务流动人口的品牌项目。二是规定生育关怀基金中，确保一定比例为流动人口计生家庭提供紧急救助、扶贫帮困、励志助学等关怀服务。树立了“幸福小铺”、“幸福彩虹幼儿园”、“幸福工作室”等系列示范点。三是《厦门市人民政府关于进一步做好社会救助工作的意见》（厦府〔2015〕173号），明确持有居住证（暂住证）并实际居住满一年的流动人口，因交通事故、遭遇火灾、突发重大疾病或其他特殊困难，导致基本生活出现严重困难的家庭或个人依申请给予救助。

在文化融合方面，一是仙阁社区、兴华社区等鼓励辖区流动人口参与社区书院活动，以“闽南语课堂”、“书画社”为特色，吸引流动人口广泛参与，受众面广。二是开设瑜伽、排舞、健康讲座、微信操作、插花、国学等课程，丰富流动人口的业余生活，增进邻里感情。

从以上案例可以看出，厦门市逐步建立了流动人口社会融合的基本公共服务政策体系，这对促进全市流动人口社会融合至关重要。根据中国流动人口社会融合指数测量结果，福建厦门市在流动人口公共服务融合分项指标得分方面排名第1位。

## （三）载体支撑型

流动人口社会融合政策、机制、制度的落实以及基本公共服务落地，都需要载体支撑。也就是说，载体支撑是流动人口社会融合的基础性平台。那么，流动人口社会融合合政策、机制、制度以及基本公共服务往哪落？我们考察，城乡社区是承担这一角色的实体性载体。而与实体性载体对应的是虚拟性载体。虚拟性载体，是指以“互联网+”的流动人口社会融合创新工作方法在促进流动人口社会融合中得到广泛接受和应用，形成与实体性载体相互补充的服务管理平台。在载体支撑方面，主要包括“实体性载体：社区型”、“虚拟性载体：网络型”。

1. 实体性载体：社区型

成都促进流动人口社会融合在城乡社区层面主要采取以下 5 种做法。

第一，根据持有居住证年限不同确定成都市外来常住人口享受选举权和被选举权，参与城乡社区自治。第二，以城乡社区基础设施建设为重点，在计生卫生政务服务大厅（中心）设立流动人口服务专柜，打造流动人口社会融合的工作平台。第三，推行流动人口城乡社区网格化管理服务，建立流动人口健康和计划生育档案，实行网络管理档案。第四，实行“一站式便民服务”，在流动人口集中的城乡社区、工地、集贸市场、企业等设立便民服务站，为流动人口提供及时、快捷、方便的服务。第五，以街道办事处为单元的流动人口社会融合载体试验，锦江、青羊、新津、崇州等区（市）县各选择 1 ~2 个街道办事处试点，从流动人口应卫生计生入手，推进相关制度与政策特别是就业政策、教育政策、社会保障与救助政策的创新，推动流动人口的社会融合。

2. 虚拟性载体：网络型

合肥开展“优生活家庭能力发展中心”项目，考虑到城乡社区网民多、人员年轻化特点，利用现代“互联网 +”服务的方式促进流动人口社会融合。与此同时，通过项目化运作，采用线上微信平台以及线下优生活家庭能力发展中心工作，将两者有机结合，掌握新市民实际需求，进行有针对性的个性化服务。另外，社区注重积极吸纳社会组织的力量，保障了项目的有效实施。社区还通过开展“最美阳台评选”“亲情六敲门”“邻里文化节”活动，营造了良好的社会接纳氛围，促进了新老市民的互动，增强了流动人口的社会适应能力和融入意愿。

（1）项目背景。合肥市包河区滨湖世纪社区是合肥市委市政府批准成立的全市首个街道级社区，于 2013 年 2 月正式挂牌运行，辖区面积 6 平方公里。作为一个挂牌成立不到三年的体制创新社区，滨湖世纪社区居民有三个显著特点：移民化、年轻化、网络化。①移民社区。社区总人口 10.5 万人，7.1 万常住人口中，70% 以上来自合肥市外，流动人口 3.4 万人，人口成分复杂，社会融合难度大。②年轻社区。滨湖世纪社区以中青年群体为主体。③网络社区。社区网民约7.84万人（含移动互联网用户），占总人口的68.8%，他们学历层次较高，网上交流频繁，网络需求较强。基于以上特点，合肥市包河区滨湖世纪社区积极探索利用现代互联网服务流动人口社会融合的新途径、新方法，创立“互联网+”服务模式开展流动人口社会融合工作。

（2）项目开展。“互联网+”服务项目通过项目化运作、网格化管理以及社区温馨和谐氛围的营造，促进流动人口的社会融入。①“互联网+项目”。互联网成为流动人口社会融合的重要平台，这使得包河区滨湖世纪社区的项目化运作具有三大特点：一是有机构运作项目。线上由社区微信平台发动热心居民、组建志愿团队、策划项目编排、评估项目效果，由志愿服务团队和公益机构负责了解新市民需求、编排项目内容、组织活动开展、调整项目措施。二是有载体实施项目。线下由社区依托“优生活家庭发展中心”建立流动人口综合平台，整合对接辖区服务资源及流动人口个性化需求，探索出“流动人口需求调查—策划编制项目—社区平台发布—志愿团队承接—满足流动人口需求”的运作流程。三是有经费资助项目。社区依托由辖区单位共驻共建的社会组织——共治理事会，推出了“你参与服务，我项目资助”计划，每年拿出200万元公益资金，用于支持各类公益项目。②“互联网+网格化”。社区按一定标准把社区划分为8个网格，178个网格单元，以格定人，统筹发动网格员、物业公司、楼栋长等多支力量，利用“手机社管通”App，全面开展流动人口管理服务工作。100余名社区网格员和300多名物业楼长对社区全员人口信息进行动态录入、更新和管理。在全面掌握人口基本信息的基础上，大力推行“456工作法”。“4”即四必查：人口变动必查、计划外怀孕必查、政策外出生必查、“两非”案件必查；“5”即五必清：家庭情况清、人员类别清、育龄妇女清、流动人口清、居民需求清；“6”即六必访：乔迁必访、新婚必访、在孕必访、产后必访、困难家庭必访、空巢老人必访。通过及时掌握信息、分析信息、互通信息，运用信息，掌握人口分布区域、文化职业等基本情况，为健康教育促进计划提供支撑。③“互联网+营造”。针对移民社区、高层住宅社区的社会疏离、人际冷漠现状，社区通过线上开展最美阳台评选，线下开展亲情六敲门、培育社区社会组织、举办邻里文化节、开展志愿服务、邻里团拜会等形式，为流动人口营造出受尊重、不排挤的良好社会氛围，让流动人口与常住人口从陌生走向熟悉、从隔离走向融合、从漠不关心走向互帮互助。

（3）取得成效。“优生活家庭能力发展中心”项目紧扣新居民的健康需求，积极探索新居民卫计基本公共服务供给的新方式、新途径，充分提升服务的针对性、吸引力，落实了卫生计生均等化服务，提升了基本公共服务品质。社区充分利用“优生活家庭能力发展中心”综合平台，吸纳众多社会组织参与到流动人口的服务管理与社会融合工作中。现有的“新手爸妈盟”“亲子早教坊”“婚姻幸福里”“长者健康吧”等四个项目共吸纳会员 7099 人，全年共举办各种活动 59 场，服务居民近 4 万人。其中，萌宝运动会、萌宝瑜伽、家教论坛广受社区家庭欢迎；长者健康吧则为社区慢病老人搭建了交流平台，免费为老人建立健全健康档案 1269 余例。社区还利用微信公众平台发布服务项目，通过广泛宣传、积极组织，为辖区内 331 名新居民开展免费孕前健康检查，并为 1627 名 30～49 岁育龄妇女进行了“妇科病普查”，及时发现了 7 例早期癌变。为了加大对新居民的帮扶力度，社区对实行卫计家庭的新居民在生产、生活等方面给予优惠和优待，为 13 名新居民困难家庭在微信公众平台上发起“1 起帮客”行动，实现了他们的微心愿。这些活动不仅满足了社区居民的需求，促进了社会不同群体的融合，还起到良好的社会效益，如 2015 年初，“社区亲情重拾计划”获得了中国第三届社会创新奖。

### （四）主体协同型

流动人口社会融合的促进过程中，政府、市场、社会是重要执行主体，各自承担不同角色，共同协助流动人口融入城市。实践中，地方政府、企业组织以及社会组织作为流动人口“朋友圈”，共同助力流动人口融入城市社会。地政府在促进流动人口社会融合方面处于主导地位，主要表现：一是落实相关政策；二是制定相关配套政策；三是监督相关政策的落实；四是培育、引导企业组织以及社会组织参与流动人口社会融合实践工作。企业组织以及社会组织在促进流动人口社会融合处于从属地位，主要表现：企业组织需在履行社会责任、市场规制、法律规范等前提下，以市场行为协助政府有序开展促进流动人口社会融合实践工作。例如，一些企业为流动人口提供宿舍等。社会组织作为非公共性（相对政府而言）、非营利性组织（相对企业而言），可以有效弥补政府失灵、市场失灵，以公益或准公益方式协助政府、企业有序开展促进流动人口社会融合实践工作，相对于企业组织而言，社会组织具有更加灵活和积极作用。例如，近年来，社会组织为流动人口提供法律咨询、就业帮扶、社会救助、心理咨询、文化活动等丰富多彩、层次各异的服务需求，有效地满足了流动人口的实际需求。流动人口本身也是社会融合对象，也是社会融合重要主体，扮演获益者、需求者双重角色，其参与热情和参与度在某种程度上决定其社会融合程度。

从以上分析，我们认为政府主导，企业和社会协同、个人参与，相互配合、相互协调，形成主体协同的治理格局是促进流动人口社会融合的基本方向。按照不同主体相互交叉，至少可以得出政府主导型、政社合作型、政企合作型、流动人口参与型等 4 种主要类型。需要强调的是，因各自领域不同、分工不同、阶段不同，各主体发挥作用的能力也不同。

1. 政府主导型

政府主导型，主要体现流动人口相关政策制定、实施、监督等范畴，以此促进流动人口社会融合。政府主导方面，我们考察了福建泉州，作为促进流动人口社会融合的典型案例。

泉州地处福建东南沿海，经济发达，流动人口约占全市总人口的四分之一，已是泉州经济社会发展不可或缺的重要力量。

2007 年，泉州就加强流动人口管理服务工作，出台十项惠民政策，明确流动人口在劳动就业、子女入学等方面的权利。2010 年被确定为全国流动人口计生均等化服务试点城市后，以市委市政府名义出台《流动人口计生均等化工作实施意见》。2011 年泉州市政府进一步做出《关于加强企业用工服务的承诺》，涉及外来工的教育、住房、户籍、用工奖励、就业培训、社会保险等17条，加强企业督处企业履行用工服务承诺。同时，市直25个部门向后出台配套文件，例如，针对安居难《泉州市公共租赁住房保障管理规定》、《关于扩大住房公积金覆盖面的实施意见》；针对恶意欠薪，出台《关于建立企业工资保障金制度的实施意见》；针对路东人口子女读书难，出台《关于进一步加强外来工子女教育教学工作的意见》、《关于开展“金秋助学”活动的通知》；针对就医难，出台《关于开展职工医疗互助活动的通知》、《泉州市外来工农民工住院医疗保险规定》；针对落户难，出台《关于积极稳妥推进户籍管理制度改革的实施意见》。2012年10月，泉州正式实行居住证制度，持证者享有参与社会管理，享受住房保障、医疗卫生等24项社会公共服务优惠待遇。截至2014年，共办理外来务工人员在城市、城镇落户9.8万人。2014年，泉州市计生卫生部门先后出台了《推进基本公共服务均等化试点工作方案》和《推进基本公共服务均等化宣传方案》、《泉州市推进基本公共服务均等化实施意见》，建立了涵盖流动人口卫生、计生、教育、就业、保障等九大领域的基本公共服务体系。2014年12月泉州市卫生计生部门出台《提高流动人口家庭发展能力促进流动人口社会融合示范试点工作方案》，围绕“保基本服务、促家庭发展、建融合平台”的工作要求，助推流动人口“安居、保障、致富、成才、亲情”五大项目，加强流动人口均等化服务，进一步提高流动人口身份认同、文化融合程度，促进泉州流动人口社会融合实践工作。

2. 政社合作型

在政社合作方面，我们选择了苏州太仓市卫生计生委联合皖江红新市民服务中心共同开展的太仓市“皖江红”流动人口“协同助自治，服务促融合”项目，作为政社合作促进流动人口社会融合的典范。

（1）项目背景。近年来苏州太仓流动人口数量激增，与户籍人口数量相差无几。流动人口健康意识差、健康保健参与率低等问题比较突出，直接影响到他们的健康素质与发展能力。太仓市流动人口以安徽籍居多，而其中又以定远籍居多，在太居住定远籍流动人口达2万多人。流动人口老乡观念比较重、同籍流出人口聚集而居，而发挥流动人口群体这一特点的优势或许是推动工作的有效路径。因此，项目选择以定远籍流动人口的健康服务为突破口，开展卫生计生自治互助服务探索。

（2）项目内容。①培育社会组织，参与流动人口健康服务工作。2014年3月，在太仓、定远两地卫计部门的支持下，依托定远驻太党组织，以定远在太人员为主体，组建成立了“皖江红”新市民服务中心，按民办非企业社会组织形式在民政部门注册登记。“皖江红”实行理事会领导下中心主任负责制，主要为在太流动人口提供卫生计生服务。“皖江红”自成立以来，以维护流动人口卫生计生合法权益、促进流动人口社会融合为宗旨，开展流动人口自治互助服务，提供卫生计生宣传教育、随访服务、健康检查发动、健康档案采集等服务。“皖江红”在太仓与定远之间建立了高效的沟通渠道，为定远在太人员提供了有效的诉求载体。②提供政府购买项目，支持流动人口健康服务工作。2014年6月，太仓市卫计部门向“皖江红”购买社会工作服务，签署协议委托开展流动人口互助自治服务项目。首期委托项目包括流动人口健康教育、随访服务、健康检查引导等十个服务项目，太仓卫计部门为协议项目制定了完整的业务规范和评估方案。一年多来，“皖江红”利用购买经费按照业务规范扎实开展卫生计生服务：依托乡音乡情优势，建立了亲戚型、乡亲型、行业型等多层次的服务网络，服务渠道更多元、覆盖更全面，流动人口参与社会活动更加积极活跃；争取多方资源开展“三生”服务，发送各类扶助金3万余元，提供就业机会160多个，有效地促进流动人口的经济融入；发挥与当地部门的协作关系，为流动人口提供更优质的服务，走访服务重点人群4000多人次。③搭建协作框架，实现流动人口健康服务工作专业化。“皖江红”利用健康素养调查、随访服务等机会，主动收集流动人口的健康服务需求信息，及时传递给卫计部门；太仓、定远卫计部门定期沟通流动人口健康、计生信息、协调服务，惠及流动人口；太仓宣传、教育、卫计、文化等部门资源共享，形成合力，共同服务流动人口，推动其社会融合。太仓根据“皖江红”项目实践，全面把握流动人口的健康需求，全市组建了健康讲师团、建立了青玫瑰俱乐部、新市民幸福驿站、全科医生工作室等服务阵地，积极服务新市民。

（3）取得成效。太仓在卫生计生服务工作中开展政府购买服务，引入社会组织，激发流动人口自我服务、自我管理的热情。卫生计生服务主体发生了明显变化，流动人口从“要我健康”变成了“我要健康”，积极参与“健康太仓”活动，计生政策、健康知识的普及率大幅提高，流动人口健康意识明显提升。流动孕产妇系统管理率达95%，住院分娩率100%，流动儿童保健管理率99%，预防接种率99%，流动人口免费计生技术服务获得率100%，“两癌筛查”和生殖健康检查参与率大幅提升。通过提供均等化的公共服务，增强了流动人口对太仓的认同感和归属感，融合意愿和融合度不断增强。

（4）项目启示。“协同助自治，服务促融合”项目从流动人口的健康素质及发展能力提升出发，借助本市流动人口的地缘特点，开展卫生计生自治互助服务探索，有效地增强了流动人口的认同感、归属感，达到“乡音互助化春风　健康融合润万家”的社会效果。从具体做法来看，太仓市坚持了“知然后行、知行合一”的原则，即先科学调查分析本市流动人口的特点，发现“地缘”优势明显的规律。在此基础上，不仅充分利用本市社会组织力量（通过政府购买的方式），还积极与流出地——定远市沟通协调，广泛结合流入地与流出地、太仓市内部与外部的力量，形成促进流动人口社会融合的合力。此外，太仓市还充分把握了本市流动人口健康服务获得率和参与率较低的原因——意识上不重视，进而提出开展流动人口卫生计生自治互助服务的理念，化被动为主动，实现了良好的效果。

3. 政企合作型

山东青岛市中韩街道计划生育服务中心联合青岛市“开心宝贝家政服务有限公司”，对流动人口共同开展提供工作岗位、岗位技能培训、开展公益课堂等“心生活驿站”项目，成为政社合作促进流动人口社会融合典型案例。

（1）项目背景。根据中韩街道实际，在调查流动人口需求基础上，实行政企合作、服务外包的形式，在金岭片区打造“心生活驿站”，其中图书室、儿童托管室、棋盘室、电子阅览室等公共文化设施免费向流动人口开放，同时为流动人口提供岗位技能培训，母婴护理、家政保洁、小儿推拿、消防安全等公益课堂，共同开展流动人口均等化基本公共服务，使流动人口获得安全感、公平感、归属感、认同感和幸福感。使流动人口在现居住地与户籍地居民享受同等待遇，共享改革发展成果，体现了“心无界·爱相连”的服务内涵。

（2）项目内容。①发放调查问卷，了解流动人口需求。在流动人口聚集地、企业、集贸市场等发放调查问卷2000余份，通过发放问卷，了解流动人口需求。②通过政企合作、服务外包的形式与企业签订合作协议。通过多方论证，与诚信度和知名度较高的青岛市“开心宝贝家政服务有限公司”签订流动人口社会融合“心生活驿站”工作室服务项目协议，委托企业为流动人口提供岗位技能培训，母婴护理、家政保洁、小儿推拿、消防安全等公益课堂，政府给企业一定的补贴。③打造流动人口社会融合示范点。一是在金岭社区服务中心建立了“心生活驿站”工作服务室、新市民儿童托管室、棋盘室、图书室、电子阅览室等，上述活动场所免费为流动人口提供，同时还为流动人口专门设立了服务窗口。二是及时和片区沟通，调整作息时间，片区节假日安排人员值班，全天候为新市民提供服务。④创建流动人口社会融合服务品牌。创建了“心无界·爱相连”服务品牌，寓意现居住地的均等化服务让新市民感到温暖、温馨，使彼此心心相印，无界限，处处有爱，互相连。⑤深入开展流动人口社会融合宣传活动。在流动人口聚集地、企业、集贸市场等开展流动人口社会融入宣传活动，发放宣传袋和宣传材料1万余份。⑥开展流动人口社会融合活动。一是根据流动人口需求，街道计生办组织，以片区为单位，由企业邀请市消防专家，在“心生活驿站”开展了“消防知识我来学，为社会为家人为自救”大讲堂。主要通过典型案例分析与公共安全，公共场所（或人员密集场所）的疏散与逃生技巧，火灾的发现与扑救、电梯安全事故的应对方法等的讲解，使片区居民和新市民了解消防安全知识及自救。二是企业免费为流入人口提供岗位技能培训，企业提前准备好实物摸具，通过实物演练的方式，在“心生活驿站”开展了由部分流动人口和社区居民共同参加的母婴护理员培训。通过讲解新生儿护理与保健、新生儿疾病与意外伤害的预防及护理、特殊产妇的护理、月子小儿的推拿等，使她们掌握金牌母婴护理的技能水平，帮助家人及雇主坐个科学的月子，同时对有需求的学员提供就业岗位。三是开展了家政服务员（保姆、家政）公益课堂，因流动人口中大部分文化水平不高，就业率较低，通过调查有30%左右的流动人口有家政服务的需求，针对流动人口的需求，企业专门开设了家政服务公益课堂。主要通过家庭礼仪、家庭烹饪、家务劳动、陪护老人等知识的讲解，让她们掌握家政服务相关知识，提高她们的就业率。四是企业为辖区内流动人口家庭提供个性化服务，主要是免费为已办理居住证、社区纳入山东省卫生和计划生育流动人口信息管理系统、当年有生育现象的家庭提供产后3个月内，入户指导一次，包括：日常护理如指导产妇进行正确母乳喂养指导，乳房护理，新生儿洗澡等；产后4~6个月内，婴幼儿享受上门喂养指导，如何正确添加辅食，早教能力训练一次等。

（3）取得成效。通过搭建流动人口社会融合平台，为流动人口提供多方位、多功能服务，流动人口参与率达到20%左右。同时充分利用各方资源，为流动人口提供基本公共服务，逐步实现流动人口公共服务全覆盖。街道、社区和企业等积极采取措施，丰富流动人口的业余文化生活，图书室、儿童托管室、棋牌室、电子阅览室等公共文化设施免费开放，使流动人口与户籍人口享受同等文化生活待遇，并在流动人口群体中开展常态化文体活动，促进流动人口与市民之间交往、交流。通过对流动人口提供岗位技能培训、家政服务员（保姆、家政）公益课堂等。对有就业愿望的流动人口，加大职业技能培训和职业技能鉴定力度，使其宜居水平得到提高。

（4）项目启示。首先，以人人享有基本公共服务为目标，为流动人口提供与户籍人口均等化基本公共服务，使流动人口与户籍人口享受同等待遇，共享改革发展成果，体现了该项目的服务品牌内涵。其次，通过实行“政企合作、服务外包”的形式，形成政府企业协同参与，形成流动人口多方参与的共建局面。

4. 流动人口参与型

流动人口主动参与融入社区方面，我们考察了杭州市江干区彭埠街道皋塘社区实施的“新市民志愿者——流动人口同城共享推动者”项目，作为流动人口主动参与，促进流动人口社会融合典型案例。

（1）项目背景。皋塘社区地处彭埠街道的西大门，毗邻火车东站，周边有多个市场。社区总面积 1.138 平方公里，常住人口 3225 人，在册流动人口总数达 23079 人。本社区是彭埠街道少数未拆迁社区之一，居住环境相对较杂，存在流动人口众多、密集度高、流动性大的特点。流动人口成员主要以打工者、市场摊贩为主；居住形式以夫妻、家庭户及其子女为主；文化水平主要以初、高中居多。流动人口大多数是为解决基本生活而来，很少参与社区活动。因此，对流动人口而言，社区提供的服务是单方面的，为了促使流动人口能够尽快地融入居住地生活，参与社区的文化体育生活，参与社区和谐快速发展，能享受本社区常住人口的各项待遇，社区创新“自助互助型”管理服务，开展了“新市民志愿者”系列活动。

（2）项目内容。皋塘社区创新“自助互助型”流动人口管理模式，建立“新市民志愿者”服务队伍，有效促进流动人口同城共创共享。①“新市民志愿者”是什么？“新市民志愿者”队伍是由社区计生部门牵头，联合市场、企业、店面等单位共同组建的一支新生队伍，成员由流动人口中较有影响力的企业负责人、党员、工会干事、教师、艺人、热心群众等组成，主要服务对象是外来流动人口及其子女。②“新市民志愿者”做什么？为流动人口提供优生早教、文化娱乐、劳动维权、就业信息、医疗保健、计划生育、办证咨询、社区教育、防火防盗、子女入学入托等服务项目。③“新市民志愿者”怎么帮？通过壮大队伍、设立平台、牵线服务、专职培训等措施，导引流动人口融入。一是志愿引导，实行“自助式”管理。社区与辖区内的企业、个体业主联合，在企业中成立工会的“新市民志愿者”，通过帮助企业建章立制以及落实集体协商工资等措施，积极维护流动人员劳动安全、平等就业、同工同酬、社会保障、生活居住、子女就学等方面合法权益。由职工担任志愿者信息员，来增强流动人口的主人翁意识，同时防止各类不稳定因素的发生。依托社区现有的服务平台和资源，为流动人口提供医疗保健、计划生育、就业信息、社区教育、办证咨询、防火防盗、子女入学入托等服务项目，来提升流动人员自我管理、发展的能力。二是志愿搭台，开展“互助式”服务。“新市民志愿者”设立服务平台，为流动人口开展互助服务提供保障。一是发展文化体育互助队。社区邀请有一技之长的流动人口（如杨康仙）组织辖区内的流动人口参与社区的文化体育活动，近两年来，参加活动的流动人员大幅增长。流动人口健身队多次参与的健身操、排舞等比赛，都取得了不错的成绩。二是开设“青春期”课程。流动人口青少年是户籍地青少年十倍之多，做好青少年的教育工作尤为重要。社区组织外来务工子女与社区青少年一起参加社区举办讲座、培训、征文、摄影比赛等各类校外系列教育活动，推荐优秀流动人口学生作为志愿者，组织青少年参加社区举办的“伏天来帮忙”“手拉手志愿”活动走上街等活动；三是开设早教课程。把辖区内的民办幼儿园作为社区开展流动人口家长教育和早教亲子活动的基地，不定期地举办各类早教培训和亲子活动。四是做好“老娘舅”。社区针对流动人口家庭矛盾多发的情况，社区在处理此类事件时，请较有影响力的流动人口与社区调解员、户口协管员共同参与处理流动人口的家庭矛盾。五是志愿维权，实现“外管外”成效。“新市民志愿者”依托社区现有的综合服务大厅，聘请流动人口专职志愿者，一站式为外来人员提供就业信息、办证咨询、医疗保健等多项服务项目；编制《生活手册》，通过小漫画的形式，对外来人员在生产生活上可能遇到的问题进行生动解答，迅速提升外来人员自我管理、发展的能力。同时，依托工会组织和“小作坊主理事会”，帮助协调外来人员与用工单位的关系，妥善处理劳动关系矛盾和纠纷，依法保护好他们的合法权益。

（3）取得成效。皋塘社区“新市民志愿者”服务项目，使流动人口自我管理，来引导流动人口融入社区。随着对流动人口有针对性地管理、宣传教育和服务，流动人口自主意识提高，开始自主参与志愿活动，产生积极效应。互助型管理有效提高流动人口社会参与度，加速区域内流动人口快速融合，使流动人口在相互交往中增强对社区的认同感，促进了和谐社区的建设。为流动人口搭建良好的平台，实现外来人口综合素质及各类技能水平的稳步提升。

(4) 项目启示。流动人口社会融合是一项漫长、复杂的过程，流动人口成分差别很大，不同流动人口有着不同的社会背景，对流入地需求也各不相同。皋塘社区结合本社区流动人口实际情况，坚持先易后难，通过“新市民志愿者”自助互助型项目方式，从流动人口最需要解决的问题做起，由原来强加性的被服务转化为自主需求服务，提高流动人口对流入地的认同感。力争通过皋塘社区的努力，将“新市民志愿者”服务项目落到实处，使流动人口感到家的温暖。

## 三 中国流动人口社会融合实践问题与对策

中国流动人口社会融合实践工作已经取得积极进展，基本形成有利于促进流动人口社会融合的政策与实践环境，也形成各具特色的、可借鉴可推广的实践经验模式。但是，当前中国流动人口社会融合实践中还普遍缺乏统筹城乡观点；户籍制度改革的一些具体政策还没有落地；流动人口社会融合政策还存在“碎片化”现象；流动人口家庭发展能力还很薄弱；有利于流动人口社会融合格局还未形成等问题。针对这些问题，为进一步推进中国流动人口社会融合向更高质量阶段迈进，我们建议以统筹城乡为基础，进一步深入推进户籍制度改革，构建社会融合政策体系，建立以家庭政策为基本单元的社会政策取向，加快形成政府主导、社会和企业协同、流动人口主动参与的社会融合格局。

第一，要揪住统筹城乡这个基础，加强城乡各个领域体制改革全面推进，着力解决流动人口社会融合问题

基于上述内容研究，我们认为统筹城乡是推进流动人口社会融合一项基础性工作。成渝国家统筹城乡综合配套改革试验区成功经验表明，通过制度创新，统筹城乡经济社会协调、平衡发展，破解城乡二元结构体制，着力解决“三农”问题，结果是把农业抓好了，工业发展反而会更好；把农村抓好了，城市发展反而会更好；把农民抓好了，农业人口的市民化反而会更

好。与此同时，把本地城乡内部问题解决好了，也可以为由流动人口带来的外部问题的化解提供成熟、可操作化制度基础，进一步为解决流动人口社会融合问题，尤其是农民工融入城市社会奠定基础，最终促进流动人口社会融合。为此，要形成城乡互动的制度创新理念，以统筹城乡为基础，总结和借鉴成渝国家统筹城乡综合配套改革试验区经验；以新型城镇化发展战略目标为契机，不断加强城乡各个领域的体制机制改革全方位推进，在城镇化发展进程中逐步解决流动人口社会融合问题。

第二，要揪住户籍制度改革这个关键，不断深化户籍制度改革，落实居住证积分落户政策，促进流动人口制度融合

户籍制度既是造成流动人口社会融合问题的主要原因，也是导致流动人口社会融合难以落实的关键因素。换言之，当前的户籍制度仍是决定流动人口融入城市敲门砖。然而，有些地方政府的户籍制度改革进度较为缓慢，落实不够给力，即使已出台居住证积分落户政策，门槛也较高，多数流动人口难以符合条件。为此，要继续深化户籍制度改革，落实居住证积分落户政策，促进流动人口社会融合。主要措施：一是贯彻落实《推动 1 亿非户籍人口在城市落户方案》，不断健全城镇落户人口统计指标体系，建立城镇人口实时动态监测。同时，对与方案相关的配套政策实施跟踪分析，建立反馈机制，动态完善调整政策，以便强化政策实施的效果。二是不断深化户籍制度改革，将非户籍人口全部纳入地方各项发展规划，加快研究省以下财政转移支付同转移人口市民化挂钩机制，增加吸纳农业转移人口多的城镇的财政转移支付力度。三是督导地方政府根据《居住证暂行条例》，加快研究并制定实施办法，保障居住证持有者在流入地能够均等享有基本公共服务的便利。四是加快建立城镇建设用地增加规模与吸纳农业转移人口落户数量挂钩机制。最终，要使户籍制度的人口管理功能归位，使户籍制度的社会福利和社会权利等附属功能剥离，促进流动人口轻装融入城市。

第三，要揪住基本公共服务常住人口全覆盖这个核心，防止基本公共服务政策的“碎片化”，构建促进流动人口社会融合的政策体系

基本公共服务的享有是流动人口融入城市的基础保障。当前，流动人口

在均等享有基本公共服务方面面临三个突出问题：一是受经济新常态以及地方财力影响，一些地方政府的基本公共服务还未覆盖到所有常住人口，尤其是流入城市的流动人口群体；二是基本公共服务政策严重缺乏系统性、衔接性、配套性，不能够形成合力，“碎片化”严重；三是基本公共服务供给与流动人口社会融合需求和期盼没有实现精准对接。为此，主要措施：一是国家相关部门要督办“十三五”期间实现基本公共服务常住人口全覆盖这项关键指标落实情况；二是加强教育、就业、住房户籍制度等相关政策衔接性、配套性，遏制基本公共服务政策的“碎片化”倾向，构建完备的流动人口社会融合政策体系，形成政策合力；三是加强调查研究，摸清实际情况，着力解决与流动人口切身最直接的利益突出问题，使基本公共服务不仅在覆盖面上得到有效供给，而且可以实现基本公共服务在点上得到精准供给。

第四，应以家庭政策为基本社会政策制定单位，继续提升流动人口家庭发展的能力，努力实现流动人口社会融合需求与供给的精准对接

这是推进流动人口社会融合重要条件。有关调查表明，当前的流动人口多以举家流动迁移为主。根据这一趋势，只有在流动人口家庭融合方面持续给力，才会更好地促进流动人口的社会融合。为此，主要措施：一是从以往个人为基本单元转向以家庭为基本单元来制定相关社会政策，将家庭作为政策实施与供给对象，同时，建立和完善个人与家庭关联的家庭政策。二是以提升流动人口家庭发展能力为主要目的，加紧研究并制定将家庭政策确定为国家基础社会政策。三是家庭政策必须以常住人口居民家庭为基数，保障社会政策供给面，防止家庭政策“碎片化”。四是以服务民生领域的基本公共服务为切口，探索和扩大家庭政策范围。五是根据不同家庭类型，采取差异化施策，重点支持特殊家庭、重点人群家庭和贫困家庭。六是鼓励社会资金进入家庭政策及服务领域，构建以市场服务和社会服务为补充的“三位一体”家庭服务体系，提升家庭发展能力，推进流动人口社会融合。

第五，积极培育和形成政府主导、社会和企业协同、流动人口主动参与的流动人口社会融合格局，以营造流动人口社会融合有利环境

流动人口社会融合既需要政府主导，也需要社会组织、经济组织多方努

力，更需要的是流动人口自身的主动参与（流动人口最清楚自身所需所盼）。上述案例表明，通过政府主导，社会组织、企业组织发挥重要作用，包括流动人口积极参与，有效地弥补政府在流动人口社会融合实践工作中的短板。为此，主要措施：政府层面，发挥政府制度设计、政策制定等宏观顶层设计的引领作用，努力做好流动人口社会融合的政策引导。市场层面，在保障流动人口劳动就业合法权益的同时，企业要充分利用好流动人口社会融合工作平台，帮助和解决流动人口职工在岗位中所需所盼，承担企业社会责任；倡导健康企业文化，通过与政府合作、社会组织的良好合作，发挥企业在促进流动人口社会融合的资源配置中突出作用，发挥市场更大效用。社会层面，不断发挥全国以及各地计划生育协会在流动人口社会融合中的引领示范和桥梁纽带作用，利用政府购买社会组织服务方式，培育和扶持各类具有公益性的社会组织，尤其是要大力支持由流动人口自己建立、自己服务的社会组织，以更好地满足流动人口自身需要。此外，可以将各地计划生育协会确立为枢纽型社会组织，与共青团、妇联、工会等其他群团组织密切合作，同心同力同向为流动人口提供服务与管理。流动人口自身层面，要不断提升流动人口自身劳动技能，加强技能培训，持续增加经济立足资本，增强经济融合能力；要不断提升文化素质，加强文化知识培训，增强文化融合能力；加强政策宣传与培训，使流动人口不断熟悉政策惠己，增加政策获益性，增强政策融合能力；不断提升流动人口主动参与社区意识，增强社会融合能力。最后，形成政府主导、社会和企业协同、流动人口主动参与的流动人口社会融合新格局，更有效地促进流动人口社会融合。

# B.9
# 国外移民社会融合政策实践最新进展研究报告

黄匡时*

**摘　要：** 移民的社会融合问题一直占据移民问题的重要位置。本部分通过对国外社会融合政策的实施背景及欧盟、英国、美国、澳大利亚等移民社会融合的政策实践与最新进展，总结经验教训，为促进国内流动人口的社会融合提供有价值的参考。

**关键词：** 移民　社会融合　政策实践

人口的流动和迁移是全球化的重要体现，而国际移民往往涉及多元文化冲突的问题。因此，移民的融合问题一直占据移民问题的重要位置。本部分中，我们将通过对近年来国外发达国家流动人口社会融合政策的实践进行梳理与总结，从中借鉴经验、总结教训，为促进国内流动人口的社会融合提供有价值的参考。

## 一　国外社会融合政策的实施背景

### （一）社会排斥风险在日益加剧

社会融合的核心目标就是防止社会排斥，核心议题是就业和贫困。据国

* 黄匡时，中国人口与发展研究中心副研究员，研究方向：人口与健康预测，社会融合与社会保障。

际劳工组织（International Labour Organization，2017）发布的《世界就业及社会瞭望》，世界经济依然存在较大不确定性，各种风险交织并存。2016 年全球失业率（unemployment rate）约为 5.7%，2017 年和 2018 年预计在 5.8%左右，其中发达国家的失业率将更高，2016 年为 6.3%，2017 年和 2018 年为 6.2%；从总量来看，2016 年全球失业人口 1.977 亿人，预计 2017 年将突破 2 个亿，达到 2.01 亿人，到 2018 年达到 2.04 亿人。而且全球 42.9%的就业是脆弱性就业（vulnerable employment），大约有 14 亿就业人口属于脆弱性就业。此外，全球还有 29.4%的就业是极端和中等贫困的就业，大约相当于 7.83 亿人属于极端或中等贫困就业人口。

根据国际劳工组织于 2017 年发布的报告，新兴经济体和发展中国家面临更大的失业和贫困的风险（International Labour Organization，2017）。2016 年发达国家的脆弱性就业率（vulnerable employment rate）为 10.1%，而新兴国家的脆弱性就业率达到 46.8%，发展中国家的脆弱性就业率则为 78.9%。新兴国家的极端和中等工作贫困率（extreme and moderate working poverty rate）为 25%，而发展中国家为 69.0%。相比于发达国家，新兴国家和发展中国家面临的社会排斥风险更大。从规模来看，全球 14 亿脆弱性就业中，有 11.3 亿来自新兴国家，而发达国家只有 0.58 亿，发展中国家 2.10 亿；全球 7.83 亿极端贫困和中等工作贫困的就业人口中，有 6 亿来自新兴国家，1.83 亿来自发展中国家

国际劳工组织最新报告还显示，2016 年比 2015 年的社会不安指数（social unrest index）由 21.7 增加到 22.4，增加了 0.7。2016 年的 22.4 依然高于 1980 年以来的平均值 21.9。从区域来看，阿拉伯国家、撒哈拉以南的非洲、东亚、中西亚、欧洲、北美、拉丁美洲等地区的社会不安指数值都呈现明显增加的趋势，其中，阿拉伯国家、撒哈拉以南的非洲、东亚和中西亚的增幅在 1 以上。社会不安和缺乏体面的就业机会在个体迁移决定上发挥重要作用。国际劳工组织的估计表明，2013 年全球大约超过 2.32 亿的国际移民，其中，2.07 亿国际移民处于劳动年龄人口，大约 1.5 亿（2/3 的国际移民）为工作移民，占全球劳动者的 4.4%（International Labour Organization，

2015）。

国际劳工组织预计，未来10年内国际移民会持续增加。基于国际盖洛普（Gallup）咨询公司的调查分析，从2009年到2016年，撒哈拉以南的非洲、拉丁美洲和加勒比海、北美洲、欧洲、阿拉伯国家、东亚、中西亚等区域的劳动年龄人口中愿意永久性迁移到国外的比例增加。相比于2009年，增幅最大的是拉丁美洲、加勒比海和阿拉伯国家。总体而言，占比最高的依然是撒哈拉以南的非洲，高达32.1%。

尽管新兴国家和发展中国家社会排斥的风险更大，但是即使在发达国家，社会排斥的风险也在稳步增加。澳大利亚社会融合理事会的研究报告发现，澳大利亚虽然享受繁荣，但是也面临弱势群体被遗忘或抛弃。大约有5%（相当于64万）的澳大利亚劳动年龄人口经历多重（三种弱势特征）和长期弱势和收入不平等，而且这个比重和规模自20世纪90年代中期以来稳步增加。尽管大部分澳大利亚人有工作，但是依然有15%的澳大利亚儿童生活在没有工作的家庭。绝大部分澳大利亚人有高的预期寿命，但是一些土著人依然有10～12岁的差距。

### （二）排斥移民情绪不断抬头

全球范围来看，随着国际移民对本土就业市场的冲击，以及各种形式的恐怖活动对移民带来的负面影响，以及民粹主义的兴起，导致全球性的移民排斥情绪不断抬头。

为了应对国际移民对本土就业市场的冲击，提高本国国民的就业率，号称世界头号移民国家的美国却在特朗普时代提出了“本土优先”的政策。特朗普执政以来，提出了一系列立场强硬的移民政策，比如在墨西哥和美国边境修建隔离墙，废除“连锁移民”和“绿卡抽签”项目，抓捕并遣返非法移民等。2017年年初，美国总统特朗普签署了一项限制国际移民的法令。根据该项法令，美国国会在4个月内（大约120天）暂时停止所有难民进入美国境内，在3个月内（大约90天）暂时停止伊朗、叙利亚、索马里、也门、苏丹和伊拉克等七国公民进入美国境内，无期限限制叙利亚难民进入美国境内。虽然特朗普的移民限制政策在美国受到广泛质疑，而且还面临“落地难”的困境，但是特朗普所推出的“本土优先”政策却广受欢迎。特朗普的“本土优先”本质上是排外主义，即对外来移民的恐惧与排斥，而这种排斥根本还是因为外来移民对本土居民的就业和公共资源的冲击。回顾美国历史，美国不同时期都有移民排斥政策，比如1798年联邦党人提出的《移民法与暴乱法》（Alien and Sedition Acts），该法案旨在限制当时来自法国和爱尔兰的移民从政。又如1882年提出的《排华法案》（Chinese Exclusion Act of 1882），该法案主要是限制来自中国的劳工在美国本土就业。再如，2001年10月由美国总体乔治·布什提出的用来监控外来群体的《爱国者法案》（USA PATRIOT Act）、2011年“9·11”事件之后美国提出了限制穆斯林群体的移民政策、2014年美国共和党保守派强烈抵制奥巴马移民改革计划等都是移民排斥的典型案例。

各种形式的恐怖袭击和难民危机加剧了欧洲国家对接纳移民的担忧，很多欧洲国家纷纷向移民关闭了大门。2016年7月24日，德国巴伐利亚洲巴赫市发生爆炸事件，12人受伤。2017年3月22日，英国议会大厦附近发生恐怖袭击事件，造成5人死亡，40多人受伤。2017年4月20日法国巴黎遭遇恐怖袭击，导致警察一死两伤。2017年4月7日，瑞典首都斯德哥尔摩市中心发生货车撞向人群的恐怖袭击，造成至少4人死亡，15人受伤。2017年4月3日，俄罗斯圣彼得堡地铁发生爆炸事件，数十人死亡，近50人受伤。一连串的恐怖袭击让欧洲国家开始怀疑对难民所持的接纳政策，导致匈牙利、波兰、捷克和斯洛伐克等国家出台了排斥难民的明确立场。

虽然德国、法国、英国及北欧国家在移民问题依然持开放态度，但是遭受到的质疑和挑战却持续增加。移民政策被认为是“最有效”的瑞典提出了接纳新移民的提案，但是最终被选民否决了。号称“难民妈妈”默克尔在难民问题的应对措施上遭到党内外诟病，不仅默克尔的支持率出现明显下滑，而且在2016年9月的德国地方选举中，默克尔所在政党基民盟也遭受重创，其得票率创造了历史的新低。2017年默克尔组阁失败的重要原因之一就是在移民问题上的分歧。绿党主张移民的家庭团聚有助于移民融入德国，而联盟党则要求限制移民数量。尽管2018年默克尔最终组阁成功，但是其移民政策依然将面临压力。

人们普遍认为，英国脱欧与移民问题紧密关联。移民问题之所以在英国脱欧公投期间点燃民粹主义，是因为劳工过去十年日子不好，便怪罪移民。分析表明，收入低、教育程度低的英国人确实在英国公投中较倾向支持脱欧，比其他成人族群有更高失业率的18～24岁青年压倒性支持留欧，反而是超过65岁的英国人较可能投票支持脱欧。研究还发现，对移民的抗拒心态和移民人口多寡无关，而是和移民人口增长速度有关。英国的反移民声浪自2012年起随海外出生移民大量涌入而日渐高涨，当时英国就业市场的状况比欧洲大陆强很多。2016年5月，英国净流入移民达33.3万人，创全年新高纪录，而政府原先希望控制在10万人以下，这对留欧派形成重大打击。

欧洲民粹主义的兴起也加深了对外来移民的排斥情绪，比如，意大利修宪公投导致民粹主义政党“五星运动”人气较高，如果“五星运动党”得以上台，那么该党所主张的民粹主义观点可能得到贯彻，由此推出排斥移民的相关政策。其实，极右翼思潮（势力）在欧洲长期存在，只是最近几年极右翼势力纷纷在法国、德国、意大利、荷兰、丹麦、奥地利等欧洲国家抬头，其政治化的态势愈演愈烈，各种各样的极右翼政党以不同的方式进入政界，积极参政、议政，不少甚至执政。极右翼政党主张对外来移民进行排斥甚至敌视政策。欧洲舆论普遍认为，极右翼势力的抬头，主要是因为受失业问题的困扰，不少西欧人感到生活不稳定、缺乏安全感。一方面，欧洲长期存在的高失业率、治安恶化、政治腐败丑闻等社会问题没有得到很好解决，导致人们对现实不满和对政治冷漠，而极右政党又有意迎合了选民要求改变现状的愿望，具有很强的迷惑性。另一方面，一些国家的移民政策存在漏洞，移民在为当地经济和社会繁荣做出贡献的同时，也对就业、交通、住房、教育等形成一定压力，而社会对移民持排斥和歧视态度，导致移民与主流社会的对立情绪加深，对社会稳定构成隐患。

## 二 国外代表性国家和地区社会融合的政策实践

### （一）欧盟社会融合政策最新进展

1. 背景

当前欧洲面对两大挑战：一是经济危机，失业率、贫困率、社会排斥水平达到历史性新高。二是人口转变，劳动年龄人口在缩水，老年人口在增加，移民的社会融合又处于历史上最关键的阶段。

欧洲外来人口（foreign-born）最多的国家是德国，从绝对量来看，德国、法国、英国、西班牙和意大利的外来人口最多。从相对比例来看，卢森堡是外来人口占比最多的国家，将近32.2%的人口为移民。2009年，外来人口占比超过15%的国家有爱沙尼亚、拉脱维亚和奥地利。而外来人口占比不到5%的国家是芬兰、捷克、波兰、斯洛伐克和罗马尼亚。

2. 实施积极的融合政策

在这样的背景下，欧洲实施了积极社会融合政策（active social inclusion policy）。积极融合政策定义为使每一个公民特别是最弱势的公民能获得能力去参与社会，包括拥有一份工作，具体而言，包括三个方面的内容：一是通过帮助获得一份工作确保足够的收入支持（adequate income support），通过将失业和在职福利联系起来，帮助人们获得属于他们的基本福利；二是构建包容性就业市场（inclusive labour markets），使人们更简单进入劳动力市场，应对在职贫困，回避贫困陷阱和挫折；三是通过高品质的服务（quality services）帮助人们积极参与社会，包括返回就业岗位。欧盟积极融合政策可以应对贫困、社会排斥、在职贫困、劳动力市场分割、长期失业、性别不平等等挑战。

欧盟积极融合政策的核心就是推出社会投资包（Social Investment Package）。社会投资包的重点在于投资于人，包括投资于人的就业、能力建设和社会生活的参与。社会投资包（The Social Investment Package）提供工作培训和信息服务（Job training and search assistance）、获得基本银行账户（Access to basic bank accounts）、能量融合（Energy inclusion）和足够的收入支持（Adequate income support）。欧洲社会基金（The European Social Fund）在国家层面上提供针对积极融合的政策支持。

3. 确立明确的目标

欧盟的社会融合行动计划依然如火如荼地进行，欧盟就业、社会事务和融合署的社会融合局负责整个欧盟的社会融合事务。据估计，目前整个欧盟有1.2亿人面临贫困和排斥风险，因此，欧盟领导人提出要在2020年之前减少2000万人。欧盟将应对贫困和排斥作为2020年欧洲行动的核心内容。

4. 成立欧盟反对贫困和社会排斥平台

欧盟成立了欧盟反对贫困和社会排斥平台（The European Platform against Poverty and Social Exclusion）来实施一系列应对策略，以帮助实现2020年目标。这个平台给欧盟成员国领导人、欧盟机构和重要利益相关人提供了一个应对贫困和排斥的联合承诺行动的基础。在欧洲应对贫困和社会排斥平台框架下，欧盟委员会组织欧盟内利益相关者的人口对话会议，包括NGOs、社会合作者、生意和社会经济行动者、学术基金、智库、国家组织等参与，每年召开年度大会。

5. 欧盟社会保护委员会的监测和评估

社会保护和社会融合在欧盟是并列的概念，社会保护包括养老金、健康护理和长期照料，而社会融合更多致力于应对贫困及其社会性福利的排斥。欧盟的社会融合政策主要由欧盟社会保护委员会进行评估和监测。欧盟社会保护委员会（The Social Protection Committee）是欧盟就业和社会事务委员会的政策咨询委员会，主要对欧盟的社会环境和成员国的社会保护政策发展状况进行监测，提供关于社会融合、健康护理、长期照料和养老金的评估报告。目前从2003年到2010年每年提供一个年度报告。

6. 欧盟社会政策网络（The European Social Policy Network）的推动

2014年欧盟成立了欧盟社会政策网络（The European Social Policy

Network），简称 ESPN，致力于针对欧盟社会政策提供信息、分析和咨询。尤其是，ESPN 网络支持对欧盟 2020 年社会保护和社会融合目标实施进程进行监测，包括对 2000 万人民摆脱贫困和社会排斥。

ESPN 网络提供给欧盟以下信息：（1）有关应对社会保护和社会融合领域的关键挑战的政策的综合性评论，包括政策的优势与不足；（2）评估政策是否反映了社会投资路径。

ESPN 帮助欧盟及其成员国增强和提高社会政策在国家和欧盟层面的决策地位，确保经济和财政政策能更好地纳入社会保护和社会融合目标中。

ESPN 将之前的多个工作网络整合到一个网络，包括 2003 年组建的欧洲社会融合独立评估专家网络（the European Network of Independent Experts on Social Inclusion）和负责提供关于社会经济对社会保护改革影响的分析性支持网络（*the Analytical Support on the Socio-Economic Impact of Social Protection Reforms*，ASISP）。ESPN 同样是社会保护信息共享系统（Mutual Information Systems on Social Protection，MISSOC）秘书处。ESPN 的核心是各国社会政策领域的独立专家组成的团队，他们得到由国际性专家组成的核心专家支持和协调。

欧盟社会融合独立评估专家网络（Network of independent experts on social inclusion）致力于对欧盟成员国的贫困、社会排斥及其相关的社会政策进行评估和监测，并提供关于社会融合和社会保护的年度报告，既包括国别报告，也包括综合报告。目前可查的最近一份欧洲社会保护和社会融合报告是 2010 年发布的。2014 年之后，欧洲社会融合独立评估专家网络（Network of independent experts on social inclusion）被欧盟社会政策网络（The European Social Policy Network）所取代。

7. 通过同行评议来推动政策实施

欧盟社会保护和社会融合政策的同行评议（Peer Review）是社会协调开发方法（Social Open Method of Coordination）的重要内容。同行评议可以增加开放讨论与互相学习。每一个同行评议会议由一个代表政策实践较好的国家来主办，参与人员包括欧盟的专家、兄弟国家和相关国家。

8. 发布监测指标监测政策所取得的进步

欧盟每年发布社会指标体系监测政策取得的进展，社会融合部分发展为两级指标和背景指标。一级指标（Primary Indicators）包括贫困风险率、持续的贫困风险率、相对贫困风险差、长期失业率、失业或半失业家庭人口、早期辍学人数、移民就业差、资料缺乏、住房、自评未满足的医疗需求、儿童福利、社会支付影响、在职贫困风险 13 个指标；二级指标（Secondary Indicators）有基于家庭贫困的风险率等 14 个指标。背景指标（Context Information）包括收入五分比（income quintile ratio，s80/s20）、基尼系数（Gini coefficient）、地区差异（regional disparities：coefficient of variations of employment rates）、健康预期寿命、平均预期寿命等 13 个指标。

## （二）英国社会融合政策最新进展

第二次世界大战后，为了加快恢复经济发展，振兴产业，英国政府出台了移民准入政策，积极吸引国外廉价劳工移民来弥补英国劳动力的不足，由此，各国移民蜂拥而至。二战后英国的国际劳工移民经历了快速增长阶段。他们的到来，逐渐改变了英国社会的人口结构和文化构成，让英国的种族和民族结构更加丰富多彩，社会文化也变得更加多元。

进入 21 世纪，英国的外来族裔约 285 万，是 5700 万英国人口的 5%。英国的外来族裔大多来自非洲、加勒比海国家、印度次大陆的亚洲诸国，其中，30 万来自孟加拉国。因此，面对来自不同族裔的外来人群，英国政府需要面对的是如何使不同族裔的人群融入当地社会，如何促进移民的社会融合。自 1997 年工党执政后，英国政府采取了一系列促进族群融合的政策，比如颁布新的种族关系法，要求英国所有公共机构必须改善民族平等，促进族群融合。因此，民族平衡成为英国几乎所有的公共机构在招人过程中重要的考虑准则。而且每个公共机构必须有一个详细的民族平等工作计划。新颁布的种族关系法还要求，种族平等委员会颁布一个促进民族平等和族群融合的新的雇用法。

为了促进外来移民的社会融合，英国政府不断完善国籍、移民和庇护法案。2002年和2006年，英国政府先后颁布了《2002年国籍、入境及难民法案》（Nationality，Immigration and Asylum ACT 2002）和《2006年国籍、入境及难民法案》（Nationality，Immigration and Asylum ACT 2006）。《国籍、入境及难民法案》提出了促进外来移民融合的一些要求，比如提高英语语言能力和学习英国社会的相关知识，要求外来移民需要通过一项公民资格测试，才能成为英国公民，而且通过测试后还需要参加一个公民仪式，在仪式上要进行宣誓，发誓成为一个英国公民。

新工党政府提出了通过公民教育来促进移民融合，要求新加入英国的公民具有公民权，而公民教育是享受公民权的一门必修课。公民教育主要是为了传播英国文化，弥补年轻人的道德缺失。在1988年的教育法中，公民教育虽然写入了教育法却是以选修课的形式，而不是必修课。因此，长期以来，公民教育没有得到足够重视，而被国家课程边缘化了。正因为这样，新工党要求各个学校进行公民教育，而且要求将公民权利在社区活动中得到体现。

此外，与其他欧洲国家一样，英国也在欧洲移民融合整体框架中。自2000年里斯本峰会议后，欧洲联盟同意采取“开放协调方法”（open method of coordination）试图在2010年之前根除贫困和社会排斥。成员国采取本国的反贫困和社会排斥的国家行动计划（National Action Plans against poverty and social exclusion ，NAPs/inclusion）。英国第一个全国性的社会融合行动计划是2011年7月发布的2001～2003年全国社会融合行动计划。第二个全国社会融合行动计划是2003～2005年。第三个全国社会融合行动计划是2006～2008年。第四个全国社会融合行动计划是2008～2010年。2010年后，开始专项性的反社会排斥行动计划，而且行动计划越来越细。

2016年6月23日，英国公投决定“脱欧”。2017年3月16日，英国女王伊丽莎白二世批准“脱欧”法案，授权英国首相特雷莎·梅正式启动脱欧程序。2017年11月30日，脱欧一年后英国净移民人数为23万人，比2016年减少10万人，为该统计史上最大年度跌幅。净移民大幅下降主要是那些希望在英国找到工作的欧洲移民大量迁出。特雷莎·梅政府所制订的

“脱欧”政策主要目的是控制低技术移民数量。自2018年1月11日开始，特雷莎·梅政府开始对积分制移民（包括投资移民、创业移民、工作签证等）新增两个要求：一是配偶和主申请人都需要在英国居住185天；二是不管孩子多大年龄，只有父母双方都有永久居住权才可以申请永久居住权。

## （三）美国移民融合政策进展情况

### 1. 美国移民基本情况

根据美国移民政策研究所（Migration Policy Institute）的估计，外国出生的居民中有42%的成为美国居民（Naturalization）。自20世纪90年代以来，美国平均每年新增100万移民定居美国。根据美国普查局2011年的数据，在美国的移民构成中，外国出生的移民中，有29%的是来自墨西哥，5%的来自中国，5%的来自印度，4%的来自菲律宾，3%的来自萨尔瓦多，3%的来自越南，3%的来自古巴，3%的来自韩国，2%的来自多米尼加共和国，2%的来自危地马拉，其他国家合计占41%。

华人在美国移民中，从占比来看位居第三，仅次于墨西哥和印度。历史上，美国有两次华人移民潮，第一次是19世纪50年代到80年代，大量华人因避免内乱和战争而寻求美国西部的工作机会移民美国西部，主要从事采矿、建筑、农业和制造业。直到1882年美国国会通过了排华法案（the Chinese Exclusion Act）。第二次移民潮是在20世纪70年代中美建交后以及改革开放。移民美国的华人从1980年的38.4万增加到1990年的68.1万，到2000年时达到119.5万，2010年增加到168.3万，2013年已经突破201.8万。也就是说，从绝对量来看，超过200万的大陆华人移民美国，占全国外国出生的移民的5%。从地区来看，来自中国移民主要居住在加利福尼亚州和纽约，前者占比31%，后者占比为21%，两者之和占比52%。从县来看，排名前四的县是加利福尼亚的洛杉矶县、纽约的皇后县和国王县以及加利福尼亚州的旧金山县。四个县之和占了大陆移民的29%。从1990年以来，基本上每年大约有100万移民加入美国国籍，成为美国公民。

2. 美国移民融合最新政策

第一，负责美国移民融合的政府机构。

美国移民局是负责美国移民融合的主要机构。美国移民局隶属于美国司法部，主要负责移民和非移民申请、外国人的出入境、边界巡逻、逮捕并遣散非法移民、难民审查、惩罚非法雇用等。司法部拥有移民的执法权，但是司法部通常会以授权的方式让移民局具体负责移民事务。事实上，美国的移民局成为美国移民法的具体执行部门。移民局拥有美东、美西、美南、美北四个地区服务中心（Regional Service Center），这四个大区移民服务中心是国外移民打交道最多的机构，因为这四个地区服务中心直接受理国外移民和难民申请。当然还有一些地方移民局（Local Office）负责处理日常移民的具体事务。这些地方移民局包括移民支局（District Office）和办事处（Suboffice）。目前美国境内的地方移民支局约60个，不过只有36个移民支局具有审核批准权，而移民办事处更多的只是负责申请材料的提交和面谈等事务。

成立69年的美国司法部移民局（简称INS）于2003年3月1日正式并入国土安全部。国土安全部拥有三个局级机构：一是公民与移民服务局（简称BCIS），二是海关及边界保护局（简称BCBP），三是移民及海关执法局（简称BICE）。并入国土安全部之后，移民局在名称上有所变化，但是各个办事机构办理的具体事务并没有很大改变。过去所使用的表格和文件基本可以沿用。美国移民局于2014年2月4日宣布将启用新版的归化入籍申请表（N-400）。

第二，美国移民社会融合的基本政策。

入籍是美国移民社会融合政策的核心内容。美国的入籍政策体现在一系列法案里面，比如劳动力创新和机会法案（Workforce Innovation and opportunity Act），而具体落实则由美国公民及移民服务局（US Citizenship and Immigration Services）负责。基本上，美国每年吸引来自世界各国的移民大约100年，被世人认为是移民的梦想天堂。美国由此也被认为是移民国家。

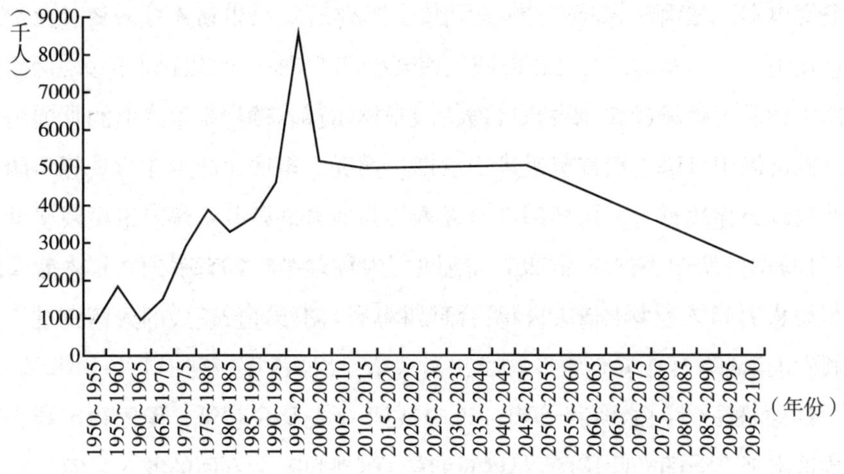


**图1　1950~2100年加入美国国籍的外国移民变动趋势**

美国移民法规定，凡是在美国拥有合法居留权的国外移民，都可以申请归化美国籍。申请归化需要满足一定的条件才能得到批准。归化条件通常包括：第一，申请人必须连续在美国居住满五年，而且在这五年间不能连续超过半年离开美国，如果超过半年需要提供无意放弃美国住所的证明。第二，与美国公民通婚需要至少保持两年的婚姻生活后才能由夫妻双方共同申请入籍。第三，申请归化入籍还需要申请者年满18岁，不过，如果父母都具有美国国籍，即使申请者未满16周岁可以自动获得美国国籍，如果申请者处于16岁到18岁之间，必须申请者自己申请美国国籍，如果申请者父母有一方不是美国国籍，具有美国国籍一方的父母可以代为未满18周岁的孩子申请美国国籍。第四，申请人必须具有英语听、说、读和写的基本能力。美国移民局会对申请人的英语能力进行考察，通常以面试方式，要求申请人用英语回答美国历史和美国政府方面的基本知识，主要对美国历史、宪法、移民法有基本的了解，包括对美国政府的组织机构、公民权利、历史事件、宪法原则和重要修正案的基本了解，这样不仅可以考察申请人的英语表达能力，而且还可以了解申请人对美国历史和政府知识的掌握情况。面试的内容基本公开，美国政府会公开面试的题目。申请人如果在第一次申请时没获得通

过，可以在一年内享有两次补考的机会。当然，如果申请人年龄超过50岁，而且在美国居住时间超过20年，英语能力可以免试，可以用本国语言代替。同样，对于年龄超过55岁的申请人，如果在美国获得15年以上的永久居留权，也可以用母语来代替英语进行面试。第五，申请人必须在过去五年的居留期内没有违法行为，包括酗酒、吸毒、与他人通奸、卖淫、重婚或者没有尽到抚养义务等。第六，申请人需要放弃原有国籍，否则不能申请美国国籍。与英国一样，当申请人获得入籍资格后，需要进行正式的入籍宣誓，然后颁发入籍证。

自特朗普入主白宫后，采取了一系列强硬的移民政策，美国移民社会融合政策出现了新的变化迹象。具体而言，体现为五个方面的变化：第一，移民及海关执法局执法更加严格，准许拘留无证怀孕的妇女等。该局认同特朗普的政策，在执法上比奥巴马时代更加严格。第二，对核准外国公民合法移民美国做了重大改变，移民局将视外籍申请人为顾客的工作宗旨进行了修改，去掉了美国为“移民国家”的字样，取而代之的是“保护美国人民”。而且国土安全部正酝酿一个严格限制外国公民的税负优惠和社会福利的提案，该提案将取消持证的外籍人士或绿卡持有者的家庭抵税优惠（earned income tax credit）或健保补助。第三，实行难民和旅行禁令，2017年1月27日，美国总统特普朗签署了“穆斯林禁令”，在未来90天内禁止伊拉克、叙利亚、伊朗、利比亚、索马里、苏丹和也门等七个伊斯兰国家的公民进入美国，而且正常运转的难民接受计划也被叫停，并将持续120天。由此受到影响的人群大约1亿3000万人。随后不久，特朗普发布新旅行禁令，最高法院预计于2018年4月裁定特朗普的旅行禁令是否违宪。第四，临时保护身份更加严格。临时保护身份主要针对面临内战、天灾等危险且面临生命危险的外籍人士提供给暂时工作证、免予遭受遣返的保护。特兰普主政的国土安全部宣布取消26万萨尔多瓦移民、6万海地移民、5万尼加拉瓜移民和数百万苏丹移民的临时保护身份。而且特朗普于2018年下达备忘录，中止利比亚公民的延缓执行遣返待遇。第五，中止童年抵美暂缓遣返计划。美国司法部于2017年9月提出终止童年抵美暂缓遣返计划，由此影响已经登记该计划的 69 万年轻无证移民以及即将有资格参加该机构的数十万人，尽管该项计划被联邦法院最后阻拦废除，但是该计划前途依然未卜。

总体而言，特朗普执政期间，美国移民的社会融合政策面临收缩甚至倒退的迹象。

## （四）美洲社会融合指数

美洲社会融合指数，全名为美洲季刊社会融合指数（the Americas Quarterly Social Inclusion Index），由美洲季刊（Americas Quarterly）自 2012 年春季开始发布，截至 2016 年已经连续发布 5 次。该指数主要基于美国范德堡大学（Vanderbilt University）的拉丁美洲公共舆论项目（Latin American Public Opinion Project，LAPOP）的数据和专家资源。该指数目前由西雅图国际基金（the Seattle International Foundation）资助。

1. 发展历程

美洲社会融合指数由美洲季刊于 2012 年创立并发布。美洲季刊由美洲协会（Americas Society）和美洲理事会（Council of Americas）于 2007 年 8 月创办，目前是审计媒体联盟（Alliance of Audited Media）审计的一份杂志，在 2012 年杂志五周年纪念之际，美洲季刊正式推出美洲社会融合指数。

美洲季刊首次发布的 2012 年美洲社会融合指数主要基于 15 个变量针对 11 个国家进行了评估。15 个变量分为 7 个输入性变量（INPUTS）和 8 个输出性变量（OUTPUT）。输入性变量反映的是政府在社会融合政策方面的投入，属于政策性变量，具体包括 2001 ~ 2010 年的 GDP 平均增长率（%）、社会性支出占 GDP 比重（%）、中学入学率（%）（分性别、分种族）、政治权利（0 ~ 50 分）、公民权利（0 ~ 60 分）和市民社会参与（1 ~ 6 分）。输出性变量反映的是政府在社会融合政策方面投入的产出，属于评估性变量，具体包括每天花费超过 4 美元的比例（%）（分性别、分种族）、个人发展（1 ~ 6 分）、政府应对（1 ~ 5 分）、像样的住宿（%）（分性别、分种族）和 25 岁到 65 岁成年人参与正式工作的比重（%）（分性别、分种族）。每个国家的社会融合指数分值就是根据 15 个指标综合形成的一个综合性分值（overall score）。2012 年对美国进行了评估，不过因为数据缺乏，只选择了 7 个指标评估美国。

2012 年美洲社会融合指数测算结果表明，智利和乌拉圭名列前茅。

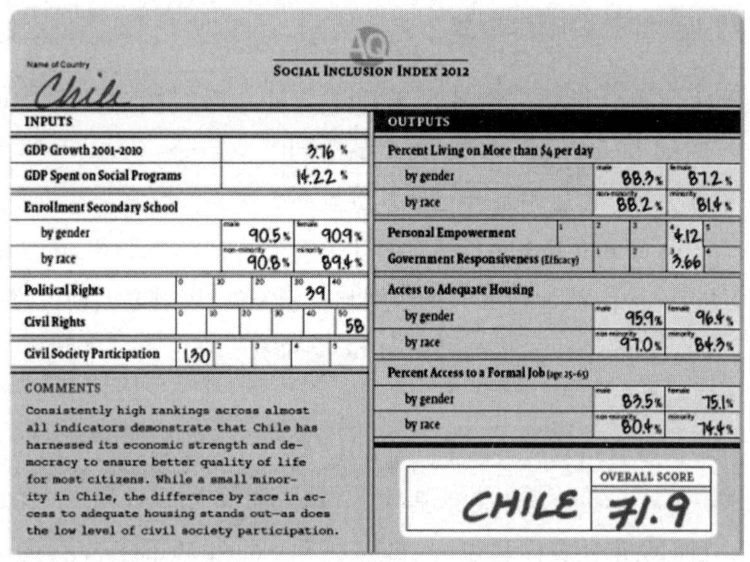

Name of Country Chile

SOCIAL INCLUSION INDEX 2012

| INPUTS | | |
|---|---|---|
| GDP Growth 2001-2010 | 3.76% | |
| GDP Spent on Social Programs | 14.22% | |
| Enrollment Secondary School | | |
| by gender | male 90.5% | female 90.9% |
| by race | non-minority 90.8% | minority 89.4% |
| Political Rights (0–40) | 39 | |
| Civil Rights (0–50) | 58 | |
| Civil Society Participation (1–5) | 1.30 | |

COMMENTS

Consistently high rankings across almost all indicators demonstrate that Chile has harnessed its economic strength and democracy to ensure better quality of life for most citizens. While a small minority in Chile, the difference by race in access to adequate housing stands out—as does the low level of civil society participation.

| OUTPUTS | | |
|---|---|---|
| Percent Living on More than $4 per day | | |
| by gender | male 88.3% | female 87.2% |
| by race | non-minority 88.2% | minority 81.4% |
| Personal Empowerment (1–5) | 4.12 | |
| Government Responsiveness (Efficacy) (1–4) | 3.66 | |
| Access to Adequate Housing | | |
| by gender | male 95.9% | female 96.4% |
| by race | non-minority 97.0% | minority 84.3% |
| Percent Access to a Formal Job (age 25-65) | | |
| by gender | male 83.5% | female 75.1% |
| by race | non-minority 80.4% | minority 74.4% |

CHILE OVERALL SCORE 71.9

**图 2　2012 年美洲社会融合指数国别卡（智利）**

2013 年美洲季刊夏季卷（Summer Issue）公布了 2013 年美洲社会融合指数。该指数增加了 3 个变量，即金融服务获得（Financial Inclusion）、同性恋友好情况（LGBT rights）和妇女权利（Women Rights），而且评估范围增加 4 个国家，新增国家分别是哥斯达黎加、萨瓦多尔、巴拿马和洪都拉斯。由此，2013 年美洲社会融合指数的输入性变量共有 11 个，输出变量中个人发展和政府回应两个指标也增加了分性别和分种族两个变量，由此共有 10 个变量，输入变量和输出变量合计 21 个。2013 年美洲社会融合指数的测算结果表明，乌拉圭超越智利名列首位。从 2013 年开始，美国开始参与美洲社会融合指数排序，位于乌拉圭和智利之后。

Name of Country: Uruguay

SOCIAL INCLUSION INDEX 2012

| INPUTS | | |
|---|---|---|
| GDP Growth 2001-2010 | 3.46 % | |
| GDP Spent on Social Programs | 21.65 % | |
| Enrollment Secondary School | | |
| by gender | male 78.2 % | female 85.8 % |
| by race | non-minority 82.5 % | minority 69.3 % |
| Political Rights (0–40) | 39 | |
| Civil Rights (0–50+) | 58 | |
| Civil Society Participation (1–5) | 1.14 | |

| OUTPUTS | | |
|---|---|---|
| Percent Living on More than $4 per day | | |
| by gender | male 88.9 % | female 89.0 % |
| by race | non-minority 89.5 % | minority 78.9 % |
| Personal Empowerment (1–5) | 4.30 | |
| Government Responsiveness (Efficacy) (1–4) | 4.58 | |
| Access to Adequate Housing | | |
| by gender | male 95.8 % | female 96.7 % |
| by race | non-minority 96.5 % | minority 92.1 % |
| Percent Access to a Formal Job (age 25-65) | | |
| by gender | male 88.1 % | female 82.5 % |
| by race | non-minority 85.9 % | minority 77.6 % |

COMMENTS

The country's deep commitment to social justice is reflected in its social spending, but the sustainability of its efforts lies in its rates of economic growth, poverty levels and high levels of political and civil rights. The one outlier? As in Chile, civil society participation—a sign of contentment or disengagement?

URUGUAY OVERALL SCORE 71.2

图 3　2012 年美洲社会融合指数国别卡（乌拉圭）

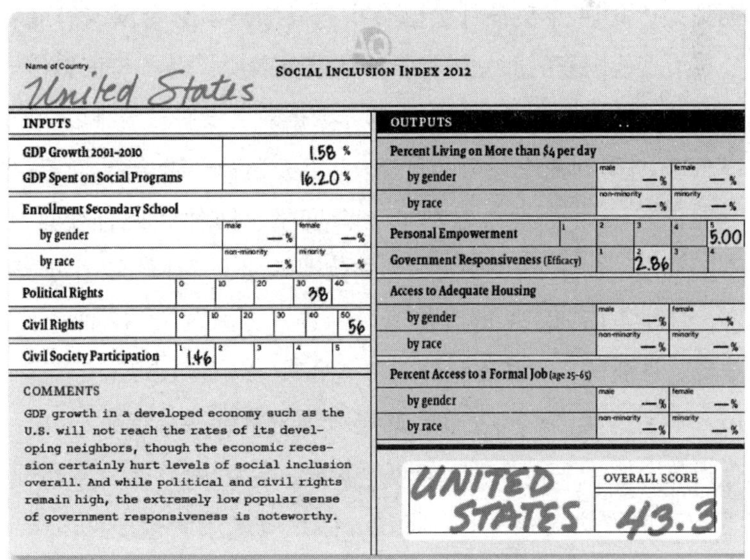

Name of Country: United States

SOCIAL INCLUSION INDEX 2012

| INPUTS | | |
|---|---|---|
| GDP Growth 2001-2010 | 1.58 % | |
| GDP Spent on Social Programs | 16.20 % | |
| Enrollment Secondary School | | |
| by gender | male — % | female — % |
| by race | non-minority — % | minority — % |
| Political Rights (0–40) | 38 | |
| Civil Rights (0–50+) | 56 | |
| Civil Society Participation (1–5) | 1.46 | |

| OUTPUTS | | |
|---|---|---|
| Percent Living on More than $4 per day | | |
| by gender | male — % | female — % |
| by race | non-minority — % | minority — % |
| Personal Empowerment (1–5) | 5.00 | |
| Government Responsiveness (Efficacy) (1–4) | 2.86 | |
| Access to Adequate Housing | | |
| by gender | male — % | female — % |
| by race | non-minority — % | minority — % |
| Percent Access to a Formal Job (age 25-65) | | |
| by gender | male — % | female — % |
| by race | non-minority — % | minority — % |

COMMENTS

GDP growth in a developed economy such as the U.S. will not reach the rates of its developing neighbors, though the economic recession certainly hurt levels of social inclusion overall. And while political and civil rights remain high, the extremely low popular sense of government responsiveness is noteworthy.

UNITED STATES OVERALL SCORE 43.3

图 4　2012 年美洲社会融合指数国别卡（美国）

| Name of Country | Overall Score |
| --- | --- |
| Uruguay | 75.5 |

SOCIAL INCLUSION INDEX 2013

| INPUTS | | | | |
| --- | --- | --- | --- | --- |
| GDP Growth 2002-2012 | | | | 4.12% |
| GDP Spent on Social Programs | | | | 21.65% |
| Enrollment Secondary School | | | | |
| by gender | male | 80.0% | female | 86.6% |
| by race | non-minority | 83.7% | minority | 73.9% |
| Political Rights | | | | 39 |
| Civil Rights | | | | 58 |
| Women's Rights | | | | 24 |
| LGBT Rights | | | | 7 |
| Civil Society Participation | | | | |
| by gender (1-6) | male | 0.91 | female | 1.11 |
| by race (1-6) | non-minority | 1.02 | minority | 1.00 |
| Financial Inclusion | | | | |
| by gender | male | 23.2% | female | 23.83% |

| OUTPUTS | | | | |
| --- | --- | --- | --- | --- |
| Percent Living on More than $4 per Day | | | | |
| by gender | male | 91.4% | female | 91.2% |
| by race | non-minority | 91.7% | minority | 83.8% |
| Personal Empowerment | | | | |
| by gender (1-7) | male | 3.92 | female | 3.57 |
| by race (1-7) | non-minority | 3.92 | minority | 3.72 |
| Government Responsiveness (Efficacy) | | | | |
| by gender (1-7) | male | 3.87 | female | 3.86 |
| by race (1-7) | non-minority | 3.92 | minority | 3.72 |
| Access to Adequate Housing | | | | |
| by gender | male | 95.9% | female | 96.7% |
| by race | non-minority | 96.6% | minority | 91.0% |
| Percent Access to a Formal Job (age 25-65) | | | | |
| by gender | male | 89.6% | female | 85.4% |
| by race | non-minority | 88.1% | minority | 79.8% |

**图 5　2013 年美洲社会融合指数国别卡（乌拉圭）**

2014 年美洲季刊夏季卷公布了 2014 年美洲社会融合指数。评估指标依然延续 2013 年的 21 个指标，评估范围也延续 2013 年的 17 个国家。不过，由于数据原因，2014 年美洲社会融合指数只测算了 9 个国家的最后分值，但依然公布了其他国家的部分指标。评估结果表明，乌拉圭依然位居首位，智利位居第二，美国等 8 个国家因为部分数据缺乏没有参与排名。

2015 年美洲季刊夏季卷公布了 2015 年美洲社会融合指数值。从 2015 年开始，美洲社会融合指数增加了 1 个变量，即种族融合变量（Ethno-Racial inclusion），合计 22 个变量。评估范围延续了以往的 17 个国家。评估结果表明，乌拉圭以 80. 24 的分值位居榜首，美国以 73. 12 的分值位居第二，阿根廷、哥斯达黎加和智利分别列举第三、第四和第五。

2016 年 9 月，美洲季刊发布了 2016 年美洲社会融合指数。2016 年美洲社会融合指数增加了文盲率（literacy）变量，合计为 23 个变量指标。而且 2016 年采取新的方法进行测算，将过去四年所采用的排序赋值法（Point-Score Approach）改为首位比赋值法（Proportional to First-Ranked Approach）。评估范围依然延续 17 个国家。评估结果表明，乌拉圭以 86. 8 分的高分位居榜首，巴西以 82. 57 分位居第二，智利以 80. 95 分位居第三，美国和巴拿马

Name of Country: Uruguay | Overall Score: 79.89 | 2013 SCORE: 75.7 | SOCIAL INCLUSION INDEX 2014

|  | | | | |
|---|---|---|---|---|
| GDP Growth 2003-2013 | | | | ↑5.22% |
| GDP Spent on Social Programs | | | | 8.50% |
| Enrollment Secondary School | | | | |
| by gender | male | ↑81.3% | female | 87.8% |
| by race | non-minority | ↑85.0% | minority | ↑76.1% |
| Political Rights (0-40) | | | | ↑40 |
| Civil Rights (0-60) | | | | 58 |
| Women's Rights (0-35) | | | | 31 |
| LGBT Rights (1-7) | | | | 7 |
| Civil Society Participation | | | | |
| by gender (1-6) | male | 0.91 | female | 1.11 |
| by race (1-6) | non-minority | 1.02 | minority | 1.00 |
| Financial Inclusion | | | | |
| by gender | male | 23.21% | female | 23.83% |

|  | | | | |
|---|---|---|---|---|
| Percent Living on More than $4 per day | | | | |
| by gender | male | 92.0% | female | 92.0% |
| by race | non-minority | 92.6% | minority | 82.3% |
| Personal Empowerment | | | | |
| by gender (1-7) | male | 4.42 | female | 3.82 |
| by race (1-7) | non-minority | 4.23 | minority | 3.91 |
| Government Responsiveness (Efficacy) | | | | |
| by gender (1-7) | male | 3.87 | female | 3.86 |
| by race (1-7) | non-minority | 3.89 | minority | 3.82 |
| Access to Adequate Housing | | | | |
| by gender | male | 96.8% | female | 97.5% |
| by race | non-minority | 97.3% | minority | ↑94.3% |
| Percent Access to a Formal Job (age 25-65) | | | | |
| by gender | male | 91.1% | female | 86.7% |
| by race | non-minority | 89.3% | minority | ↑82.9% |

**图 6　2014 年美洲社会融合指数国别卡（乌拉圭）**

Country: Uruguay | Overall Score: 80.24

|  | | | | |
|---|---|---|---|---|
| GDP Growth 2004-2014 | | | | 5.29% |
| GDP Spent on Social Programs | | | | 10.59% |
| Enrollment Secondary School | | | | |
| BY GENDER | male | 81.2% | female | 87.5% |
| BY RACE* | non-minority | 84.7% | minority | 78.7% |
| Political Rights (0-40) | | | | 40 |
| Civil Rights (0-60) | | | | 58 |
| Women's Rights (0-28) | | | | 25 |
| LGBT Rights (1-8) | | | | 8 |
| Ethno-Racial Inclusion (2-12) | | | | 8 |
| Civil Society Participation | | | | |
| BY GENDER (1-5) | male | 0.92 | female | 1.05 |
| BY RACE (1-5)* | non-minority | 0.96 | minority | 1.06 |
| Financial Inclusion | | | | |
| BY GENDER | male | 50.07% | female | 41.27% |

|  | | | | |
|---|---|---|---|---|
| Percent Living on More than $4 per Day | | | | |
| BY GENDER | male | 92.4% | female | 92.0% |
| BY RACE* | non-minority | 92.8% | minority | 82.7% |
| Personal Empowerment | | | | |
| BY GENDER (1-7) | male | 4.67 | female | 4.03 |
| BY RACE (1-7)* | non-minority | 4.41 | minority | 4.15 |
| Government Responsiveness (Efficacy) | | | | |
| BY GENDER (1-7) | male | 4.00 | female | 3.85 |
| BY RACE (1-7)* | non-minority | 3.96 | minority | 3.82 |
| Access to Adequate Housing | | | | |
| BY GENDER | male | 97.2% | female | 97.7% |
| BY RACE* | non-minority | 97.6% | minority | 94.4% |
| Percent Access to a Formal Job (age 25-65) | | | | |
| BY GENDER | male | 91.8% | female | 88.6% |
| BY RACE* | non-minority | 90.6% | minority | 83.8% |

**图 7　2015 年美洲社会融合指数国别卡（乌拉圭）**

因为部分数据缺乏没有公布总分值，也没有参与排名。

2. 研究方法和资料来源

2016 年美洲社会融合指数采用了与以往不同的测算方法。过去四年采用的是排序赋值法（Point-Score Approach）。所谓排序赋值法，即分值排在最后赋值最小，一般赋值为 1，排在最前赋值最大，赋值为序列号，而 2016

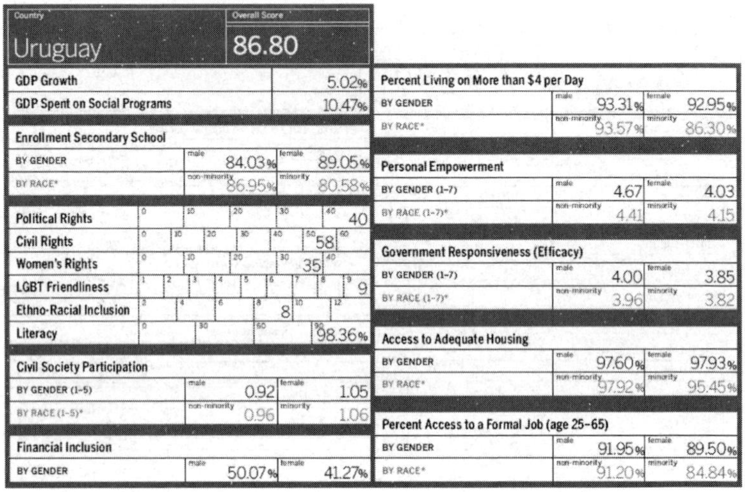

| Country | Overall Score |
| --- | --- |
| Uruguay | 86.80 |

| | | |
| --- | --- | --- |
| GDP Growth | 5.02% | |
| GDP Spent on Social Programs | 10.47% | |
| **Enrollment Secondary School** | | |
| BY GENDER | male 84.03% | female 89.05% |
| BY RACE* | non-minority 86.95% | minority 80.58% |
| Political Rights | 40 | |
| Civil Rights | 58 | |
| Women's Rights | 35 | |
| LGBT Friendliness | 9 | |
| Ethno-Racial Inclusion | 8 | |
| Literacy | 98.36% | |
| **Civil Society Participation** | | |
| BY GENDER (1-5) | male 0.92 | female 1.05 |
| BY RACE (1-5)* | non-minority 0.96 | minority 1.06 |
| **Financial Inclusion** | | |
| BY GENDER | male 50.07% | female 41.27% |
| **Percent Living on More than $4 per Day** | | |
| BY GENDER | male 93.31% | female 92.95% |
| BY RACE* | non-minority 93.57% | minority 86.30% |
| **Personal Empowerment** | | |
| BY GENDER (1-7) | male 4.67 | female 4.03 |
| BY RACE (1-7)* | non-minority 4.41 | minority 4.15 |
| **Government Responsiveness (Efficacy)** | | |
| BY GENDER (1-7) | male 4.00 | female 3.85 |
| BY RACE (1-7)* | non-minority 3.96 | minority 3.82 |
| **Access to Adequate Housing** | | |
| BY GENDER | male 97.60% | female 97.93% |
| BY RACE* | non-minority 97.92% | minority 95.45% |
| **Percent Access to a Formal Job (age 25-65)** | | |
| BY GENDER | male 91.95% | female 89.50% |
| BY RACE* | non-minority 91.20% | minority 84.84% |

**图 8　2016 年美洲社会融合指数国别卡（乌拉圭）**

年采用的是首位比赋值法（Proportional to First-Ranked Approach）。所谓首位比赋值法，就是计算所有国家分值占最大国分值的比重，即所有国家的分值与排列首位的国家的分值相比，其比值为该国的赋值，这样，分值最大的国家的赋值为 1。

**表 1　两种方法的比较**

| 国家 | FH 公民权利分值 | 排名/排名赋值法 | 首位比赋值法 |
| --- | --- | --- | --- |
| 乌拉圭 | 58 | 17 | 1.0000000 |
| 智利 | 57 | 16 | 0.9827586 |
| 美国 | 54 | 15 | 0.9310345 |
| 哥斯达黎加 | 53 | 14 | 0.9137931 |
| 阿根廷 | 48 | 13 | 0.8275862 |
| 巴西 | 48 | 12 | 0.8275862 |
| 巴拿马 | 48 | 11 | 0.8275862 |
| 秘鲁 | 41 | 10 | 0.7068966 |
| 玻利维亚 | 39 | 9 | 0.6724138 |
| 墨西哥 | 37 | 8 | 0.6379310 |
| 巴拉圭 | 37 | 7 | 0.6379310 |

续表

| 国家 | FH公民权利分值 | 排名/排名赋值法 | 首位比赋值法 |
|---|---|---|---|
| 萨瓦多尔 | 36 | 6 | 0.6206897 |
| 厄瓜多尔 | 35 | 5 | 0.6034483 |
| 尼加拉瓜 | 35 | 4 | 0.6034483 |
| 哥伦比亚 | 34 | 3 | 0.5862069 |
| 危地马拉 | 31 | 2 | 0.5344828 |
| 洪都拉斯 | 26 | 1 | 0.4482759 |

**表2　统计指标与资料来源**

| 指标类别 | 资料来源 | 指标数量 |
|---|---|---|
| 政治权利和公民权利 | Freedom House 网站每年更新政治权利（介于0～40分）和公民权利（介于0～60岁）指标的分值。 | 2 |
| 个人发展、政府回应和社区参与（分性别和种族） | 数据由 LAPOP（Latin American Public Opinion Project）研究机构提供。 | 6 |
| 妇女权利 | Joan Caivano and Jane Marcos-Delgado | 1 |
| 同性恋（LGBT）的友好程度 | Javier Corrales | 1 |
| 种族权利 | 由美洲发展银行（IDB，Inter-American Development Bank）和美洲季刊团队（AQ team）提供。 | 1 |
| 社会项目支出占GDP比重 | 联合国开发署（UNDP）和世界银行在线（World Bank Online Databank） | 1 |
| 中学入学率、像样的住房、相对贫困和正式工作的获得（分性别和种族） | 由世界银行工作人员（World Bank Staff）提供 | 8 |
| GDP 10年 | 由国际货币基金组织在线数据库（IMF Online）提供。 | 1 |
| 金融服务融合 | 由全球金融指数（Global Findex）和世界银行在线数据库（World Bank Online Databank） | 1 |
| 总人口中文盲率 | 世界银行在线数据（World Bank Online Databank） | 1 |
| 合计 | | 23 |

3. 主要结果分析——乌拉圭为啥能多年位居榜首？

美洲社会融合指数自2012年公布以来，不同国家的排名略有变化，但是乌拉圭却长期位列前茅，自2013年以后一直位居榜首。为此，本研究将深入探讨其原因。

**表 3　2012～2016 年美洲社会融合指数排名**

| 排序 | 2016 | | 2015 | | 2014 | | 2013 | | 2012 | |
|---|---|---|---|---|---|---|---|---|---|---|
| | 国家 | 分值 | 国家 | 分值 | 国家 | 分值 | 国家 | 分值 | 国家 | 分值 |
| 1 | 乌拉圭 | 86.80 | 乌拉圭 | 80.24 | 乌拉圭 | 79.89 | 乌拉圭 | 75.5 | 智利 | 71.9 |
| 2 | 巴西 | 82.57 | 美国 | 73.12 | 智利 | 71.96 | 智利 | 68.4 | 乌拉圭 | 71.2 |
| 3 | 智利 | 80.95 | 阿根廷 | 71.94 | 秘鲁 | 58.20 | 美国 | 64.6 | 巴西 | 51.4 |
| 4 | 厄瓜多尔 | 79.88 | 哥斯达黎加 | 68.77 | 巴西 | 57.14 | 哥斯达黎加 | 57.8 | 厄瓜多尔 | 43.8 |
| 5 | 哥斯达黎加 | 79.18 | 智利 | 67.98 | 玻利维亚 | 56.61 | 巴西 | 53.5 | 秘鲁 | 43.8 |
| 6 | 阿根廷 | 78.38 | 巴西 | 63.24 | 厄瓜多尔 | 55.56 | 厄瓜多尔 | 52.9 | 哥伦比亚 | 41.8 |
| 7 | 哥伦比亚 | 75.53 | 厄瓜多尔 | 60.47 | 墨西哥 | 47.09 | 秘鲁 | 51.7 | 玻利维亚 | 39.0 |
| 8 | 玻利维亚 | 74.91 | 玻利维亚 | 58.5 | 尼加拉瓜 | 39.68 | 巴拿马 | 48.6 | 墨西哥 | 39.0 |
| 9 | 巴拉圭 | 70.52 | 哥伦比亚 | 51.38 | 巴拉圭 | 37.57 | 哥伦比亚 | 48.4 | 巴拉圭 | 21.2 |
| 10 | 秘鲁 | 70.06 | 秘鲁 | 46.64 | 阿根廷 | N. A | 玻利维亚 | 47.6 | 尼加拉瓜 | 10.3 |
| 11 | 墨西哥 | 68.89 | 巴拉圭 | 44.66 | 哥斯达黎加 | N. A | 墨西哥 | 45.2 | 危地马拉 | 7.5 |
| 12 | 萨尔瓦多 | 67.57 | 萨尔瓦多 | 42.29 | 美国 | N. A | 萨尔瓦多 | 36.2 | 美国 | 43.3 |
| 13 | 尼加拉瓜 | 64.75 | 墨西哥 | 40.32 | 巴拿马 | N. A | 尼加拉瓜 | 29.7 | | |
| 14 | 洪都拉斯 | 63.21 | 尼加拉瓜 | 31.23 | 哥伦比亚 | N. A | 巴拉圭 | 27.9 | | |
| 15 | 危地马拉 | 59.98 | 洪都拉斯 | 28.85 | 萨尔瓦多 | N. A | 洪都拉斯 | 23.0 | | |
| 16 | 美国 | N. A | 危地马拉 | 25.69 | 洪都拉斯 | N. A | 危地马拉 | 14.8 | | |
| 17 | 巴拿马 | N. A | 巴拿马 | N. A | 危地马拉 | N. A | 阿根廷 | N. A | | |

乌拉圭的全称是乌拉圭东岸共和国，英文为 The Oriental Republic of Uruguay，西班牙文为 República Oriental del Uruguay，通常简称为 Uruguay。乌拉圭地处南美洲的东南部，北与巴西相邻，西与阿根廷相邻，东南为大西洋，蒙得维的亚（Montevideo）是乌拉圭的首都。乌拉圭国民以白人为主，白人占 90%，而印欧混血儿约占 8%。乌拉圭国民大多信奉天主教。乌拉圭于 1825 年从巴西独立，现为南美洲国家联盟成员国。乌拉圭境内地势平坦，气候属于温带，农牧业非常发达。乌拉圭素有“南美瑞士”“钻石之国”之美誉。乌拉圭属于中等发达国家，人民生活水平、政府清廉度、政治稳定度均位列南美洲前茅。

根据分析，乌拉圭之所以长期居于榜首，主要基于如下几个方面：

第一，性别平等。乌拉圭于2013年4月通过婚姻平等法案，允许让同性配偶在领养、离婚、继承方面享有完全平等的待遇，法定结婚年龄也从原本的男性14岁、女性12岁提高至16岁。乌拉圭是继阿根廷之后拉丁美洲第2个，也是全球第12个实现同性婚姻合法化的国家。

第二，妇女享有充分的生育权利。2012年9月，乌拉圭允许在怀孕前三个月对妇女进行堕胎，也就是说，乌拉圭正式将堕胎合法化，这意味着，乌拉圭是拉丁美洲自古巴之后第二个对堕胎合法化的国家。在整个美洲国家，乌拉圭妇女享有最充分的生殖健康权利。

第三，不同种族和性别享有像样的住房和稳定的收入。乌拉圭与智利、巴西在整个美洲在提供就业机会和有水有电的像样住房上处于领先位置。

第四，公民对政府享有高度信任。乌拉圭政府在开放和具有竞争性的多党政治制度以及清廉、自由表达和自由宗教信仰。因此，乌拉圭国民在政治制度上信任政府能保障公民的权利。智利、哥斯达黎加和乌拉圭在位于前三。

总之，乌拉圭在整个美洲地区比其他国家在不分性别和种族上平等地保护国民权利上更加出色。

## （五）澳大利亚社会融合政策进展

### 1. 澳大利亚社会融合机构设置

2002年南澳大利亚州总理林南（Mike Rann）在南澳大利亚州成立了社会融合董事会（Social Inclusion Board），并提名David Cappo为南澳大利亚社会融合董事会主任。2004年成立了州社会融合部，由南澳大利亚州总理林南（Mike Rann）担任部长，直到2011年退休。

2007年澳大利亚总理陆克文提出的社会融合框架（social inclusion framework），将社会融合视为政府的重要职责，并组建社会融合部，设置社会融合部部长。2008年5月，正式组建澳大利亚社会融合董事会（Social

Inclusion Board）。由澳大利亚副总理和负责社会融合的部长（Minister for Social Inclusion）朱莉娅·吉拉德（Julia Gillard）主管。澳大利亚社会融合董事会由13名官员、专家联合组成。

2008年5月，澳大利亚社会融合董事会举办首次理事会，澳大利亚时任总理陆克文和副总理朱莉娅·吉拉德参加会议。澳大利亚社会融合董事会将社会融合定义为“工作稳定，服务可得，与家人、朋友、同事和社区保持联系，能处理个人危机，意见能被听到”。2010年1月发布澳大利亚社会融合董事会首个年度工作报告。澳大利亚社会融合董事会的主要职责是：1）向社会融合部部长就如何在全国改善社会融合提供政策咨询和资讯；2）就社会融合的各个方面提供咨询、观点和数据，包括如何测量弱势和社会排斥，如何增加经济和社会参与，社区如何参与到社会融合事务等；3）每年向社会融合部长报告社会融合进展情况；4）向社会融合部部长提供社会融合有关的具体的政策建议。

2. 澳大利亚对社会融合的定义和社会融合政策量化指标

2010年澳大利亚社会融合状况指标主要包括44个指标，主要从两个方面测量社会融合：一是参与，主要从个人参与所需要的机会（Opportunity）、面对的选择（Choice）和所具有的能力（Capacity），具体体现为个体参与学习、工作、介入和发表声音四个方面；二是资源，主要从个体、家庭和社区三个层面的资源，个体的资源包括个体健康、生活目标/志向、生活技能、工作技能/经验、教育背景、收入/财力、社会网络、个体动机/责任，家庭资源包括住房、家庭环境、家人健康、父母职业和家庭背景；社区资源包括基础设施、交通、服务、经济活力、环境、治安、文化、社区凝聚力、交往问题的处理能力。

2010年澳大利亚社会融合指标总共分为三个维度：一是参与维度，主要有工作、学习、社会参与、政治参与四个领域，其中工作领域包括就业率、失业家庭的孩子数、长期收入抚养接受人、持续失业且有孩子的家庭、失业家庭户、长期失业率六个指标，学习领域包括15～24岁且没有参与工作或学习的年轻人的比例、20～24岁12年受教育年限的比例两个指标，社会参与领域包括年满 18 岁及以上且在最近一周有接触的朋友和家人的比例、最近 12 个月参与社区的比重、年满 18 岁最近 12 个月参与志愿工作、年满 18 岁及以上最近 12 月参与社区事件的比重、最近一个月与家人和朋友一起参与社区的比例，政治参与领域主要是最近 12 个月参与政治等活动比重。第二个维度是资源，主要有物质/经济资源、健康/残疾、教育与技能、社会资源、制度和社区资源、住房、个人安全共 7 个领域。第三维度是多重和顽固弱势维度，主要多重弱势和顽固弱势两个指标。

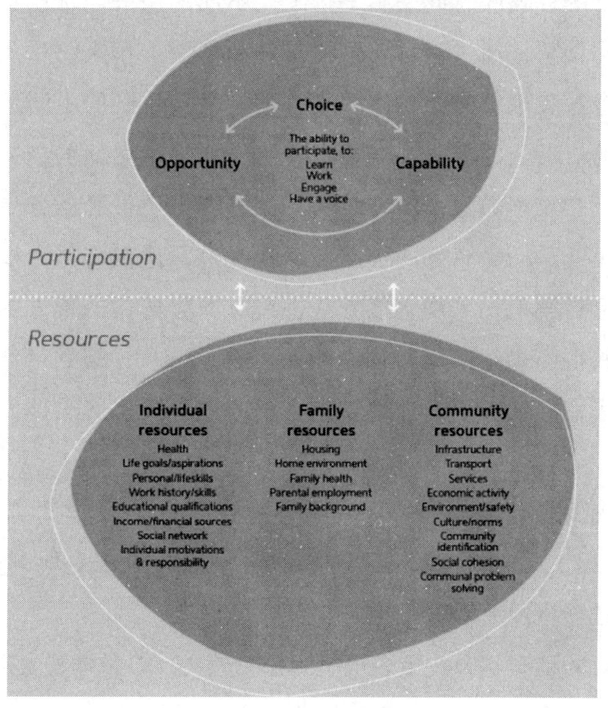


**图 9　澳大利亚社会融合理事会对社会融合的定义和量化**

3. 社会融合政策的目标、实施办法和效果

澳大利亚政府在实施社会融合政策主要有三大政策目标：一是减少弱势群体，确保有需要的人口能从好的健康、教育等服务中受益；二是增加社会、公民和经济参与，帮助每一个人获得技能，支持他们的需求，从而保证

人们在艰难时期正常工作和参与社区；三是更大的声音意味着更大的责任，政府让民众表达他们对服务的需求和工作方式，并要求民众能负责把握一切可得的机会。

澳大利亚政府主要从八个方面着手开展社会融合政策工作：第一，依靠个体和社区的优势，充分发挥每个人的优势，包括澳大利亚土著居民和托雷斯海峡岛民的优势；第二，与关键利益相关者建立合作关系，政府、组织和社区联合起来为需要帮助的群众提供最好的结果；第三，提供精细化服务，用新的、灵活的方式联合起来满足每个人不同的服务需求；第四，更加关注早期干预和预防，通过理解问题的根源和早期干预来防止问题发生；第五，建立联合服务和政府的整体解决方案，联合政府的不同部门和不同层级一起以新的、灵活的方式为需要服务的人群提供更好的结果和服务；第六，使用实证和宏观数据来实施政策，探讨哪个项目和服务更好，理解政策实施的原因，从而分享好的观点，不断改进，让更多努力投入能发挥作用的事情中去；第七，采用实地方法，在有弱势群体的地方工作，服务最需要服务的人群，理解不同问题之间的关联；第八，规划可持续发展，做一些能帮助人们和社区更好地解决未来的问题，以及解决他们目前面临的问题。

澳大利亚联邦政府提出了一个全国性的社会融合测算和报告战略（National Social Inclusion Measurement and Reporting Strategy），作为监测澳大利亚在应对社会排斥上所取得的进步。

澳大利亚的社会融合政策取得了明显的效果。多重弱势人群占比明显下降。具有工作、健康和教育三个领域的弱势占比由2006年的12.3%下降到2010年的9.3%，具有收入、工作和教育三个领域的弱势占比由2006年的8.2%下降到2010年的6.5%；患有收入、工作、健康和教育四个领域弱势特征的人群占比由2006年的7.7%下降到2010年的7.2%，患有收入、工作、健康和支持四个弱势特征的人群占比由2006年的3.7%下降到2010年的2.8%。

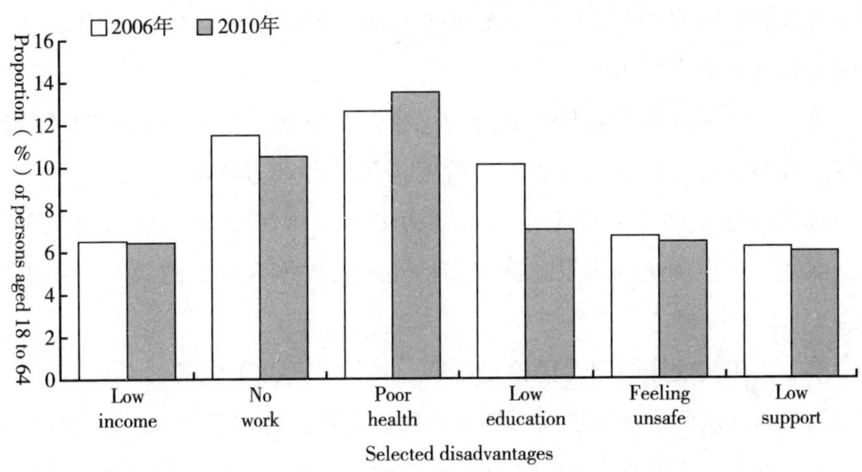


**图 10　澳大利亚社会融合政策重点关注的六个弱势特征人群占比**

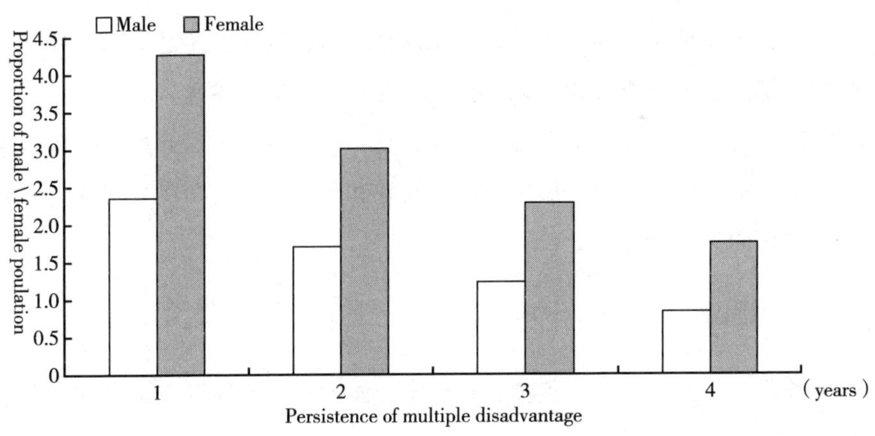


**图 11　多重弱势的持续时间长度分布**

# 三　借鉴与启示

## （一）社会融合的基本原则和策略

从欧盟、英国、美国、美洲、乌拉圭、澳大利亚等地区或国家的社会融合政策最新发展进展来看，可以发现这些地区或国家在社会融合政策过程中体现了如下基本原则和策略。

第一，将移民视为一种资源进行融合。从欧盟、英国和美国的社会融合发展战略来看，几乎无一例外地看好移民的劳动力资源优势，都注重从境外吸纳优秀劳动力来补充本国劳动力的不足或者用之于特殊岗位。因此，欧盟、英国和美国等发达国家都将外来人口视为重要的战略资源进行融合。

第二，务实变通原则。无论是欧盟、英国，还是美国的社会融合政策，都根据当时的国际政治环境适时调整移民社会融合的政策内容。在反移民思潮兴盛，本土劳工反移民浪潮风起云涌之时，欧盟、英国和美国都会适时调整移民社会融合政策，反之，当移民融合浪潮兴盛时，则适时调整对移民社会融合政策和策略。

第三，更注重移民的文化融合。无论是欧盟、英国，还是美国的社会融合政策，都注重本国语言和文化在移民的融合、扎根和渗透。

第四，对社会融合的定义相对比较宽泛，而且不同国家的社会融合的定义均有所侧重。比如美洲更加侧重民主权利和政治权利，而澳大利亚更加重视被边缘化的少数族群。

## （二）启示

从欧盟、英国、美国、美洲、乌拉圭、澳大利亚等地区或国家的社会融合发展战略来看，可以得出如下基本启示：

第一，社会融合是生产力。社会融合是社会活力的重要源泉，也是社会性生产力。社会融合政策是一种制度红利，可以发挥社会性生产力的作用。一个包容性的社会，其创新活力更加完善。因此，要充分认识到社会融合在经济、社会发展中的重要作用。对于我国而言，应该发挥非洲等国际人力资源在本国人力资源的互补优势。注重对非洲和亚洲劳动力充裕地区的人力资源的利用，充分发挥非洲和亚洲等国际人力资源在英语、法语、歌舞、体育等方面的优势。

第二，反贫困是社会融合的核心内容。无论是哪个国家或地区的社会融合行动方案，都将反贫困视为核心内容。贫困和饥饿是最大的社会排斥，是社会融合的最大障碍。

第三，文化包容是社会融合的基础。扩大对国际移民的文化渗透，强调孔子学院和汉语教学和培训，扩大汉语在国际舞台的影响力，尝试将汉语作为国际移民社会融合的必要条件之一。

第四，社会融合并非一帆风顺，是永恒的时代主题。尽管社会融合是时代潮流，也是大势所趋，但是阻碍社会融合的力量也相伴而生，很多国家总是在社会融合和社会排斥中徘徊，不断地调整社会融合策略。因此，对中国而言，根据未来本国人口变动情况，结合国际移民形势，适时调整针对移民的社会融合策略。

## 参考文献

International Labour Organization, 2017. World Employment and Social Outlook: Trends 2017, International Labour Office, Geneva.

International Labour Organization. 2015. ILO Global Estimates on Migrant Workers: Results and methodology (Geneva).

Rebecca Bintrim, Wilda Escarfuller, Christopher Sabatini, Alana Tummino, Adam Wolsky, 2016. The Social Inclusion Index. Americas Quarterly summer. 2016.

Kate Hooper and Jeanne Batalova, 2015. Chinese Immigrants in the United States. January 28, 2015.

European Union, 2015. Portfolio Of Eu Social Indicators For The Monitoring of Progress Towards the Eu Objectives For Social Protection and Social Inclusion, 2015 Update.

# 附　　录 

**Appendix**

## B.10 流动人口社会融合研究大事记（2014年8月~2017年12月）

**2014 年 8 月 20 日**　原国家卫生计生委副主任王培安同志听取了原国家卫生计生委流动人口信息管理中心（9 月更名为国家卫生计生委流动人口服务中心）副主任（主持工作）肖子华工作汇报后，要求中心组织力量，做好流动人口社会融合的研究工作。

**2015 年 1 月 15 日**　王培安同志就流动人口服务中心工作任务和事业发展等相关问题发表了重要谈话。指出流动人口社会融合是个大题目，要求由中心牵头，联合有关科研机构共同开展流动人口社会融合评估研究工作。

**2016 年 1 月 23 日**　中心在京举办城市流动人口社会融合评估指标体系研讨会。与会专家围绕城市流动人口社会融合评估的理论基础、指标体系、评估内容、评估方法等进行了研讨。

**2016 年 3 月 31 日**　王培安同志在听取中心关于城市流动人口社会融合评估工作进展情况的汇报后强调，做好流动人口社会融合评估工作很有意义、很重要，要集中精兵强将全力做好这件事；要抓好关键环节，做好指数发布合法性论证等基础性工作、要构建一个科学的、客观的、各方面都能够接受的评估指标体系、要充分利用好内部平台和外部资源。

**2016 年 4 ~ 6 月** 中心组织召开“教育、就业和社会保障、户籍、住房、卫生计生”五次专题研讨会，邀请相关领域的权威专家和学者，就评估对象的选择标准、评估指标体系的构建、评估的方式方法以及评估数据来源等方面进行研讨。

**2016 年 9 月 14 日** 中心在京召开城市流动人口社会融合评估工作进展通报会，听取中国人民大学、中国社会科学院、中国人口与发展研究中心等合作单位负责人意见。

**2016 年 10 月 12 日** 王培安同志听取了中心关于流动人口社会融合评估工作进展情况的汇报后指出，流动人口社会融合评估研究符合中央精神，具有重要意义；要认真梳理，讲清楚评估工作的来龙去脉；立足当前，谋划未来，使评估工作具有可持续性；进一步召开研讨会，广泛听取意见，对评估结果进行论证。

**2016 年 10 ~ 12 月** 中心组织召开了五次城市流动人口社会融合评估初步成果征求意见会，分别邀请国务院农民工办（人社部）、教育部、住建部、国家卫生计生委等部委相关职能部门的负责同志，各省、市（直辖市）、自治区卫生计生委流动人口管理处和被评估城市卫生计生委流动人口管理处的负责同志，相关领域专家学者及新闻媒体等，就评估指标体系、评估结果、指数发布等内容征求意见。

**2017 年 3 月 7 日** 王培安同志听取中心关于城市流动人口社会融合评估工作进展情况的汇报。他要求中心和课题组继续要深入研究评估的目的和意义、流动人口政治参与、社会融合的机制和治理格局、评估城市的选择标准、评估运用的方式和方法、评估结果发布的时机、梳理相关部门提出的意见和建议、风险评估、评估工作的可持续性等九个问题。

**2017 年 3 ~ 5 月** 中心按照王培安同志做出的关于“九个需要解决的问题”的要求，组织课题组成员及相关专家进行了认真的研究和讨论，形成了《中国城市流动人口社会融合评估基本问题研究》。

**2017 年 9 月 ~11 月** 课题组完成《中国城市流动人口社会融合评估报告（初稿)》并撰写《报告》说明等汇报材料提交委领导进行审议。9 月 18 日和 11 月 20 日王培安同志和李斌同志分别做出了批示。

**2017 年 12 月** 中心向委机关 24 个司局发函，集中征求对《中国城市流动人口社会融合评估报告》的意见。根据委机关各司局的意见，对评估报告进行修改。

# B.11 课题参与研究与讨论人员名单

## 一、专家学者（按姓氏笔画顺序排序）

万　川　北京市社会科学院综合治理研究所　研究员

王太元　中国人民公安大学治安系　教授

王春光　中国社会科学院社会学研究所　副所长、研究员

王晓峰　吉林大学东北亚研究院　教授

石秀印　中国社会科学院社会学研究所　研究员

石智雷　中南财经政法大学公共管理学院　副教授

田艳平　中南财经政法大学公共管理学院　副院长、教授

冯　虹　北京工业大学经济与管理学院　教授

吕学静　首都经济贸易大学社会保障研究中心　主任、教授

华迎放　人社部社会保障研究所农村社会保障研究室　副主任、研究员

刘鸿雁　中国人口与发展研究中心　副主任、研究员

刘　琳　国家发展改革委投资研究所房地产研究中心　主任、研究员

纪伟昕　中央政策研究室社会研究局　局长

李伟东　北京市社会科学院社会学所　副所长

李国正　北京工业大学经济管理学院　副教授

李　超　中国社会科学院城市竞争力研究中心　副研究员

杨　琦　中国疾病预防控制中心妇幼保健中心　主任助理、教授

吴　霓　中国教育科学研究院教育政策研究中心　主任、研究员

邱　妍　中国劳动保障科学研究院劳动保障标准化研究室　主任、研究员
张车伟　中国社会科学院人口与劳动经济研究所　所长、研究员
张本波　国家发展改革委社会发展研究所社会政策室　主任、研究员
张林江　中央党校（国家行政学院）社会治理研究中心　副主任、秘书长
张佳慧　国务院发展研究中心社会发展研究部第一研究室　主任、副研究员
张　炜　北京市发展和改革委员会人口处　副处长
张俊森　香港中文大学经济学系　系主任、教授
张　燕　北京师范大学教育学部　教授
陆杰华　北京大学社会学系　教授
苗艳青　国家卫生健康委卫生发展研究中心农村研究室　副主任（主持工作）、研究员
欧阳慧　国家发展改革委国土开发与地区经济研究所城镇发展室　副主任、副研究员
罗楚亮　北京师范大学经济与工商管理学院经济系　主任、教授
周学馨　重庆市委党校　副教育长、教授
周战强　中央财经大学经济学院　教授
周　皓　北京大学社会学系　教授
封志明　中国科学院地理科学与资源研究所　副所长、教授
赵卫华　北京工业大学文法学部　教授
胡强强　原国家卫生计生委流动人口司　副司长
钟庭军　住房和城乡建设部政策研究中心房地产处　处长、研究员

段成荣　中国人民大学研究生院　副院长、教授

饶克勤　中华医学会　副会长兼秘书长、研究员

洪成文　北京师范大学国家教育考试评价研究院　执行副院长、教授

姚　宇　中国社会科学院经济研究所　研究员

贺　丹　原国家卫生计生委流动人口司　副司长

袁桂林　北京师范大学教育学部　教授

袁崇法　国家发展改革委中国城市和小城镇改革发展中心　原副主任、研究员

倪鹏飞　中国社会科学院财经战略研究院城市与房地产经济研究室主任、研究员

悦中山　西安交通大学社会学系　副教授

常　春　北京大学医学部公共卫生学院　教授

韩　晖　中国疾病预防控制中心妇幼保健院　研究员

焦怡雪　中国城市规划设计研究院城市规划与住房研究所　研究员

童玉芬　首都经济与贸易大学劳动经济学院人口经济研究所所长、教授

蔡永飞　民革中央“三农”委员会　副部长

翟振武　中国人口学会、中国人民大学社会与人口学院　会长、教授

熊建辉　国家教育发展研究中心　副研究员

樊秀丽　首都师范大学教育学院　副教授

潘金洪　南京邮电大学人文社会科学学院　教授

穆光宗　北京大学人口研究所　研究员

## 二、国家部委有关司局参加人员

牟达泉　人力资源和社会保障部农民工工作协调处　处长

王　岱　教育部基础教育一司义务教育处　处长
贺　睿　住房和城乡建设部住房保障司公共住房处　主任科员
吴　筱　原国家卫生计生委流动人口司动态监测处　副处长
黄燕妮　原国家卫生计生委流动人口司动态监测处　调研员
胡同宇　原国家卫生计生委基层卫生司基本保健处　主任科员
郎　易　原国家卫生计生委流动人口司动态监测处　副主任科员

**三、卫生计生系统流动人口服务管理部门相关人员**

王　虹　北京市卫生计生委流动人口处　副处长
张宇光　北京市海淀区卫生计生委　副主任
李　艳　天津市卫生计生委流动人口处　副处长
秦金锁　河北省卫生计生委家庭发展处　副处长
阳立国　河北省石家庄市卫生计生委流动人口处　副处长
李凯茹　河北省保定市卫生计生委流动人口处　科员
李学东　河北省唐山市卫生计生委流动人口处　处长
高爱萍　山西省卫生计生委流动人口处　处长
韩秦萍　山西省太原市卫生计生委流动人口处　负责人
杨海宝　内蒙古自治区卫生计生委流动人口处　处长
王美计　内蒙古自治区呼和浩特市卫生计生委流动人口科　副科长
杨　霞　内蒙古自治区鄂尔多斯市卫生计生委流动人口科　副科长
金丽薇　辽宁省卫生计生委流动人口处　处长
王建军　辽宁省沈阳市卫生计生委流动人口处　处长
李先祺　辽宁省大连市卫生计生委流动人口处　处长
闫红彦　吉林省卫生计生委流管处　处长
王玉霞　吉林省长春市卫生计生委流管处　处长
张伟春　黑龙江省大庆市卫生计生委流动人口科　科长
王　兵　上海市卫生计生委流动人口处　主任科员

王咏梅　江苏省卫生计生委流动人口处　副处长
唐应天　江苏省南京市卫生计生委流动人口处　处长
邬先赞　江苏省无锡市卫生计生委流动人口处　处长
缪岳平　江苏省常州市卫生计生委流动人口处　处长
胡哲铭　江苏省苏州市卫生计生委流动人口处　干部
陈鑫磊　浙江省卫生计生委流管处　主任科员
陈　宏　浙江省杭州市流动人口计划生育服务管理中心　主任
房智慧　浙江省宁波市卫生计生委家庭发展（流管）处　干部
林　芝　浙江省温州市流动人口计划生育管理办公室　主任
孙海渝　浙江省台州市卫生计生委家庭发展（流管）处　处长
汪　玉　浙江省金华市卫生计生委计生指导处　副处长
邢兴祥　浙江省绍兴市流动人口计划生育稽查支队　支队长
胡　国　浙江省嘉兴市卫生计生委计划生育工作处　干部
聂　超　安徽省卫生计生委流管处　主任科员
孙宾冰　安徽省合肥市卫生计生委流管处　处长
黄则贤　福建省卫生计生委流动人口处　调研员
雷水平　福建省福州市卫生计生委流动人口处　处长
蔡文荣　福建省厦门市卫生计生委流动人口处　处长
陈　涌　福建省泉州市卫生计生委流管科　科长
温铁军　江西省卫生计生委流动人口处　调研员
樊增强　江西省南昌市卫生计生委流动人口处　处长
肖江苏　山东省卫生计生委流管处　主任科员
刘成滨　山东省济南市卫生计生委流管处　主任科员
刘咏梅　山东省烟台市计划生育服务指导科　主任科员
苏树勇　河南省卫生计生委流动人口处　调研员
周　伟　河南省郑州市卫生计生委流动人口处　处长

孙光文　湖北省卫生计生委流管处　调研员
姜　明　湖北省武汉市卫生计生委流管处　副处长
武　钧　湖南省卫生计生委流动人口处　主任科员
唐　莎　湖南省长沙市卫生计生委流动人口处　副处长
李　萍　广东省卫生计生委流管处　主任科员
王泽松　广东省广州市卫生计生委流动人口办　科长
孟光辉　广东省深圳市卫生计生委计管处　副调研员
谢　平　广东省中山市卫生计生局流管科　副科长
何永灵　广东省佛山市卫生计生局流管科　主任科员
阮荣彪　广东省江门市卫生计生局流管科　副主任科员
张　玮　广东省珠海市卫生计生委流管办　科员
黎舒谊　广东省惠州市卫生计生局流管办　办事员
张锡祥　广东省东莞市卫生计生局流管科　干部
唐翊平　广西壮族自治区卫生计生委流管处　副处长
马才毅　广西壮族自治区南宁市卫生计生委流管科　科长
黄晓毅　广西壮族自治区柳州市卫生计生委流管科　科长
马晓红　海南省海口市人口计生委流管处　处长
孙有佳　海南省海口市人口计生委流管处　副处长
李才文　海南省海口市美兰区流管中心　主任
冯　玲　海南省海口市龙华区流管中心　科员
练　霞　海南省海口市琼山区计生委办公室　职员
王正雄　海南省海口市秀英区流管站　站长
戴智仁　海南省三亚市人口计生委流动人口科　副调研员
喻　阳　海南省三亚市人口计生委流动人口科　副科长
李　陈　海南省三亚市人口计生委信息中心　副主任
邓　萱　四川省卫生计生委流动人口处　副处长

游肖华　四川省成都市卫生计生委流动人口处　调研员
何科元　重庆市卫生计生委流动人口处　监察员
李跃华　贵州省卫生计生委流动人口处　处长
张凯航　贵州省贵阳市卫生计生委流动人口处　处长
付秀莲　云南省卫生计生委流动人口处　副处长
许　昕　云南省昆明市卫生计生委流动人口处　处长
次旦曲吉　西藏自治区拉萨市卫生局基妇科　副主任科员
扎西平措　西藏自治区林芝市卫生计生委　副主任
程谦克　陕西省人口与发展研究中心　副主任
王选民　陕西省西安市卫生计生委流动人口处　副处长
郝秋生　陕西省榆林市卫生计生局流动人口办　副主任
秦亚君　陕西省咸阳市卫生计生局流动人口科　科长
马天洲　甘肃省卫生计生委流动人口处　调研员
史海军　甘肃省兰州市卫生计生委流动人口处　处长
仓生德　青海省卫生计生委流管处　处长
张　辉　青海省西宁市卫生计生委流管中心　主任
马忠云　宁夏回族自治区卫生计生委指导处　副处长
阎晓红　宁夏回族自治区银川市卫生计生委计生处　处长
张鹏程　新疆维吾尔自治区卫生计生委流管处　处长
朱乃金　新疆维吾尔自治区乌鲁木齐市人口计生委　科员
刘　惟　新疆生产建设兵团人口计生委　调研员

**四、中心有关人员**

马长啸　国家卫生健康委流动人口服务中心办公室　副主任
林　颖　国家卫生健康委流动人口服务中心办公室　负责人
赵小平　国家卫生健康委流动人口服务中心信息服务处　副研究员

徐　乐　国家卫生健康委流动人口服务中心健康服务部　干部
宁颖丹　国家卫生健康委流动人口服务中心调查评估处　干部
成　前　国家卫生健康委流动人口服务中心调查评估处　干部

# B.12 后　记

《中国城市流动人口社会融合评估报告（No.1）》是在国家卫生健康委流动人口服务中心的牵头组织下，联合中国人民大学人口与发展研究中心、中国社会科学院人口与劳动经济研究所和中国人口与发展研究中心四家单位合作完成的。该报告是中国第一部以流动人口社会融合评估为主题的年度报告，是国家卫生健康委领导，学术界专家长期关注、研究的结果，也是国家卫生健康委流动人口服务中心领导和研究人员长期努力工作的结果。

促进流动人口更好地融入城市社会是中国新型城镇化战略的重要组成部分，是贯彻落实党中央、国务院相关政策的重要措施。国家卫生健康委对促进流动人口社会融合工作非常重视，原国家卫生计生委副主任王培安多次就流动人口社会融合问题发表重要讲话，倡导地方政府和社会各界从事流动人口社会融合的实践探索与理论研究工作。2009 年以来，原国家卫生计生委流动人口司组织中国人民大学等研究机构连续进行了多年的研究，并于 2014 年选取了 15 个城市作为流动人口社会融合示范试点城市。这些前期工作为课题组从事城市流动人口社会融合的评估奠定了良好的基础。

2014 年流动人口服务中心成立后，把流动人口社会融合评估作为中心的核心业务，组建了专门的研究队伍，对国内外的研究现状进行了系统梳理，建立了评估的工作机制和指数发布机制，在 10 多次专题讨论的基础上建立了评估的指标体系，在对各种数据进行系统梳理的基础上建立了“中国城市流动人口社会融合评估数据库”。评估结果出来后又分别向相关专家、国家部委相关职能部门、全国 31 个省区市卫生计生系统、50 个被评估城市、有关新闻媒体征求了意见，专门向原国家卫生计生委各司局集中征求了意见，力求评估结果客观和公正。

《中国城市流动人口社会融合评估报告 No. 1》是课题组分工协作和辛勤工作的结果。报告分为总报告、理论专题报告、分报告、实践报告、附录五个部分。执笔者分别是：总报告，肖子华、徐水源、刘金伟；理论专题报告，肖子华、陈晶；政治融合分报告，徐水源、李红娟；经济融合分报告，王智勇、杨舸；公共服务融合分报告，杨菊华；心理文化融合分报告，宋月萍；中国流动人口社会融合实践模式及政策研究，李晓壮、宁颖丹；国外移民社会融合政策实践最新进展研究报告，黄匡时。参加统稿的有肖子华、徐水源、刘金伟，参加报告数据整理、附录编写的编辑有：刘金伟、陈晶、李红娟、宁颖丹、徐乐、成前等。

在评估报告即将发布之际，特别感谢原国家卫生计生委领导，特别是李斌主任的高度重视，王培安副主任的精心指导；感谢原国家卫生计生委流动人口司王谦司长、贺丹副司长、胡强强副司长及各处室同志的大力支持；感谢中国社会科学院人口与劳动经济研究所、中国人民大学人口与发展研究中心、中国人口与发展研究中心领导和课题组成员的鼎力协助；感谢国家部委相关部门、各省卫生计生委流动人口相关部门以及诸多研究机构、专家学者的建言献策，感谢所有关心和支持这项研究的单位和个人。

国家卫生健康委流动人口服务中心

2018 年 10 月

## ✤ 皮书起源 ✤

“皮书”起源于十七、十八世纪的英国，主要指官方或社会组织正式发表的重要文件或报告，多以“白皮书”命名。在中国，“皮书”这一概念被社会广泛接受，并被成功运作、发展成为一种全新的出版形态，则源于中国社会科学院社会科学文献出版社。

## ✤ 皮书定义 ✤

皮书是对中国与世界发展状况和热点问题进行年度监测，以专业的角度、专家的视野和实证研究方法，针对某一领域或区域现状与发展态势展开分析和预测，具备原创性、实证性、专业性、连续性、前沿性、时效性等特点的公开出版物，由一系列权威研究报告组成。

## ✤ 皮书作者 ✤

皮书系列的作者以中国社会科学院、著名高校、地方社会科学院的研究人员为主，多为国内一流研究机构的权威专家学者，他们的看法和观点代表了学界对中国与世界的现实和未来最高水平的解读与分析。

## ✤ 皮书荣誉 ✤

皮书系列已成为社会科学文献出版社的著名图书品牌和中国社会科学院的知名学术品牌。2016 年，皮书系列正式列入“十三五”国家重点出版规划项目；2013~2018 年，重点皮书列入中国社会科学院承担的国家哲学社会科学创新工程项目；2018 年，59 种院外皮书使用“中国社会科学院创新工程学术出版项目”标识。

# 中国皮书网

（网址：www.pishu.cn）

发布皮书研创资讯，传播皮书精彩内容

引领皮书出版潮流，打造皮书服务平台

## 栏目设置

关于皮书：何谓皮书、皮书分类、皮书大事记、皮书荣誉、皮书出版第一人、皮书编辑部

最新资讯：通知公告、新闻动态、媒体聚焦、网站专题、视频直播、下载专区

皮书研创：皮书规范、皮书选题、皮书出版、皮书研究、研创团队

皮书评奖评价：指标体系、皮书评价、皮书评奖

互动专区：皮书说、社科数托邦、皮书微博、留言板

## 所获荣誉

2008 年、2011 年，中国皮书网均在全国新闻出版业网站荣誉评选中获得“最具商业价值网站”称号；

2012 年，获得“出版业网站百强”称号。

## 网库合一

2014 年，中国皮书网与皮书数据库端口合一，实现资源共享。

# S 基本子库
# UB DATABASE

## 中国社会发展数据库（下设 12 个子库）

全面整合国内外中国社会发展研究成果，汇聚独家统计数据、深度分析报告，涉及社会、人口、政治、教育、法律等 12 个领域，为了解中国社会发展动态、跟踪社会核心热点、分析社会发展趋势提供一站式资源搜索和数据分析与挖掘服务。

## 中国经济发展数据库（下设 12 个子库）

基于“皮书系列”中涉及中国经济发展的研究资料构建，内容涵盖宏观经济、农业经济、工业经济、产业经济等 12 个重点经济领域，为实时掌控经济运行态势、把握经济发展规律、洞察经济形势、进行经济决策提供参考和依据。

## 中国行业发展数据库（下设 17 个子库）

以中国国民经济行业分类为依据，覆盖金融业、旅游、医疗卫生、交通运输、能源矿产等 100 多个行业，跟踪分析国民经济相关行业市场运行状况和政策导向，汇集行业发展前沿资讯，为投资、从业及各种经济决策提供理论基础和实践指导。

## 中国区域发展数据库（下设 6 个子库）

对中国特定区域内的经济、社会、文化等领域现状与发展情况进行深度分析和预测，研究层级至县及县以下行政区，涉及地区、区域经济体、城市、农村等不同维度。为地方经济社会宏观态势研究、发展经验研究、案例分析提供数据服务。

## 中国文化传媒数据库（下设 18 个子库）

汇聚文化传媒领域专家观点、热点资讯，梳理国内外中国文化发展相关学术研究成果、一手统计数据，涵盖文化产业、新闻传播、电影娱乐、文学艺术、群众文化等 18 个重点研究领域。为文化传媒研究提供相关数据、研究报告和综合分析服务。

## 世界经济与国际关系数据库（下设 6 个子库）

立足“皮书系列”世界经济、国际关系相关学术资源，整合世界经济、国际政治、世界文化与科技、全球性问题、国际组织与国际法、区域研究 6 大领域研究成果，为世界经济与国际关系研究提供全方位数据分析，为决策和形势研判提供参考。

# 法律声明